DE LA

CONTREFAÇON LITTÉRAIRE

ET ARTISTIQUE

THÈSE POUR LE DOCTORAT

présentée et soutenue

le Mardi 28 Novembre 1899, à 1 heure

PAR

Roger COLLIN

AVOCAT A LA COUR D'APPEL

Président : M. WEISS.

Suffragants : { MM. CHAVEGRIN, LARNAUDE, } *professeurs.*

PARIS

LIBRAIRIE NOUVELLE DE DROIT ET DE JURISPRUDENCE

ARTHUR ROUSSEAU

ÉDITEUR

14, rue Soufflot, et rue Toullier, 13

1899

THÈSE

POUR LE

DOCTORAT

DE LA

CONTREFAÇON LITTÉRAIRE

ET ARTISTIQUE

THÈSE POUR LE DOCTORAT

L'ACTE PUBLIC SUR LES MATIÈRES CI-APRÈS

Sera soutenu le Mardi 28 Novembre 1899, à 1 heure

PAR

Roger COLLIN

AVOCAT A LA COUR D'APPEL

Président : M. WEISS.

Suffragants : { MM. CHAVEGRIN, LARNAUDE, } *professeurs.*

PARIS

LIBRAIRIE NOUVELLE DE DROIT ET DE JURISPRUDENCE

ARTHUR ROUSSEAU

ÉDITEUR

14, rue Soufflot, et rue Toullier, 13

1899

INTRODUCTION

—

Le mot de contrefaçon éveille en notre esprit deux idées distinctes, une idée de reproduction d'abord, une idée de fraude ensuite. Nous nous attendons à voir dans tout objet qu'on nous représente comme contrefait, une reproduction partielle ou totale, une imitation adroite ou servile, d'un modèle original, préexistant. Nous n'appliquons d'autre part ce mot de contrefaçon qu'à une reproduction qui nous paraît illicite ou frauduleuse, comme étant faite au détriment de ceux qui peuvent avoir acquis un droit exclusif sur la chose indûment reproduite ou imitée.

Ce sont là, nous semble-t-il, des idées assez communément répandues et communément admises. Cette notion de la contrefaçon est celle qui se présente le plus généralement à l'esprit, et nous serions tenté dès maintenant de donner la définition suivante : La contrefaçon consiste dans toute reproduction illicite ou frauduleuse d'une chose, faite en violation du droit exclusif que doit avoir sur elle celui qui l'a produite ou créée. Nous aurons à voir plus tard si cette définition vulgaire et en quelque sorte empirique de la contrefaçon, est en harmonie avec sa définition juridique. Elle est en tout cas sensiblement conforme à celles qu'on en donne habituellement. Elle nous paraît de nature à satisfaire beaucoup d'esprits. Elle est empruntée au sens commun.

Nous ne concevons pas, en effet, que l'homme, qui par un effort constant, par une tension de tout son être est parvenu à donner une forme à sa pensée, en réalisant l'idéal qu'il avait conçu, puisse être indignement spolié et dépouillé par un individu quelconque, sans scrupule et sans talent. Nous ne concevons point que l'on puisse impunément s'emparer du travail d'autrui, déflorer son œuvre, faire siennes ses inspirations et recueillir ainsi, sans peine et sans effort, le bénéfice moral et pécuniaire de travaux auxquels on ne s'est point livré. Le contrefacteur qui agit de la sorte nous paraît violer le droit sacré de l'auteur sur son œuvre; il nous paraît violer le droit exclusif et absolu que nous sommes tentés de lui accorder sur cette chose qu'il a faite sienne, puisqu'il l'a conçue, sentie et créée, et dont il doit être propriétaire après tout, au même titre que l'inventeur d'une machine nouvelle est propriétaire de son invention, et que le paysan qui a su tirer d'une terre inculte une moisson florissante est propriétaire de sa récolte, fruit de son labeur incessant et du sol qu'il a amendé.

A la base même de toute théorie de la contrefaçon se trouve donc le respect dû au droit de propriété. Mais ce droit de propriété que, par un sentiment tout naturel d'équité et de justice, nous sommes tentés d'accorder à l'auteur sur son œuvre, existe-t-il réellement ? Nos lois l'ont-elles reconnu et sanctionné au même titre que le droit de propriété sur les choses matérielles ? Peut-on dire enfin qu'il y ait vraiment un droit de propriété artistique et littéraire ? Ce sont là des questions que nous aurons à examiner avant tout autre débat.

Ce point tranché, nous aurons à étudier, dans son ensemble, la théorie de la contrefaçon. Nous verrons quels en sont les éléments constitutifs ; en quoi elle consiste ; comment on la punit. Nous terminerons enfin par une étude comparée de la contrefaçon littéraire et artistique dans les divers pays, et nous nous demanderons quel est l'état actuel de la question en droit international privé.

Sans insister autrement ici d'ailleurs, comme il est d'usage de le faire en toute introduction, sur l'intérêt que peuvent présenter les divers problèmes que nous aurons à résoudre, il importe cependant de faire remarquer que cet intérêt est particulièrement réel à une époque comme la nôtre, où la diffusion des moyens d'instruction a facilité la production à outrance. Chacun est aujourd'hui à même de lire et de comprendre les œuvres de ses contemporains ; chacun se croit, et le plus aisément du monde, poète, peintre, musicien ou sculpteur ; les carrières libérales sont envahies. Il est de toute évidence qu'un tel besoin de produire, même lorsqu'on n'a pas de talent, amène les auteurs et les artistes à se copier les uns les autres, et à exploiter sans scrupule tout sujet qui leur paraît appelé à réussir et goûté d'un certain public. N'est-ce pas d'ailleurs une règle qui pousse les hommes à obtenir un résultat maximum, en se donnant le moins de peine possible, et la loi du moindre effort ne régit-elle pas l'univers ? Cette étude le prouvera une fois de plus. Les procès en contrefaçon ne furent jamais aussi nombreux qu'aujourd'hui.

LIVRE PREMIER

—

THÉORIE GÉNÉRALE DU DROIT D'AUTEUR & DE LA PROPRIÉTÉ LITTÉRAIRE & ARTISTIQUE

———

PRÉLIMINAIRES

—

Ce premier livre sera consacré à la théorie générale du droit de propriété littéraire et artistique. Il importe en effet, avant toute chose, de délimiter exactement la nature et l'étendue du droit que viole le contrefacteur, en reproduisant indûment l'œuvre d'autrui ; mais on conçoit qu'une semblable théorie ne se soit point faite en un jour ; elle a subi une lente évolution. Aujourd'hui encore l'entente est loin d'être faite, et beaucoup d'auteurs ne veulent point admettre le système consacré par notre législation.

Ce livre sera divisé en deux titres. Dans le premier nous étudierons la condition juridique des auteurs à Rome et au Moyen-Age, et en France jusqu'à la Révolution. Dans le second nous étudierons les lois qui nous régissent actuellement et nous examinerons brièvement les diverses critiques qu'on en a faites et les diverses modifications qu'on se propose d'y apporter.

TITRE PREMIER

ÉVOLUTION DE LA THÉORIE DU DROIT D'AUTEUR ET DU DROIT DE PROPRIÉTÉ LITTÉRAIRE ET ARTISTIQUE DEPUIS LE DROIT ROMAIN JUSQU'A LA LOI DE 1793.

—

CHAPITRE PREMIER

DU DROIT DES AUTEURS A ROME ET AU MOYEN-AGE JUSQU'A L'INVENTION DE L'IMPRIMERIE.

—

§ Ier. — La notion de la propriété des choses matérielles est d'une conception beaucoup plus simple que celle des choses de l'esprit. La première nous apparaît comme nécessaire à l'existence même de toute société ; la seconde n'apparaît au contraire qu'à une période assez avancée de la civilisation.

§ II. — A Rome la théorie de la propriété littéraire n'a jamais été très nettement établie. La contrefaçon d'ailleurs était assez rare, les moyens de reproduction étant fort imparfaits, et elle ne portait pas une atteinte bien grave aux intérêts pécuniaires et moraux de ceux qui en étaient victimes.

§ III. — Il en fut de même au Moyen-Age. A cette époque les auteurs gardèrent souvent le plus humble anonymat. On ne songea point à leur accorder protection, leurs noms demeurant la plupart du temps inconnus.

§ IV. — L'invention de l'Imprimerie (1436) en facilitant la reproduction des écrits en tout genre, favorisa la contrefaçon. Elle fit ainsi comprendre aux auteurs qu'il était de leur intérêt de faire reconnaître et sanctionner les droits qu'ils pouvaient avoir sur leurs œuvres.

§ Iᵉʳ.

Nous avons vu dans les quelques pages consacrées à l'introduction de cette étude, que dans l'état actuel de notre civilisation le fait de protéger l'auteur en lui accordant un droit de propriété sur son œuvre, semblait correspondre à un besoin tout naturel d'équité et de justice. L'artiste en effet quelqu'il soit, homme de lettres, peintre, musicien ou scuplteur, a fait pour parvenir à la réalisation de son idéal un certain effort personnel, et il nous paraît très légitime qu'il en recueille les fruits. Comment pourra-t-on arriver à ce résultat si on ne lui reconnaît pas le droit exclusif de vendre ses œuvres, de les éditer, de les reproduire, et de réaliser ainsi les divers avantages, tant moraux que pécuniaires, qui seront pour lui la juste récompense de ses travaux ?

Cette notion de la propriété, appliquée aux productions de l'esprit, n'a cependant point existé de tout temps. Elle s'est difficilement fait jour dans l'esprit des hommes, et certains, à notre époque même, voudraient encore pouvoir la nier. Il faut reconnaître en effet qu'elle est d'une conception assez délicate, et l'on s'explique aisément qu'avec la tendance naturelle de l'esprit humain à tout matérialiser, le législateur ait

éprouvé quelque répugnance, à l'origine, à rendre sujette
d'un droit, une chose immatérielle et intangible, infiniment subtile et insaisissable, la pensée, ou plus exactement la forme sous laquelle on l'exprime et sous laquelle on la traduit. Aussi tandis que nous voyons au
début de toute civilisation la propriété des choses matérielles ayant une forme et un corps, se dégager comme
un principe fondamental, indispensable à l'existence de
toute société, ce n'est que beaucoup plus tard au contraire que nous voyons apparaître la propriété des
œuvres intellectuelles et des productions de l'esprit.

Il serait peut-être excessif d'ailleurs de prétendre,
comme certains l'ont prétendu, que la propriété des
choses matérielles est « aussi vieille que le monde ».
Il est incontestable, en effet, qu'on se fit à l'origine une
idée particulière, parfois étrange, presque toujours incomplète de ce droit. Les Tartares concevaient, paraît-
il, le droit de propriété sur les troupeaux et les
bêtes, ils ne l'ont jamais compris comme s'appliquant
à la terre; chez certains peuples, les Germains, par
exemple, on accordait à l'individu la propriété de la
moisson, sans lui accorder celle du sol; chez d'autres,
au contraire, on accordait à l'individu la propriété du
sol, on lui refusait la propriété des fruits. C'est ainsi qu'à
Sparte, racontent Aristote et Plutarque, chacun devait
fournir, sur ses propres récoltes, une certaine quantité
de vin et de farine pour les besoins de la table commune : en Crète, l'obligation de partager portait sur la

récolte tout entière (1). Un fait enfin qui paraît aujourd'hui définitivement établi, c'est qu'à l'origine la propriété fut collective ; la propriété individuelle n'apparut que longtemps après. Et c'était un grave problème en effet, que celui de savoir si un homme pouvait accaparer une chose, acquérir sur elle un droit exclusif, au détriment de ceux qui vivaient avec lui sur le même sol, unis dans une même croyance, partageant les mêmes joies et les mêmes peines et courant les mêmes dangers.

De tout ceci d'ailleurs nous ne voulons retenir qu'une chose, c'est que la notion même du droit de propriété appliquée aux choses matérielles est beaucoup moins simple qu'on ne serait tenté de le croire. Pendant longtemps elle demeura inséparable de l'idée de possession. Le propriétaire dut posséder, il dut affirmer par un contact immédiat et direct avec sa chose, qu'il avait un droit sur elle ; une théorie comme celle de la nue propriété ne peut apparaître qu'à une période de civilisation assez avancée. Et cela est si vrai que nous voyons les scrupules du législateur apparaître lorsqu'il s'est agi pour la première fois de transférer la propriété d'une chose qui, quoique matérielle, est d'une possession difficile. La possession est la manifestation extérieure du droit de propriété ; or on possède bien une chose de faible dimension, que l'on peut tenir en sa

____

(1) Fustel de Coulanges, *La Cité antique*, p. 62.

main, mais comment posséder un fonds de terre ? Et
nous voyons les hommes de loi s'ingénier à rendre apparente cette possession si rigoureusement exigée. On
ne pouvait acquérir des meubles, nous dit Ulpien, par
une seule mancipation, qu'autant qu'il était possible
d'en saisir avec la main (Ulpien, XIX, § 6). Pour transférer la propriété d'un immeuble, la difficulté était si
grande qu'elle parut d'abord insurmontable. On se rési-
gna enfin à admettre que le *tradens* pourrait conduire
l'*accipiens* sur un lieu élevé, et là, embrassant tous les
deux d'un seul coup d'œil l'ensemble du bien vendu, le
tradens en faisait la livraison (L. 1, § 21. D. *de adq.
vel. amit. pos.* XLI, 2). Dans bien des cas enfin, on se
le rappelle, le propriétaire d'une chose devait affirmer
son droit de propriété sur elle, que ce fût un champ ou
bien une maison, en tenant à la main une tuile ou une
motte de terre qui personnifiaient son droit d'accaparement (1).

Nous ne pouvons insister plus longtemps sur ces di-

____

(1) De nos jours encore, d'ailleurs, on peut constater parfois une
certaine répugnance à assimiler complètement les droits qu'on peut
avoir sur les choses matérielles, à ceux qu'on peut avoir sur les choses
de l'esprit. Ne désigne-t-on pas couramment, en effet, ces derniers sous
le nom de « droits incorporels » ? Il semble qu'ainsi une distinction
formelle soit nécessaire et qu'il faille bien spécifier qu'on se trouve,
dans certains cas, en présence d'un droit de propriété portant sur
des choses immatérielles. Que serait-ce donc pourtant, quand on y
songe, qu'un droit qui ne serait pas incorporel ? Une semblable terminologie n'est guère juridique. Elle ne se comprend évidemment
point.

vers points. Mais il nous a paru indispensable de montrer combien ce droit de propriété, qui paraît d'une conception si élémentaire, avait eu de peine à se dégager. Il faut bien dire d'ailleurs qu'une fois reconnu, il ne tarda pas à se préciser, et à s'affirmer. toujours plus fort, plus exclusif, plus absolu, jusqu'au jour enfin, où parvenu à son complet développement. on en arriva à dire « cette chose est à moi ». *aio hanc rem esse meam*, et à confondre ainsi, à identifier en quelque sorte le droit lui-même, par définition, incorporel, avec la chose qui en fait l'objet.

§ II.

On comprendra aisément maintenant que la notion du droit de propriété appliquée aux choses immatérielles, aux productions de l'esprit. ait eu quelque peine à se faire admettre jadis. Nous venons de voir quelle importance les anciens Romains attachaient aux manifestations extérieures du droit de propriété, lorsqu'il s'appliquait aux corps certains, meubles ou immeubles : ils cherchaient par tous les moyens possibles à lui donner une forme extérieure, saisissante, par l'appréhension, par l'accaparement. Comment un tel droit pourra-t-il se manifester s'il porte sur des choses immatérielles, que l'esprit peut bien concevoir, mais que la main ne saurait atteindre ? Aussi ne songèrent-ils jamais à accorder

à l'auteur et à l'artiste autre chose que la propriété
matérielle de son œuvre ; ils ne songèrent point à lui
donner sur elle un droit exclusif de reproduction, à lui
accorder un privilège quelconque. On se rappelle d'ailleurs la controverse célèbre qui existait entre les Pro-
culiens et les Sabiniens sur la question de savoir à qui
devait appartenir la propriété d'un tableau peint sur
une planche, ou d'un écrit fait sur un parchemin appartenant à autrui. Les Sabiniens l'emportèrent qui déci-
daient que la planche n'est que l'accessoire et que le
tableau est la propriété du peintre (1). La solution contraire prévalut pourtant en ce qui concerne le manuscrit (2). Mais qu'on le remarque bien, on n'alla jamais
plus loin ; la controverse existait indépendamment de
toute question de propriété artistique ou littéraire. La
valeur même de l'œuvre n'entrait pas en jeu.

Quelle que soit d'ailleurs la force de ce premier argument, tiré de la difficulté que les anciens pouvaient
éprouver à concevoir une théorie aussi subtile que la
théorie du droit d'auteur, il ne suffit pas à lui tout seul,
à expliquer dans les textes l'absence de toute loi relative à cette matière. Ce serait peut-être faire injure aux
juristes romains, qui ont donné tant de preuves de leur
sagacité d'esprit, que de les croire incapables d'avoir
pu créer un système relatif à la propriété littéraire, si

(1) Gaïus, II, § 78 ; I, §§ 33 et 34, ht.
(2) L. 23, § 3, D. *de rei vindic.*, VI, 1.

le besoin s'en était fait sentir; mais il faut le reconnaître, ce besoin n'existait pas. Et nous touchons ici à un point fort important de l'histoire des lettres. Si le législateur n'a pas songé à cette époque, à donner sa protection aux auteurs et aux artistes, c'est qu'ils ne la réclamaient point; cette protection ne leur était pas nécessaire. Ils s'en passaient fort aisément; et voici pourquoi.

Nous avons déjà dit, et nous aurons plus tard à revenir sur ce point, que la seule façon efficace d'accorder aux auteurs quelque protection, c'est de leur reconnaître un droit exclusif sur la reproduction et la vente de leurs œuvres. C'est ainsi seulement qu'ils peuvent réaliser les bénéfices pécuniaires auxquels ils ont droit, et, en attachant leur nom à une création quelconque, recueillir les hommages dus à leur mérite ou à leur talent. Or, aux époques reculées de notre histoire, les modes de reproduction étaient fort imparfaits et partant fort peu employés. D'autre part les hommes de lettres étaient beaucoup moins nombreux que de nos jours, et ils jouirent pendant longtemps d'une situation privilégiée. En Grèce, on le sait, ils étaient l'objet d'une vénération toute particulière ; on organisait des concours et des fêtes en leur honneur ; à Rome même, les empereurs cherchèrent souvent à se les attacher par des bienfaits pour étouffer en eux tout esprit de révolte et d'insubordination. Le siècle de Périclès, les noms d'Auguste et de Mécène sont demeurés célèbres, et le

demeureront éternellement. On conçoit donc qu'à cette
époque, les auteurs n'aient pas songé à réclamer en
leur faveur des lois qui ne répondaient à aucun besoin.
Le préjudice pécuniaire résultant pour eux de la contrefaçon de leurs œuvres, était insignifiant ; il n'existait
même pas. Le préjudice moral ne comptait guère. L'instruction était trop peu répandue pour permettre à
beaucoup de gens de les imiter même servilement, et
le petit nombre d'œuvres littéraires qui existaient alors,
quand on songe au nombre considérable d'ouvrages qui
paraissent maintenant chaque jour, permettait à chaque
auteur d'acquérir rapidement une certaine renommée,
à laquelle il était bien difficile de porter atteinte. Il ne
faudrait pas conclure de tout ceci cependant qu'à cette
époque il n'y ait eu ni plagiat, ni contrefaçon ; mais les
auteurs, que de semblables procédés laissaient à peu
près indifférents, se contentaient de dénoncer au public le nom de leurs contemporains, assez peu délicats
pour s'inspirer de leurs œuvres, et pour se les approprier en les démarquant (1). Martial les criblait de ses
épigrammes.

Fama refert nostros te, Fidentine, libellos
Non aliter populo quam recitare tuos.
Si mea vis dici, gratis tibi carmina mittam.
Si dici tua vis, hæc eme, ne mea sint.

____

(1) On lira avec plaisir à ce sujet la spirituelle épître qu'Horace (Livre
I, épître XIX) écrivit sur ses imitateurs. « *O imitatores, servum pe-*
cus... s'écrie-t-il (vers 19 et suivants).

Et dans un moment d'amertume, si l'on en croit son biographe Donat, Virgile s'écriait en ces deux vers demeurés célèbres :

Hos ego versiculos feci, tulit alter honores ;
Sic vos non vobis mellificatis apes (1).

§ III.

Pendant tout le temps du Moyen-Age, la condition des auteurs fut sensiblement identique à ce qu'elle était jadis à Rome. Les mêmes raisons d'ailleurs suffisent à expliquer qu'on n'ait pas songé davantage à cette époque, à réglementer la propriété littéraire. Les moyens de reproduction ici encore étaient très imparfaits et très coûteux. On rapporte que la comtesse d'Anjou, au XIe siècle, acheta un recueil d'homélies moyennant deux cents brebis, trois muids de froment, de seigle et de millet, et un grand nombre de peaux de martre. Le prix moyen d'un in-folio serait représenté aujourd'hui par une somme variant de quatre à cinq cents francs. Dans ces conditions il y avait peu de chances pour que la contrefaçon littéraire, résultant de la reproduction illicite d'un ouvrage, se présentât fréquemment. Les auteurs ne tiraient aucun revenu de la vente de leurs

(1) D'après M. Morillot, *De la protection des œuvres d'art*, il y aurait eu jadis, à Alexandrie, des plagiaires traduits devant les tribunaux et condamnés. C'était là quand même, croyons-nous, l'exception.

livres, car on en achetait fort peu; les contrefacteurs
n'eussent pas obtenu un meilleur résultat. D'autre part,
il faut remarquer qu'à cette époque beaucoup d'auteurs
ne se faisaient point connaître, et que la plupart des
œuvres demeuraient inédites. Elles sont parvenues jusqu'à nous complètement modifiées, et surtout considérablement augmentées par les trouvères et les trouba-
dours qui, tout en conservant le dépôt des chants pri-
mitifs, les coordonnaient, les amplifiaient et y ajou-
taient toujours un peu d'eux-mêmes. La plupart des
auteurs de nos chansons de gestes (XIe et XIIe siècles)
nous sont encore inconnus. A qui faut-il attribuer la
chanson de Roland et la légende d'Arthur, créateur de
l'Ordre de la Table ronde? A qui faut-il attribuer la
plupart de ces jolis tableaux que toutes les littératures
étrangères nous ont empruntés? Et quand on songe que
le Roman du Renard (XIIe siècle) compte dans son ensemble plus de cent mille vers, n'est-il pas juste aussi
de le considérer comme dû aux efforts de plusieurs générations? Aux XIVe et XVe siècles encore, on rencontre
beaucoup d'œuvres dont les auteurs ont gardé l'ano-
nymat. Il en est ainsi de la plupart des mystères et de
presque toutes les productions de l'art dramatique. A
qui revient l'honneur d'avoir écrit la *Farce du Cuvier*
et la *Farce de Maître Pathelin ?*

On voit que la plupart des œuvres, colportées de
bouche en bouche, tombaient pour ainsi dire dans le
domaine public, à peine étaient-elles créées. Il est bien

certain qu'à cette époque, poëtes ou prosateurs, n'ont jamais songé à tirer un bénéfice quelconque de la vente de leurs ouvrages, ni à acquérir sur leurs œuvres un droit exclusif de reproduction. A cette époque, où la science juridique subissait un lent arrêt dans son développement. une théorie sur le droit d'auteur avait beaucoup moins de chance, même qu'à Rome, d'être utilement élaborée. Aussi bien la question ne s'est-elle pas posée. Ici encore elle ne présentait point d'intérêt. Il fallut qu'un événement considérable, destiné à permettre à la civilisation de faire un bond prodigieux, vint changer la face des choses. Ce fut, en 1436, la découverte de l'Imprimerie.

§ IV.

Du jour où, grâce à l'invention de Gutenberg, on put reproduire un même livre à peu de frais et à des milliers d'exemplaires, on s'aperçut bien vite de la source considérable de bénéfices qui pouvaient en naître pour chacun. Peu d'auteurs continuèrent à garder l'anonymat ; l'impression parut à leurs yeux un moyen rapide et relativement peu coûteux, quand on songe au prix des anciens manuscrits, de faire connaître leur nom et de répandre leurs œuvres. Le livre représenta bientôt une valeur marchande ; il fut d'un prix abordable, et l'honneur de posséder une bibliothèque n'appartint

plus seulement aux riches seigneurs et aux ordres reli-
gieux.

Comme il arrive toujours d'ailleurs en pareille circonstance, d'autres hommes émirent la prétention de
profiter de ces avantages. La lutte éclata bientôt entre
les auteurs et leurs libraires ; ils voulurent tous garder
pour eux seuls la meilleure partie du butin. En même
temps l'instruction se développa. Le nombre des gens
capables de lire, d'écrire et de comprendre les œuvres
de leurs contemporains, s'accrut dans des proportions
considérables. Nous sommes déjà loin du temps où des
chantres inconnus assonnançaient quelques vers, qu'on
se répétait de mémoire d'homme, dans les fêtes publiques et le soir aux veillées. Chaque auteur peut bientôt
attacher son nom à une œuvre ; il la surveille, il la
garde d'un soin jaloux ; il ne veut pas que d'autres
viennent lui ravir le prix de ses efforts, réaliser un gain
quelconque à ses dépens, et le dépouiller sans scrupule pour recueillir des éloges que lui seul a mé-
rités.

CHAPITRE II

DU DROIT DES AUTEURS EN FRANCE DEPUIS L'INVENTION DE L'IM-
PRIMERIE (1436) JUSQU'AU COMMENCEMENT DU XVIIIe SIÈCLE.

—

§ 1er. — Pendant longtemps les éditeurs profitent seuls des avantages qui auraient dû être exclusivement accordés aux auteurs.
Ceux-ci, d'ailleurs, tinrent longtemps à l'honneur, au XVIIe siècle
notamment, de ne pas s'enrichir de la vente de leurs écrits.

§ II. — Les privilèges accordés aux auteurs avaient surtout pour but
de les couvrir de leurs frais d'impression. Ils étaient très variables
dans leur durée.

§ III. — Dès le commencement du XVIIIe siècle, les auteurs songent
à revendiquer pour eux les divers avantages jusqu'alors concédés à
leurs libraires. Ceux-ci opposèrent une résistance assez vive. On
peut vraiment dire qu'à cette époque la question du droit d'auteur
est née.

§ 1er.

Le Moyen-Age prend fin avec le commencement du
XVIe siècle. Jusqu'à cette époque les choses restèrent
à peu près en état; l'invention de l'imprimerie devait
avoir une influence considérable, mais cette influence
ne se fit pas immédiatement sentir. Il faut reconnaître
au surplus que les auteurs ne cherchèrent pas tout de

suite à revendiquer pour eux le privilège exclusif de la
vente de leurs écrits. Ils laissèrent le soin de réaliser
ces bénéfices à leurs éditeurs. Le préjudice moral résultant de la reproduction illicite de leurs œuvres les
laissa longtemps tout aussi indifférents que le préjudice
pécuniaire dont ils pouvaient avoir à souffrir. Cela tient
d'ailleurs à ce que, pendant longtemps encore, ils jouirent de la situation privilégiée qu'ils avaient eue jadis
à Athènes, et à Rome sous certains empereurs. Reçus
à la Cour, titulaires de pensions royales, qui, sans être
considérables, les mettaient toutefois largement à l'abri
du besoin, ils jouissaient d'une situation et d'une renommée qui, à bien des égards, étaient vraiment dignes
d'envie. Que pouvait leur faire la concurrence fâcheuse
de quelque imprimeur éditant leurs livres à leurs dépens, ou de quelque bel esprit. cherchant à faire passer
de méchants vers sous le couvert de leur nom? Dans
le premier cas, cela regardait leur libraire, puisque la
plupart du temps ils leur laissaient le soin de publier
leurs œuvres (1). Que leur importait d'autre part que
l'on cherchât à porter atteinte à leur renommée? Leur
valeur n'était-elle point reconnue? ne jouissaient-ils
pas de la protection royale et de la faveur des grands ?
Il est assez facile de constater en effet que les rois
les plus illustres ont toujours cherché à s'entourer d'ar-

(1) On sait que La Bruyère, entre autres, abandonna à son éditeur
Michallet le produit de la vente de ses *Caractères*, et que ce dernier
en retira, dit-on, de deux à trois cent mille francs.

tistes de toutes sortes, d'hommes de lettres et d'écrivains. Ils y trouvaient d'ailleurs un certain profit. Aux yeux du monde ils n'étaient point fâchés d'acquérir la réputation de souverains éclairés, amis des lettres et des arts ; c'est une ambition que les princes, les plus soucieux d'affirmer leur trône par des conquêtes ou des exploits guerriers, ont presque toujours eue démesurée. C'était en outre faire preuve d'adresse ; ils s'attachaient par les liens de la reconnaissance des prosateurs et des poëtes toujours prêts à chanter leurs louanges, et dont la présence donnait à leur Cour un remarquable éclat. Ils occupaient ainsi à leur profit des intelligences qui, à leurs yeux, eussent pu être employées à un moins excellent usage. Les révolutions ont toujours eu à leur tête des hommes d'esprit éminent.

Tout ceci nous explique que pendant longtemps, les auteurs qui n'hésitaient point à toucher une pension royale, ou à abdiquer leur indépendance en se mettant comme précepteurs chez des personnes de qualité, aient toujours tenu à honneur de mépriser les bénéfices matériels qu'ils pouvaient tirer de la vente de leurs écrits. C'est ainsi que Boileau disait après Horace :

> Je sais qu'un noble esprit peut sans honte et sans crime,
> Tirer de son travail un tribut légitime,
> Mais je ne puis souffrir ces auteurs renommés
> Qui dégoûtés de gloire et d'argent affamés,
> Mettent leur Apollon aux gages d'un libraire
> Et font d'un art divin un métier mercenaire.

Il ne faudrait point exagérer toutefois la situation privilégiée des auteurs à cette époque. Il y en eut peut-être, et non des moindres, qui souffrirent de ce beau mépris qu'on affichait pour toutes les questions d'argent. Molière était sans fortune, Racine vécut modestement, et Corneille mourut dans l'indigence. Il ne faudra donc point nous étonner quand nous verrons la lutte pour la vie devenir plus vive, de voir la crise prendre très rapidement un caractère aigu. Pour avoir tardé trop longtemps à faire reconnaître leurs droits, les auteurs n'en auront que plus d'ardeur, quand le moment sera venu, à faire admettre la justesse de leurs revendications.

§ II.

Nous avons dit que les éditeurs furent les premiers à profiter des privilèges qu'on accorda aux hommes de lettres. Ils n'avaient aucune raison d'ailleurs pour ne point les accepter. Si les auteurs, à cette époque encore fortunée, pouvaient tenir à honneur de ne point s'enrichir avec la vente de leurs livres, les éditeurs au contraire qui, par leur profession même font commerce des œuvres de l'esprit, exploitent les productions des autres et spéculent sur leur talent, devaient tout naturellement chercher à profiter des avantages nouveaux qu'on leur offrait.

Le premier privilège que l'on voit accordé à un éditeur fut concédé à la fin du XVe siècle par le Sénat de Venise, à l'imprimeur Alde. En 1516, Jean de Lagarde en obtint également un pour l'impression des Coutumes de France. Il est assez curieux de constater d'ailleurs que pendant longtemps les privilèges furent presque toujours accordés pour la réimpression d'œuvres anciennes. Ce qu'on protégeait, c'est le travail de l'éditeur, qui avait cherché en compilant des manuscrits antiques à rétablir les textes originaux d'auteurs célèbres, trop souvent déformés par des copistes maladroits. Travail intelligent sans doute, mais travail d'érudit, et de savant, plutôt que travail d'artiste ; sans vouloir nier en effet la science profonde qu'ils pouvaient avoir des langues mortes, l'imprimeur Estienne fut un helléniste remarquable, il est certain cependant qu'ils ne faisaient point en tout cela œuvre originale ; il n'est point nécessaire pour travailler sur de vieux textes, d'avoir quelque idéal à traduire, ou quelque sens esthétique à développer. Quant à ces privilèges, en quoi consistaient-ils ? Ils étaient uniquement destinés à couvrir l'éditeur de ses frais d'impression ; « Ils avaient pour but, dit « M. Pouillet, en assurant à l'éditeur un monopole, de « de le protéger contre la concurrence désastreuse que « les autres imprimeurs auraient pu lui faire en profi- « tant de son travail, et par là de lui permettre de « récupérer le montant des dépenses engagées par lui « dans l'opération » (1).

_____

(1) V. Pouillet, p. 6.

Ces privilèges étaient accordés par le roi ; ils étaient distincts du permis d'imprimer que légalement ils ne pouvaient point remplacer, et ils avaient une durée très variable. Ils constituaient d'ailleurs pour le souverain un droit de contrôle assez efficace sur les productions intellectuelles de ses sujets ; c'est là une prérogative dont les chefs d'État se sont toujours montrés assez jaloux.

§ III.

Il était évident, nous l'avons laissé prévoir, qu'un jour viendrait où les auteurs entendraient garder pour eux les avantages dont leurs libraires avaient été jusqu'alors les seuls à profiter.

Il est assez intéressant toutefois de constater que les premières revendications émanèrent, non point des auteurs eux-mêmes, mais des libraires de provinces jaloux des monopoles qu'on accordait à leurs confrères de Paris. Ce fut à cette occasion que, pour la première fois (1), en 1725, dans un plaidoyer qu'il fit en faveur de ces derniers, un avocat célèbre, Louis d'Héricourt, développa cette idée, que l'auteur a un droit exclusif sur l'œuvre qu'il a créée et qu'il doit être libre par

______

(1) V. cependant dans Renouard, tome 1, page 113, une plaidoirie prononcée en 1586 par l'avocat Marion devant le Parlement de Paris.

suite d'en confier l'impression à toute personne de son choix. « Les éditeurs, dit-il textuellement, tiennent leurs droits non du roi, mais de l'auteur lui-même », et le droit de ce dernier est tellement absolu, conclut-il, « qu'il n'est pas plus permis de l'en dépouiller, que de son argent, de ses meubles, ou même d'une terre, parce que c'est le fruit d'un travail qui lui est personnel, et dont il doit avoir la liberté de disposer à son gré » (1).

Cette opinion toute nouvelle parut trop hardie pour l'époque. Jacques Vincent, l'imprimeur du Mémoire, et tous ceux qui y avaient collaboré, ou qui l'avaient approuvé, furent obligés de se cacher pour se soustraire aux poursuites.

Dans ces conditions Louis d'Héricourt crut inutile d'insister. Les esprits n'étaient pas suffisamment mûrs pour admettre ses théories. Mais dès cette époque le problème va entrer dans une phase nouvelle. La question du droit d'auteur était née.

(1) Vo Laboulaye, p. 21, Mémoire en forme de requête à M. le Garde des Sceaux par Louis d'Héricourt.

CHAPITRE III

DU DROIT DES AUTEURS EN FRANCE DEPUIS LE COMMENCEMENT
DU XVIIIe SIÈCLE JUSQU'A LA LOI DE 1793.

—

§ Ier. — La lutte entre les auteurs et les éditeurs prit bientôt un caractère aigu. L'acuité du débat s'explique par des considérations d'ordres divers, économiques et sociales.

§ II. — La Révolution mit un temps d'arrêt à la solution du litige. La loi de 1793 vint reconnaître définitivement les droits des auteurs sur leurs œuvres. Cette loi est encore celle qui nous régit actuellement.

§ Ier.

On reprochera peut-être à la division que nous avons adoptée d'être un peu arbitraire. Elle l'est en effet, mais elle correspond, croyons-nous, aux diverses étapes qu'a franchies l'idée du droit de propriété littéraire avant d'être parvenue à son complet développement. Cette division permet de suivre le mouvement en faveur de la protection des œuvres de l'esprit. Elle nous permet de le voir se dessiner, s'accentuer, et de bien comprendre sa marche et ses progrès.

Au point où nous en sommes arrivés d'ailleurs, la

lutte ne devait pas tarder à devenir très vive et la crise
prit bientôt un caractère aigu. La question du droit des
auteurs présentait de jour en jour un intérêt plus considérable et plus passionnant d'actualité. Les hommes
de lettres dont le nombre grandissait sans cesse, et qui
voyaient avec peine les coffres du trésor royal s'ouvrir
moins facilement pour eux, se montrèrent décidés à ne
point abandonner à d'autres des bénéfices pécuniaires
qu'ils avaient trop longtemps méprisés. Les libraires
qui, trop imprudemment, avaient laissé le débat s'engager, sentirent bien vite le danger qu'ils couraient ;
mais il était trop tard. Les événements se succédèrent
avec rapidité ; une solution devenait inévitable. On sen-
tit qu'il était nécessaire de délimiter les droits de chacun et de mettre fin à un conflit qui ne pouvait s'éter-
niser.

En 1761, en 1777, les privilèges accordés aux éditeurs de La Fontaine et de Fénelon leur furent retirés
par le Conseil du Roi et rendus aux héritiers. Les pouvoirs publics se montraient d'ailleurs disposés à prendre fait et cause pour les auteurs. « Le privilège en
« librairie, disait Louis XVI (1), est une grâce fondée en
« justice ; pour un auteur elle est le fruit de son travail,
« pour un libraire elle est la garantie de ses avances.
« Mais la différence du motif doit naturellement régler

(1) V⁰ lettre écrite par Louis XVI, le 6 septembre 1776, rapportée
par M. de Goncourt (Portraits intimes du XVIII⁰ siècle).

« la différence d'importance du privilège. L'auteur doit
« avoir le pas ; et pourvu que le libraire reçoive un
« avantage proportionné à ses frais et un gain légitime,
« il ne peut avoir à se plaindre. »

Deux arrêts du Conseil du Roi du 30 août 1777 con-
sacrèrent cette manière de voir (1).

Les auteurs dramatiques, de leur côté, étaient entrés
dans la lutte ; ils cherchèrent à affirmer leurs droits
sur le revenu des représentations et tentèrent d'amener
l'abrogation des contrats léonins, qui existaient à cette
époque entre les comédiens et eux. Il est assez intéressant de lire sur ce point, la correspondance que Beaumarchais échangea avec la Comédie Française. Il de-
mandait vainement qu'on lui rendît un compte exact et
détaillé, des sommes qui pouvaient lui revenir sur les
recettes réalisées avec le *Barbier de Séville*. De telles
prétentions parurent exhorbitantes. Le semainier De-
sessarts s'obstinait à lui donner un compte par aperçus,
et à faire avec lui une « cote mal taillée ». Ce procédé
n'avait d'autre but évidemment que de dissimuler
l'état exact des choses ; mais Beaumarchais n'en fut

(1) Ces arrêts sont forts importants. Ils reconnurent à l'auteur « le
droit d'obtenir pour lui et ses hoirs à perpétuité le privilège d'éditer
et de vendre ses ouvrages » ; ils décidèrent en outre « que la durée de
ce privilège serait réduite à la vie de l'auteur dans le cas où il le rétro-
céderait à un libraire ». Ces arrêts ont été invoqués de nos jours par
les partisans de la perpétuité du droit d'auteur. (Vᵒ Mack : *De la
perpétuité du droit d'auteur*, p. 1 ; Vᵒ également Pouillet, p. 11 et
12, et Gastambide, p. 44).

pas dupe. « Croyez-moi, Messieurs, écrivit-il à la date du 27 janvier 1777, point de cote mal taillée avec les gens de lettres ; trop fiers pour accepter des grâces, ils sont trop malaisés pour essuyer des pertes (1). »

Ces quelques lignes montrent bien quel était l'état des esprits à cette époque. La question de vie matérielle était en jeu. Beaumarchais, sans hésitation. l'avait assez nettement laissé voir. Un tel élément ne pouvait que donner encore plus d'acuité au débat.

§ II.

La Révolution mit un temps d'arrêt à la solution du problème. Il ne cessait pas cependant d'être à l'ordre du jour. Une première loi votée le 19 janvier 1791, reconnut aux auteurs dramatiques certains droits sur la représentation de leurs pièces. Moins de deux ans après, le 19 juillet 1793, sur un mémoire très remarquable du rapporteur Lakanal, fut votée une seconde loi, qui reconnut le droit exclusif qui appartient à tous les auteurs, quels qu'ils soient, sur leurs œuvres. Cette loi est fort importante. C'est encore celle qui nous régit actuellement.

(1) Beaumarchais, *Œuvres complètes*, Tome VI, Paris, Etienne Ledoux, libraire, 1821. Compte-rendu de l'affaire des auteurs dramatiques et des comédiens français.

CHAPITRE IV

DU DROIT DES ARTISTES, MUSICIENS, PEINTRES OU SCULPTEURS
PENDANT LES MÊMES PÉRIODES.

§ Ier.   Les trois chapitres précédents ont été consacrés plus spécialement à l'évolution du droit de propriété littéraire. Celui-ci sera consacré à l'évolution du droit de propriété artistique. Les mêmes raisons d'ailleurs suffisent à expliquer que le droit de l'artiste sur son œuvre ait été aussi long à s'affirmer, que celui de l'auteur sur ses écrits.

§ II. — Condition juridique des compositeurs de musique à Rome, au Moyen-Age et en France jusqu'à la Révolution. Privilèges de de l'Académie royale de musique. La loi de 1793 a protégé les compositeurs contre la reproduction illicite de leurs œuvres.

§ III. — Condition juridique des peintres et des sculpteurs pendant les mêmes périodes. Système des corporations. Privilèges accordés aux membres de l'Académie royale. La loi de 1793 accorde sa protection à tous les artistes sans distinction.

§ IV. — Conclusion.

§ Ier.

Nous n'avons étudié jusqu'ici que la condition juridique des hommes de lettres ; nous avons laissé de côté, dans un intérêt de clarté et de méthode, celle des artistes, musiciens, peintres et sculpteurs. Il est aisé de concevoir cependant que tout ce que nous avons dit au sujet de développement du droit de propriété littéraire, doit s'appliquer, à peu de chose près, au droit de propriété artistique, et cela nous dispensera d'entrer ici dans de nouveaux détails ; les deux questions sont intimement liées l'une à l'autre. Le jour où l'on a reconnu à l'homme de lettres, qu'il fut poëte ou prosateur, auteur dramatique ou romancier, un droit exclusif sur la reproduction de ses œuvres, il était logique, indispensable, d'accorder le même droit à tous ceux qui avaient cherché, eux aussi, à donner une forme quelconque à leur idéal, une expression à leur pensée. Il importe peu, en effet, qu'ils aient eu recours pour cela, au ciseau du sculpteur ou à la palette du peintre ; il importe peu qu'ils se soient servis, pour traduire leur état d'âme, du marbre ou du bronze, de l'harmonie des sons ou du jeu savant des couleurs. On ne doit s'attacher ici qu'au but poursuivi, sans s'occuper des moyens qui vous ont permis de l'atteindre.

Les mêmes raisons que celles données plus haut suffisent donc à expliquer qu'une théorie sur le droit de propriété artistique ait été très lente à se faire jour et que le droit des artistes sur leurs œuvres ait eu beaucoup de peine à se dégager. Ces raisons, nous les rappellerons ici en quelques mots.

En premier lieu, la nature même du droit qu'il s'agissait de reconnaitre est d'une conception trop subtile pour avoir été facilement admise par des hommes d'esprit peu cultivé; en second lieu, l'imperfection des modes de reproduction, l'ignorance profonde dans laquelle demeura longtemps une grande partie du peuple, le peu de soucis enfin que les artistes prirent à certaines époques, au Moyen-Age notamment, et tout l'art chrétien du IXe au XIIIe siècle en est un frappant exemple, de signer leurs œuvres et de faire connaître leurs noms, empêchèrent pendant de longs siècles, qu'on songeât sérieusement à élaborer une théorie générale de la contrefaçon.

On contrefaisait fort peu, car cela était très difficile et très couteux. Les procédés de fonte, de moulage et de gravure, demeurèrent longtemps si peu perfectionnés, que le seul moyen de reproduire un tableau ou une statue, était de les copier à nouveau à un exemplaire unique. Les artistes s'enrichissaient peu avec la vente de leurs œuvres, et comme il était peu probable qu'on pût tirer un meilleur parti de leurs reproductions, on ne s'attardait point à les contrefaire, dans le seul but de réaliser des bénéfices pécuniaires, fort hypothétiques d'ailleurs, à leurs dépens. Il faut bien reconnaître au surplus que l'instruction, trop peu répandue, ne facilitait guère l'éclosion des hommes de génie ou même de simple talent; les artistes, tout comme les poëtes, étaient assez rares, et ils acquéraient rapidement une certaine renommée à laquelle il était bien difficile de porter ombrage. Beaucoup les admiraient, et les jalousaient peut-être, qui n'auraient pas eu les moyens de les imiter, même servilement.

Nous n'insisterons donc pas sur ces divers points, mais une observation cependant s'impose. Il importe de remarquer que le développement du droit lui-même et celui du délit, furent toujours intimement liés l'un à l'autre. Tant qu'on ne porta point sérieusement atteinte aux droits des artistes, on ne songea point à les protéger, cela était naturel. Le jour où ils eurent réellement à souffrir de la contrefaçon, on les prit en pitié, on songea à reconnaître leurs droits ; et cela était très naturel encore. On l'a d'ailleurs fort bien dit (1) : Pour qu'il y ait délit au point de vue légal, il faut que le droit violé soit sanctionné ; mais si le droit de propriété artistique n'avait pas été violé en tant que droit naturel, le législateur n'aurait jamais sans doute songé à le reconnaître et à le munir d'une sanction.

Tout ce que nous venons de dire s'applique en général à tous les artistes, quels qu'ils soient. Il importe cependant de préciser un peu, et d'étudier brièvement quelle fut la condition juridique des compositeurs de musique, des peintres et des sculpteurs à Rome, au Moyen-Age et en France jusqu'à la loi de 1793. C'est la division que nous avons déjà une première fois adoptée.

(1) Vo Laporterie, p. 9.

§ II.

En ce qui concerne la musique nous aurons fort peu de chose à dire. Elle nous paraît avoir été fort peu en honneur dans l'antiquité, ou du moins n'avoir jamais existé qu'à l'état rudimentaire. Aucun nom de musicien célèbre, tant à Athènes qu'à Rome, n'est parvenu jusqu'à nous. Il faut arriver presque au XIIIe siècle pour voir la musique prendre une place réellement importante dans l'histoire de la civilisation, et ce n'est guère qu'à partir XVIe siècle, qu'elle compte des représentants vraiment illustres, tels que Palestrina. Au XVIIe siècle, l'École Italienne triomphe avec Carissimi et Lulli. Au XVIIIe siècle, l'École Allemande prend une place prépondérante avec Haendel, Back, Haydn, Glück et Mozart ; l'École Française avec Rameau. C'est à partir de ce moment seulement, que la question du droit des compositeurs sur leurs œuvres commence à prendre quelque importance. Encore faut-il remarquer qu'à cette époque, la plupart des productions musicales sont des opéras destinés à la scène, et la plupart des privilèges se rapportent au droit de représentation. Ces privilèges étaient d'ailleurs exorbitants. L'Académie royale de musique au XVIIe siècle jouissait du droit exclusif de donner des bals publics et des concerts spirituels. Elle jouissait du privilège d'adjuger aux enchères le droit de chanter dans les fêtes foraines et de donner des spectacles sur les remparts. On ne songeait point encore à protéger l'œuvre musicale en elle-même. indépendamment de toute exécution publique. Les contrefaçons furent telles cependant et les compositeurs eurent si fort à en souffrir, qu'un arrêt de 1786 obligea les auteurs et éditeurs à demander un privilège du sceau, conformément aux lois sur la librairie; ce privilège ne fut accordé aux éditeurs que lorsqu'ils justifiaient pleinement de la cession des droits qui leur aurait été faite, et la contrefaçon fut punie d'une amende de trois mille livres (1). Avec la loi de 1793 enfin, nous voyons « les compositeurs jouir, durant « leur vie entière, du droit exclusif de vendre, faire « vendre, distribuer leurs ouvrages dans le territoire de « la République, et d'en céder la propriété en tout ou « en partie ». A dater de cette époque le droit de reproduction du compositeur sur son œuvre est protégé au même titre que le droit de représentation.

§ III.

Si la musique n'a jamais atteint autrefois un très réel degré de perfection, il en est tout autrement de l'architecture et de la statuaire qui ont compté jadis de très illustres représentants.

(1) Vo Pouillet, p. 16.

Quant à la peinture elle ne s'est développée qu'assez tard ; et l'art de la gravure ne remonte guère, dit-on, qu'à Maso-Finguerra, orfèvre florentin du milieu du XVe siècle (1).

Il est incontestable en effet que le premier de tous les arts, celui qui existe seul au début de toute civilisation, c'est la poésie ; Homère apparaît aux origines de l'histoire grecque. Les autres ne se développent que beaucoup plus tard et dans un ordre qu'il peut être assez difficile de déterminer exactement.

Quoi qu'il en soit, il est certain qu'à Rome les arts furent en médiocre estime. Les Romains, peuple de soldats et de laboureurs, n'eussent même peut-être jamais vu leur sens artistique se développer, s'ils n'avaient subi l'influence de la civilisation grecque.

Græcia capta ferum victorem cepit, et artes
Intulit agresti latio (2)

dit Horace.

Ils s'intéressaient beaucoup plus à la culture de leurs champs, à leurs conquêtes militaires, à la rédaction de leurs lois, qu'à toutes les questions d'esthétique, si en

(1) L'art de graver en creux les pierres fines remonte à la plus haute antiquité. A Rome et en Egypte on connaissait l'emploi des cachets et de la cire. La gravure dont nous parlons ici, est celle qui consiste à reproduire sur un vélin, un dessin gravé en creux sur une pierre, et imprégné d'encre.

(2) Horace, *Epîtres* (Livre II, Ep. 1).

honneur jadis à Athènes. Cela les laissait tout au moins indifférents.

Il ne faudrait point s'imaginer toutefois que l'art romain n'a jamais existé. Il est incontestable que les descendants du vieux Caton se sont toujours sentis attirés vers tout ce qui présentait une certaine utilité pratique ; ils ont laissé des monuments de toute sorte, des aqueducs, des routes, des ponts, qui sont d'une construction vraiment forte et qui dénotaient chez leurs architectes une science profonde de leur art (1). Mais ils ont laissé aussi des œuvres purement esthétiques et vraiment belles en elles-mêmes. Certains de leurs temples, à en juger par les ruines actuelles, étaient d'une exécution superbe. Les Thermes de Caracalla furent d'une magnificence qui n'a pas encore été dépassée, la perspective du Forum était très belle et la colonne Trajanne compte des bas-reliefs que n'eut pas désavoués l'art grec. D'excellents ouvrages d'ailleurs, furent écrits sur la matière au siècle des Antonins, ce qui prouve que quelques-uns d'entre eux ne se désintéressaient pas complètement du côté, même théorique et critique, de l'histoire des Beaux-Arts. Mais l'architecture prête peu à la contrefaçon, et il faut bien le reconnaître, l'architecture est le seul art vraiment romain. La statuaire nous a laissé des chefs-d'œuvre réels, mais en très petit nombre. Peu de sculpteurs ont acquis à Rome une re-

____

(1) Vᵒ Roger Peyre, p. 155 et suivantes.

nommée pareille à celle de Phidias à Athènes, et pendant longtemps ils manquèrent d'originalité. Quant à la peinture, elle ne nous paraît guère avoir brillé jadis d'un très vif éclat ; il ne semble même pas que les peintres anciens se soient faits une idée très nette et très élevée de leur art. On peignit beaucoup de fresques, paraît-il, mais il en est bien peu qui soient parvenues jusqu'à nous.

Dans ces conditions, on conçoit que les artistes n'aient pas songé à faire reconnaître leurs droits, sur les œuvres qu'ils produisaient. Les mêmes raisons que nous avons données au chapitre précédent, pour expliquer le silence des hommes de lettres à cet égard, s'appliquent donc avec plus de force encore ici, puisque la production était moins forte et les artistes moins nombreux.

Au Moyen-Age, les architectes et les sculpteurs furent d'un désintéressement à peu près complet. Ils travaillaient pleins d'humilité, pour la seule gloire de Dieu et le plus souvent en collaboration. Dans ces conditions encore, il était bien difficile de songer à leur accorder une protection, que d'ailleurs ils ne réclamaient point. Mais nous voyons apparaître, en ce qui les concerne, une chose qui n'exista jamais, croyons-nous, à l'égard des auteurs et des musiciens ; nous voulons parler des communautés et corporations. Dès le XIIIe siècle, nous voyons exister la corporation des *Ymagiers tailleurs et de ceux qui taillent cruchefix à Paris.* Cette corporation subsista jusqu'au XVIIIe siècle sous des noms un peu différents. Les sculpteurs avaient ainsi trouvé moyen, en se groupant, de donner plus de force à leurs revendications et de se faire accorder une protection très efficace. Ils obtinrent des privilèges ; mais ces privilèges eurent pendant longtemps deux caractéristiques principales : ils semblent avoir été accordés à la corporation tout entière, plutôt qu'à chacun de ses membres pris individuellement, et en outre, ils ont toujours été considérés comme une faveur due à la bienveillance royale, plutôt que comme la reconnaissance d'un droit (1).

Le système des corporations d'ailleurs, à côté d'inappréciables avantages, offrait de manifestes inconvénients. Il tendait à supprimer tout ce qui pouvait caractériser un talent individuel, une personnalité quelconque. N'étaient admis à faire partie de la corporation que ceux qui peignaient et sculptaient, d'après les règles admises et généralement enseignées. Aussi certains artistes cherchèrent-ils à se soustraire à cette tutelle, et des lettres-patentes de Louis XIII, en 1608, enregistrées l'année suivante, vinrent régulariser la situation de ces artistes indépendants, qu'on appela *brevetaires*, à raison du brevet qui leur fut accordé. La corporation protesta ; on fut dans une certaine mesure obligé de

____

(1) V° sur tous ces points, Laporterie, th. de doctorat. D'après cet auteur, les graveurs auraient été les seuls à jouir de privilèges individuels.

faire droit à ses prétentions et de nouvelles lettres-patentes, enregistrées en 1639, vinrent modifier un peu la situation de ces brevetaires privilégiés (1).

Sous Louis XIV, nous voyons exister concurremment deux sociétés rivales. « La Communauté des peintres et sculpteurs » dite « Académie de Saint-Luc », qui avait à sa tête Mignard, et l' « Académie royale », d'esprit plus large et moins formaliste. Elle avait recruté la plupart de ses membres parmi les anciens artistes à brevet. A cette époque, la contrefaçon des œuvres d'art avait pris d'ailleurs une extension considérable et était devenue une industrie tout à fait florissante. Les pouvoirs publics tentaient, avec peine, de la réprimer ; une sentence de police du 11 juillet 1706 fit défense aux fondeurs, de mouler en fraude des droits des sculpteurs, les ouvrages que ceux-ci pouvaient leur avoir confiés. Un arrêt du 28 juin 1714 interdit de contrefaire, d'une façon quelconque, par impression, gravure ou autrement, les œuvres des membres de l'Académie royale de peinture et de sculpture. Divers autres arrêts sur lesquels nous ne pouvons insister, furent rendus en notre ma-

____

(1) Nous ne signalerons que pour mémoire la singulière prétention émise par Mansard vers 1651, qui voulait soumettre à sa censure toutes les gravures qui pourraient paraître dans le royaume. Il obtint même un privilège qui lui reconnaissait ce droit ; mais sur les réclamations très justifiées des artistes contemporains, le sceau royal en fut immédiatement brisé par le Garde des Sceaux, M. de Châteauneuf. C'est à cette occasion que parut le pamphlet célèbre appelé « la Mansarade ».

tière dans tout le cours du XVIIIe siècle (1). Le
15 mars 1777 enfin, eut lieu la célèbre déclaration de
Versailles, qui proclama la liberté des arts, et permit à
l'Académie royale de prendre pour devise : *Libertas
artibus restituta*. La Communauté de Saint-Luc avait
d'ailleurs définitivement disparu avec l'édit de Turgot
abolissant les maîtrises en 1776, et les membres de
l'Académie royale se virent définitivement protégés
contre toute contrefaçon de la part de ceux qui tente-
raient « de faire paraître sous leur nom des ouvrages
qui n'en seraient pas, ou de défigurer à leur insu ceux
qui en seraient » (article 8 de la Déclaration) (2). On
semble d'ailleurs avoir eu surtout pour but, à cette
époque, de protéger le droit moral de l'artiste sur son
œuvre ; on ne veut pas que sa réputation soit compro-
mise par des œuvres médiocres qu'on lui attribuerait
faussement ; on s'occupe peu du dommage pécuniaire,
qui est relégué au second plan.

La Révolution vint sur ces entrefaites opérer son
œuvre de nivellement. La loi de 1793 en sortit, nous
le savons, et vint mettre un terme à tous ces conflits.
Elle régla d'une façon définitive la condition juridique
des artistes, elle leur reconnut à tous un droit exclusif

---

(1) V° pour les détails, Vaunois, th. de doctorat, 1884, et Laporterie,
th. de doctorat également, 1898.

(2) **M. Vaunois** fait justement observer que ce privilège était moins
exorbitant qu'on ne serait tenté de le croire, puisque l'Académie était
ouverte à tous et que le nombre des académiciens était illimité.

sur la reproduction de leurs œuvres sans distinction d'École ou d'Académie. Tous les monopoles furent supprimés.

§ IV.

Telle est, exposée d'une façon rapide, l'évolution du droit de propriété artistique. On voit que depuis une époque même éloignée, puisqu'elle remonte au commencement du XVIe siècle, les peintres, les sculpteurs, les graveurs eurent fort à souffrir de la contrefaçon ; mais il faut reconnaître aussi, qu'ils firent beaucoup, plus même peut-être que les hommes de lettres, pour obtenir la reconnaissance et la sanction de leurs droits. Quant aux compositeurs de musique, ils profitèrent des avantages que la loi de 1793 reconnut d'une façon générale à tous les auteurs ; mais ils nous semblent avoir toujours fait preuve d'une certaine indifférence et être restés en dehors du mouvement.

Il ne faudrait pas s'exagérer d'ailleurs le rôle néfaste de la contrefaçon. Il est incontestable que certains artistes eurent de bonnes raisons pour s'en plaindre, et qu'on contrefaisait jadis sans honte et sans scrupule. En 1580 déjà Bernard Palissy déplorait la concurrence faite aux émailleurs de Limoges par des rivaux indélicats qui s'étaient emparés du secret de leur art. Il en était de même à l'étranger. Albert Dürer fut « une victime célèbre de la contrefaçon » ; Michel Ange protesta avec force contre les « fabriques de peinture » du Pérugin (1). En Hollande enfin, Rembrandt et Ruysdael ne furent pas toujours à l'abri des procédés indélicats des peintres jaloux de leur gloire et de leur talent. Mais pour être juste, il faut avouer que ces emprunts avaient un peu lieu aussi, à charge de revanche, et bien des artistes de la Renaissance italienne et française, même parmi les plus célèbres, n'échapperaient pas au reproche de s'être inspirés, un peu plus qu'il ne convenait, des œuvres de leurs contemporains.

Il faut reconnaître toutefois que la contrefaçon permit souvent seule à un art nouveau, de naître et de se développer. Bien souvent les membres d'une école, devenue célèbre, ont commencé par copier les toiles de ces maîtres qu'ils admirèrent d'abord et qu'ils ont surpassés. Il en est de même pour la sculpture et l'architecture. Les Romains s'inspirèrent de l'art étrusque, bien avant d'avoir subi l'influence de l'art grec, l'art roman s'est perfectionné dans l'imitation de l'art byzantin et l'art ogival lui-même est né de l'art roman (2).

M. Bonnaffé dit en ce sens (3) : « Si je regarde en ar« rière, combien d'industries florissantes sont nées de
« la contrefaçon ! Nos premières manufactures de ta« pisserie se forment en contrefaisant les ouvrages

____

(1) Müntz, *Histoire de la Renaissance*, t. I, p. 358.
(2) V° Roger Peyre, p. 151, 294 et 315.
(3) Bonnaffé, rapporté par Laporterie, p. 28.

« d'Orient et de Flandre, la Saxe en fabriquant du faux
« Chine, Delft du vieux Japon, Nevers du faux Italien ;
« Marc Antoine a commencé sa fortune en imitant la
« signature d'Albert Dürer, Venise en pastichant les
« Arabes et les Byzantins, les Padonans en gravant de
« fausses médailles, et Gutenberg lui-même a inventé
« l'Imprimerie pour contrefaire les manuscrits. »

La contrefaçon n'en reste pas moins un acte blâmable, qu'il faut punir et réprimer. Mais on voit qu'elle a parfois rendu des services. Ce point, nous semble-t-il, était intéressant à noter.

TITRE II

DE LA NATURE ET DE LA DURÉE DU DROIT D'AUTEUR DANS NOTRE LÉGISLATION.

—

CHAPITRE PREMIER

ÉTUDE THÉORIQUE ET CRITIQUE DES LOIS DU 19 JUILLET 1793 ET DU 14 JUILLET 1866.

—

§ Ier. — La loi de 1793 a reconnu à l'auteur, pendant sa vie entière, le droit exclusif de vendre, et faire vendre ses œuvres dans toute l'étendue du territoire de la République. Ce droit constitue à son profit une véritable propriété. Cette propriété peut être cédée en tout ou en partie.

§ II. — La loi de 1793 protège toutes les productions de l'esprit. Elle ne tient aucun compte de la valeur intrinsèque de l'œuvre, mais elle n'accorde à l'auteur un droit exclusif que sur la forme qu'il a donnée à sa pensée, et non sur la pensée elle-même.

§ III. — Objets compris dans la loi de 1793.

§ IV. — Durée du droit d'auteur. L'auteur est protégé pendant toute sa vie. Ses droits passent après sa mort à ses héritiers, qui en jouissent pendant une période invariable de cinquante ans.

§ Ier.

Nous avons passé en revue dans le titre premier, les différentes dispositions législatives qui précédèrent la loi de 1793 ; il nous faut étudier maintenant, pour bien comprendre la théorie générale de la contrefaçon, l'économie même de cette loi. La contrefaçon en effet est une atteinte portée au droit de l'auteur sur son œuvre ; aux termes de l'article 425 du Code pénal, elle constitue un délit. Il est donc nécessaire, pour bien saisir le sens de ces expressions, de se demander avant toute chose, quelle est la nature même du droit qui a été méconnu et violé.

Sur cette question d'ailleurs, l'entente n'est pas encore absolument parfaite. La loi de 1793, en reconnaissant à tout auteur le droit exclusif de vendre, faire vendre ou distribuer ses œuvres, lui a reconnu par cela même, un droit exclusif de reproduction sur elles. En cela, il est vrai, tout le monde est d'accord. C'est un point acquis. Le texte de la loi au surplus est formel, et il est ainsi conçu : « Les auteurs d'écrits en tout « genre, les compositeurs de musique, les peintres et « dessinateurs qui feront graver des tableaux ou des- « sins jouiront durant leur vie entière du droit exclusif « de vendre, faire vendre, distribuer leurs ouvrages « dans le territoire de la République, et d'en céder la « propriété en tout ou en partie. » (Loi de 1793, art. 1er). Mais ce droit absolu qui appartient à tout auteur, et pendant toute sa vie, d'exploiter seul son œuvre et d'en tirer tous les bénéfices, ce droit exclusif de reproduction qu'on lui reconnaît si généreusement, constituent-ils à son profit un véritable droit de propriété ? C'est ici que la controverse commence. Pour nous cela ne saurait être sérieusement mis en doute ; on l'a contesté néanmoins et beaucoup d'excellents auteurs ne partagent pas notre opinion.

Pour soutenir que le droit créé par la loi de 1793 n'est pas un véritable droit de propriété, on a fait valoir plusieurs arguments. On a dit tout d'abord : le droit de l'auteur n'est pas un véritable droit de propriété, parce qu'il n'est reconnu par aucun titre ; on a dit ensuite : le droit de propriété est de son essence perpétuel, or le droit reconnu à l'auteur ou à ses ayants-cause est éminemment temporaire. On a dit enfin : du jour où l'auteur a publié son œuvre, le public a acquis sur elle un droit de jouissance intellectuelle, dont il ne peut être privé. Ce partage de jouissance porte une atteinte directe au droit de l'auteur, il est incompatible avec le caractère exclusif et absolu du droit de propriété.

Ces trois arguments ne nous touchent point.

Tout d'abord, comme le fait très bien remarquer M. Pouillet (1) : « La propriété naît en même temps « que l'œuvre, et l'auteur n'a pas besoin pour assurer « son droit d'une déclaration ou d'un enregistrement « quelconque ». La loi de 1844 a bien pu il est vrai, dans une matière qui touche un peu à la nôtre, exiger de l'inventeur qu'il obtînt avant toute chose un titre, un brevet d'invention. Ce titre lui est délivré après le

____

(1) V° Pouillet, p. 24.

dépôt d'un acte contenant, *ne varietur*, la description de sa découverte, et l'inventeur ne peut songer à faire reconnaître ses droits qu'après l'avoir obtenu.

Ces diverses formalités, qui permettent de définir avec exactitude, la nature et le caractère de toute invention, et l'étendue des droits qu'on peut avoir sur elle, n'avaient aucune raison d'être en notre matière. Une œuvre d'art est suffisamment déterminée par sa seule publication, les droits qu'on peut acquérir sur elle sont aisément délimités. Il n'est pas besoin d'autre chose. Elle trouve son titre en elle-même (1).

Nous ne voyons pas non plus pourquoi le droit concédé à l'auteur par la loi de 1793, ne saurait être considéré comme un droit de propriété, par cela seul qu'il n'est pas perpétuel. La perpétuité nous paraît être de la nature du droit de propriété, mais nullement de son essence (2). On peut fort bien concevoir en effet que le législateur, au moment où il a reconnu à tout auteur un droit exclusif sur son œuvre, ait restreint la durée de ce droit pour des considérations d'ordres divers. Ces raisons peuvent être multiples; nous n'en signalerons qu'une, la plus importante selon nous.

Le public acquiert sur les œuvres, qu'on a une première fois soumises à son approbation, un droit de jouissance intellectuelle, dont on ne doit pas pouvoir le

(1) Pouillet, p. 24.
(2) V° M. Hérold, Etude sur la perpétuité de la propriété littéraire, *Revue pratique*, 1862, p. 395.

priver, sans raison apparente et sans motif sérieux. Il ne saurait appartenir au premier venu de lui retirer selon son bon plaisir, ce qu'on a une première fois remis entre ses mains. Admettrait-on par exemple qu'un descendant de La Fontaine ou de Pascal, s'il en existe encore, qu'un héritier de Lamartine ou de Victor Hugo, de Mendelssohn ou de Wagner, de Corot ou de Meissonnier, vint aujourd'hui détruire les œuvres de son aïeul, les retirer de la circulation et en interdire à l'avenir toute nouvelle reproduction. Evidemment non. Une telle prétention semblerait à juste titre exorbitante. Il est très naturel que le législateur ait accordé à l'auteur, et à ses ayants-cause pendant un certain temps, le droit exclusif de tirer parti de son œuvre ; c'est la juste récompense de son travail et de ses efforts. Mais il est très naturel aussi qu'il ait limité ce droit dans sa durée : car les autres hommes, ses semblables, ont acquis sur ses productions un droit très légitime et très respectable également. Les chefs-d'œuvre quels qu'ils soient, font partie intégrante du patrimoine intellectuel de tout un peuple ; ils contribuent à sa gloire, ils servent à l'éducation littéraire et artistique des générations futures. Elles ont le droit de les revendiquer (1).

Il n'en est pas au surplus de la propriété des choses

(1) Voltaire a dit: « Il en est des livres comme du feu de nos « foyers ; on va prendre le feu chez son voisin, on l'allume chez soi, « on le communique à d'autres et il appartient à tous. » (Cité par Pouillet).

de l'esprit, comme de la propriété des choses matérielles. Celles-ci peuvent faire l'objet d'un droit exclusif
et perpétuel, sans grand inconvénient pour la société.
La plupart d'entre elles ont d'ailleurs une existence as-
surée. En quelques mains qu'il passe, il est assez peu
probable qu'un champ puisse aisément disparaître de la
surface du globe ; d'un autre côté il est assez rare de voir
des héritiers dilapider, pour le seul plaisir de détruire,
les biens matériels d'une succession, qui n'ont de valeur que par eux-mêmes. Il en peut être tout différemment, quand il s'agit d'œuvres intellectuelles, que pour
certaines raisons, par scrupules de morale, ou par van-
dalisme, on serait tenté de faire disparaître. On a cité
souvent à ce sujet, l'exemple des Œuvres de Voltaire
tombant entre les mains d'une congrégation religieuse.
Pour improbable qu'elle puisse être, l'hypothèse n'en
est pas moins curieuse à envisager.

Un dernier argument milite enfin en faveur de notre
opinion. Ne voyons-nous pas souvent en effet, le législateur porter atteinte à la perpétuité du droit du propriétaire ? N'a-t-il pas restreint l'ordre des successions
au douzième degré ? Ne connaît-il pas l'expropriation
pour cause d'utilité publique ? N'a-t-il pas diminué enfin
dans certains cas, le droit du nu-propriétaire sur une
chose, en en réservant à d'autres l'usufruit ?

La dernière raison que l'on a invoquée pour soutenir
que le droit reconnu à l'auteur par la loi de 1793 n'est
pas un droit de propriété, est la suivante : on prétend

que le droit de jouissance intellectuelle, qui appartient au public sur toute œuvre d'art mise dans la circulation, droit que nous sommes les premiers à reconnaître et que nous venons de défendre, est inconciliable avec le caractère absolu et exclusif du droit de propriété.

Cet argument, pour séduisant qu'il puisse paraître, n'est cependant pas sérieux. Le droit de l'auteur est, en effet, tout différent de celui du public. L'auteur acquiert sur son œuvre, par la publication, un droit tout matériel et exclusivement attaché à sa personne. Il recueille les bénéfices pécuniaires qui peuvent en résulter, puisqu'il a sur elle un droit exclusif de reproduction. Il recueille aussi les avantages honorifiques qui y sont attachés, et qui sont une juste conséquence de son travail personnel, de ses efforts, de son talent. Cette publication est avant tout, pour lui, une source de profits. Quant au public, il n'acquiert autre chose au contraire, que le droit d'en jouir moyennant une certaine rétribution ; il paye pour acheter un livre, pour acquérir un tableau, pour assister à la représentation d'un concert symphonique ou d'un opéra, et il ne peut tirer aucune gloire de la publication ou de l'exécution d'une œuvre, à laquelle il n'a point collaboré. Qu'importe après cela qu'il retire de l'ouvrage qu'il a lu, du tableau qu'il a admiré, du concert qu'il a entendu, une certaine jouissance intellectuelle ? Qu'importe même qu'il en ait retiré une leçon, un enseignement, qu'il en ait profité pour faire son éducation artistique ? Il n'a pas plus porté atteinte en cela aux droits inviolables de l'auteur, que le passant ne porte atteinte au droit du propriétaire, en s'arrêtant sur la route pour regarder et admirer sa maison (1).

Si nous avons cité toutes ces controverses, ce n'était d'ailleurs que pour traiter d'une façon complète la question que nous avions abordée. Il est en effet un dernier argument et un argument de grande force, puisque c'est un argument de texte, qui vient à l'appui de notre système, et qui suffirait à lui seul à réfuter toutes les objections qu'on a pu lui faire.

La loi de 1793 elle-même, a employé le terme « droit de propriété », dans son article 1 et dans son article 7. Le Code pénal de 1810 a reproduit la même expression dans son article 425, et s'il est vrai qu'une de nos lois, mais une seule, la loi de 1866 ait évité de prononcer expressément ce mot (2), il importe de remarquer aussi

---

(1) Pataille a dit : « Un propriétaire, qui posséderait un parc magnifique entouré de murs et de fossés infranchissables, n'aurait pas à s'inquiéter des maraudeurs. Mais que, moyennant une faible rétribution par personne, il rende publique l'entrée de son parc, certes, il n'a vendu ni le fonds, ni les arbres, ni les fruits ! Mais les murs ne le défendront plus, et s'il n'a pas recours à une active surveillance et même à des moyens de répression, il se trouvera parmi ceux qui n'ont acheté qu'un droit de jouissance, des gens qui dévasteront son parc et s'en approprieront les fruits. De ce qu'un auteur ne peut plus garder seul son œuvre, lorsqu'une fois il l'a confiée au public, de ce qu'il a besoin de toute la protection des lois pour se défendre contre les barbares littéraires, il ne s'ensuit pas davantage qu'il ait cessé d'en être le véritable propriétaire. » Pataille, 1866, p. 138.

(2) Le commissaire du Gouvernement, M. Riché, a dit à ce sujet : « Nous avons maintenu le principe de nos lois antérieures..... Si notre

que le décret du 29 octobre 1887, qui lui est immédiatement postérieur, n'a pas hésité à en faire usage (1).

Dans ces conditions, nous ne pouvons que persister dans notre manière de voir. Nous croyons que la loi de 1793 a reconnu à tout auteur sur son œuvre, un véritable droit de propriété. Elle l'a déclaré formellement et les lois postérieures en ont fait de même. Rien ne nous permet donc de supposer qu'il y ait là une simple inadvertance, comme on a voulu le soutenir. Ce qu'il y a de certain, c'est que par la force même des choses, toutes les lois relatives à la propriété des objets corporels ne seront pas applicables à la propriété des choses de l'esprit. Mais l'intention du législateur est manifeste. et sans vouloir émettre ici d'appréciation d'aucune sorte, il est de toute évidence qu'il a reconnu ces dernières comme susceptibles également d'un droit de propriété (2).

« projet n'a pas prononcé le mot de propriété, il aurait pu le faire sans
« péril.... » (*Moniteur*, 2 juin 1866).

(1) Ce décret a étendu aux colonies les dispositions qui régissent en France la propriété artistique et littéraire.

(2) Vᵒ dans notre sens : Pouillet, p. 23 et suivantes ; Gastambide, *Traité des Contrefaçons*, p. 8, et *Th. de la propriété des auteurs*, p. 77 et suivantes ; Dalloz, vᵒ *Propriété littéraire*, nᵒ 72 ; Pataille, 1866, 131 et 1867, 178. — Vᵒ en sens contraire : Flourens, p. 54. Son principal argument est tiré de la limite apportée au droit d'auteur ; — Renouard, t. 1, p. 433, et un arrêt de cassation (ch. des Requêtes, 25 juillet 1887, Grus c. Ricordi, D. P., 88, 1, 5) qui va jusqu'à dire « que les droits d'auteur et le monopole qu'ils confèrent sont désignés « à tort, soit dans le langage usuel, soit dans le langage juridique, « sous le nom de *propriété* ».

Nous aurons à voir au chapitre suivant si cette conception est juste en soit, et mérite d'être approuvée.

§ II.

Ce premier point acquis, nous allons étudier rapidement le caractère même de la loi de 1793. Ce n'est pas tout de savoir qu'elle a accordé à l'auteur un droit de propriété sur ses œuvres, il importe de savoir encore, quelles sont les œuvres qu'elle a entendu protéger et de nous demander à la fois quel fut son but et quel est son esprit.

Trois principes fondamentaux nous paraissent avoir présidé à sa confection.

En premier lieu, elle est d'une très vaste portée d'application ; elle a eu pour objet de protéger « toutes les « productions de l'esprit ou du génie appartenant aux « Beaux-Arts », ce sont les termes même de son article 7. Le législateur, après avoir tenté, dans l'article 1, de donner une énumération qui n'est évidemment pas limitative, et qui ne pouvait être qu'incomplète, a eu recours, pour atteindre son but, à des termes un peu vagues, destinés par leur généralité même, à embrasser toutes les productions de l'esprit. On est d'accord d'ailleurs pour s'en tenir sur ce point à l'esprit de la loi plutôt qu'à son texte ; c'est ce qui nous permettra plus tard, d'accorder toute protection aux sculpteurs, aux architectes et même aux photographes, bien que leurs œuvres ne figurent pas dans l'énoncé de la loi.

En second lieu, si la loi de 1793 n'a pas fait de distinction, en accordant sa protection à tous les auteurs et artistes quels qu'ils soient, elle l'a fait aussi sans s'inquiéter en aucune façon du mérite de leurs œuvres. C'est là certainement un de ses côtés les plus caractéristiques. Une seule chose est exigée de celui qui réclame protection, c'est qu'il ait tenté, par un certain effort personnel, de faire œuvre d'art et de créer, autant que cela est compatible avec les forces humaines, une œuvre nouvelle et originale. L'effort seul est intéressant, le résultat importe peu. C'est ainsi qu'après avoir fait preuve d'une certaine exigence en posant le principe, le législateur se montre plein d'indulgence lorsqu'il s'agit de l'appliquer. Aux yeux de la loi « l'absence de création entraîne l'absence de droit (1) », mais dès qu'un individu a tenté d'arriver à cette création, dès qu'il a cherché à donner une forme à son idéal, à traduire d'une façon quelconque ce qu'il avait conçu, senti et pensé, même s'il n'a pas réussi dans son entreprise, il peut avoir recours à elle et se prévaloir des droits qu'elle a reconnus.

(1) Pouillet, p. 34. D'après cet auteur un ouvrage publié, mais complètement oublié dans la poussière des archives ou des bibliothèques, ne pourrait, si le temps assigné par la loi au droit d'auteur est écoulé, devenir pour celui qui le publie à nouveau, sans y ajouter quoi que ce soit de personnel, l'objet d'un droit privatif protégé par la loi. Nous ne pouvons que nous rallier à cette manière de voir.

On s'étonnera peut-être d'un pareil système qui met un artiste comme Ingres ou Delacroix, au même rang que le plus médiocre de tous les peintres modernes. Légalement l'*Angelus* de Millet n'est pas plus protégé que l'image d'Épinal, et parmi nos contemporains, le romancier le plus dépourvu de talent a les mêmes droits sur son œuvre que Balzac sur la *Comédie Humaine* et Flaubert sur *Madame Bovary*. Il ne pouvait cependant pas en être différemment ; on ne pouvait transformer le tribunal en jury d'art, et faire du prétoire un salon littéraire, où toutes les discussions d'esthétique eussent été admises. Cela aurait pu présenter les plus graves inconvénients. Il suffit de voir les divergences qui existent entre les diverses écoles, pour comprendre qu'il était impossible de rendre les magistrats juges de la question de savoir si une production quelconque est réellement artistique. En admettant que leur compétence en cette matière eût été égale à leur compétence juridique, il était à prévoir que la multiplicité des décisions rendues en sens contraire, aurait influé d'une façon regrettable sur l'unité de la jurisprudence. C'était laisser la porte ouverte au plus fâcheux arbitraire.

Ce second principe nous paraît d'ailleurs aussi indiscutable que le premier ; il a toujours été admis par la doctrine, et les tribunaux se sont toujours montrés très disposés à reconnaître le mérite personnel, et l'intention créatrice, partout où ils pouvaient exister. Il a toujours été admis par exemple, que le copiste lui-même, le graveur, qui reproduit un tableau tombé dans le domaine public, acquiert un droit exclusif sur son œuvre, car il a pu faire œuvre personnelle, même en reproduisant l'œuvre d'autrui. Il ne pourra évidemment s'opposer à ce qu'un autre copie le même modèle que lui, mais il aura le droit d'exiger qu'on respecte son œuvre, dont l'exécution peut avoir un réel mérite ; il aura le droit de s'opposer à ce qu'on travaille d'après sa propre copie. Sur tous ces points d'ailleurs les tribunaux se sont toujours reconnus, et on leur reconnaît également, le plus large pouvoir d'appréciation. Ils sont souverains juges de la question de fait, et leur décision ne tombe pas sous la censure de la Cour de cassation.

Le troisième et dernier principe qui nous paraît dominer la loi de 1793, est le suivant. Ce que la loi protège, c'est la forme que l'auteur a donnée à sa pensée. C'est sur cette forme, et sur elle seule, qu'il acquiert un droit exclusif de reproduction. Quant à la pensée elle-même, elle reste en dehors de toute propriété personnelle, elle échappe à toute appropriation. Nul n'a jamais songé, au surplus, à soutenir une pareille doctrine, et il y a évidemment un malentendu, quand on reproche à la loi de 1793 d'avoir voulu monopoliser une idée au profit d'un seul individu. On a dit à ce sujet de fort belles choses, on a invoqué Pascal et Alfred de Musset, Kant, Fontenelle et Alphonse de Lamartine (1).

____

(1) Pascal a dit : « Les auteurs en parlant de leurs ouvrages disent :

Le malheur a voulu qu'elles ne fussent point de circonstance. Elles tombent à faux. Chacun a le droit de chanter le Voyage d'Ulysse ou la Colère d'Achille, fils de Pélée ; chacun a le droit de rendre par le marbre, la plume ou le pinceau une idée, ou une impression, de faire une statue de la Douleur, de peindre une Sainte Famille, d'écrire une Histoire de la Révolution, ou d'étudier dans un drame l'Amour ou la Jalousie. Ces sujets appartiennent à tous, mais chacun doit respecter la façon dont le sujet a été traité avant lui. Chaque auteur en effet doit donner à sa pensée une forme particulière ; chaque auteur doit imprimer à son œuvre une marque originale, qui est le cachet de sa personnalité, et qui fait l'objet de son droit privatif et absolu. Si vous donnez le même thème à dix artistes divers, ils devront le traiter, et le traiteront sans doute, de dix façons différentes. Ils exprimeront la même pensée sous dix formes diverses. C'est sur cette forme.

« *mon* commentaire, *mon* livre, *mon* histoire, ils sentent leurs bour-
« geois qui ont pignon sur rue, et toujours un chez moi à la bouche.
« Ils feraient bien mieux de dire *notre* commentaire, *notre* livre,
« *notre* histoire, vu que d'ordinaire, il y a plus en cela du bien d'autrui,
« que du leur », et Musset a ajouté :

> Rien n'appartient à rien, tout appartient à tous ;
> Il faut être ignorant comme un maître d'école,
> Pour se flatter de dire une seule parole
> Que personne ici-bas n'ait pu dire avant nous :
> C'est imiter quelqu'un que de planter des choux.

V° aussi le rapport de Lamartine, *Moniteur officiel* du 13 mars **1841**.

nous le répétons, et sur elle seule, fruit de leur travail, manifestation extérieure de leur talent ou de leur génie, qu'ils acquièrent un droit exclusif. La loi de 1793 n'a pas pu et n'a pas voulu leur accorder autre chose. On soutiendrait le contraire en vain (1).

§ III.

Il pourrait paraître nécessaire ici, après ces aperçus généraux, d'étudier avec quelques détails l'ensemble des objets compris dans la loi de 1793. La contrefaçon en effet est un délit, or il n'y a réellement contrefaçon au sens pénal du mot, c'est-à-dire infraction à la loi pénale punie de peines correctionnelles, que si l'objet indûment reproduit ou imité est protégé par la loi.

Nous allons donner un exemple pour bien faire saisir notre pensée.

---

(1) Vo en notre sens : Pouillet, p. 35 et suivantes ; Pataille, 1886, p. 135 : « Qu'importe qu'un auteur ait puisé tout ou partie de ses « idées dans le fonds commun, si ne détruisant rien, n'enlevant rien « au domaine public, il crée quelque chose qui n'existait pas avant « lui, du moins sous la forme qu'il lui a donnée ? N'y a-t-il pas là « une appropriation personnelle qui ne nuit à personne, et par consé- « quent le principe incontestable d'une propriété privée ? » — Vo égalt. Trib. civ. Seine, 15 déc. 1869, Sarlit, Pat. 1869, 418 ; — Besançon 1886, Roret, Pataille 1887, p. 98 ; — Trib. civ. Seine, 1er ch., 1er août 1896, de Beerska c. Fordyce et Matrat, Pat. 1897, art, 3919, et la note ; — Trib. civ. Lyon, 15 février 1896, Billet c. Raclet et Cie, Des Forces motrices du Rhône, Pat. 1898, art. 3,977.

Supposons qu'une œuvre d'art ait été reproduite sans autorisation. Il peut en résulter pour son auteur un certain préjudice, dont il sera toujours fondé à demander réparation. Il pourra donc agir devant les tribunaux civils, soit en invoquant le bénéfice de la loi de 1793 (il prétendra alors qu'il y a eu violation de son droit de propriété, de son droit exclusif de reproduction) (1), soit en vertu de l'article 1382 du Code civil, (il intentera alors une simple action en dommages et intérêts basée sur un acte de concurrence déloyale). Dans cette dernière hypothèse, il n'aura autre chose à prouver que le dommage dont il aura été victime. La nature même et le caractère de l'œuvre originale, indûment reproduite, ne seront pas en jeu. Il ne sera même pas indispensable, selon nous, qu'elle rentre dans les prévisions de la loi (2).

Supposons au contraire, que l'auteur lésé veuille agir devant les tribunaux correctionnels. Il ne pourra le faire, avec quelque chance de succès, et de voir appliquer une

---

(1) Nous croyons qu'il pourrait conclure dans ce cas aussi à la confiscation des exemplaires entachés de contrefaçon, si l'œuvre contrefaite était nettement protégée par la loi de 1793, et ce, conformément à l'art. 3 de cette même loi. La confiscation a en effet pour nous un caractère civil, malgré l'opinion contraire de la jurisprudence. — Vᵒ d'ailleurs sur ce point plus loin, p. 248.

(2) Il arrive souvent que l'on invoque les deux textes ensemble et que le demandeur après avoir invoqué le bénéfice de la loi de 1793 conclut subsidiairement à l'application de l'art. 1382. — Vᵒ Maury c. Robert, Trib. civ. Seine, 20 déc. 1895. Pat. 1898, art. 3976. Camille Rousset c. Ed. Rousset, C. de Paris. 2 avril 1896. Pat 1898, art. 3979.

peine à son contrefacteur, que s'il arrive à prouver avant toute chose, que son œuvre rentre dans la catégorie des œuvres de littérature et d'art, protégées par la loi de 1793 et fait l'objet de quelqu'une de ses dispositions. Le Code pénal dit en effet dans son article 425 : « Toute édition d'écrits, de composition musicale, de « dessin, de peinture ou de toute autre production, im- « primée ou gravée en entier ou en partie, au mépris « des lois et règlements relatifs à la propriété des au- « teurs est une contrefaçon : et toute contrefaçon est « un délit. » Or, au premier rang de ces lois visées par notre article, figure la loi de 1793. L'article 425 constitue donc en quelque sorte, la sanction des droits qu'elle reconnaît, et l'on remarquera que sa rédaction est presque entièrement calquée sur celle de son article premier.

Dans ces conditions, il sera nécessaire avant de poursuivre le contrefacteur devant les tribunaux répressifs, de s'assurer que l'œuvre contrefaite rentre dans les cas prévus par l'article 1er de la loi de 1793. Le Code pénal dit bien que toute contrefaçon est un délit, mais il n'y aura contrefaçon au sens pénal du mot, et il n'y aura délit, que si la contrefaçon porte sur une œuvre légalement protégée.

Ces préliminaires posés, on pourrait croire à l'utilité que présenterait pour la théorie générale de la contrefaçon, une étude détaillée des objets compris dans la loi de 1793. Cette étude cependant nous entraînerait trop loin, pour que nous puissions seulement songer à l'aborder. Aussi bien ne présenterait-elle qu'un médiocre intérêt, et l'on comprendra aisément pourquoi.

La plupart des controverses auxquelles avait donné naissance l'interprétation de la loi de 1793, sont aujourd'hui à peu près complètement éteintes; tout le monde est disposé à lui reconnaître la plus large portée d'application. Dans ces conditions, il serait presque impossible de songer à donner une énumération exacte de tous les objets auxquels elle s'applique; cette énumération au surplus serait fastidieuse et forcément incomplète. Nous nous contenterons donc de signaler ici les quelques difficultés d'interprétation qui peuvent se présenter encore aujourd'hui, et que nous étudierons, le moment venu, avec tout le soin qu'elles comportent. Nous n'insisterons pas sur des points qui ne font l'objet d'aucune discussion, et qui sont universellement admis.

C'est ainsi que tout le monde est d'accord maintenant pour reconnaître que la loi de 1793 mentionnant les *écrits en tous genres*, sa protection doit s'étendre à toutes les productions de l'esprit, sans distinction, lorsqu'elles ont été portées à la connaissance du public, par le livre ou par l'impression. Il en est de même en matière de composition musicale. Toute œuvre de cette nature a droit à la protection de la loi. La musique, d'ailleurs, se manifeste aux yeux, comme le langage ordinaire, par des signes conventionnels tracés sur le

papier, et l'œuvre du compositeur ressemble singulière-
rement. sur ce point, à celle du prosateur ou à celle du
poëte. Aussi les mêmes règles seront-elles applicables
à ces deux sortes de production. Les seules controverses
d'ailleurs qui subsistent encore aujourd'hui, sont relatives, en ce qui concerne le droit des auteurs, aux compilations (annuaires et almanachs), aux articles de journaux, aux traductions et aux productions orales. En ce
qui concerne les compositeurs, elles ont trait aux arrangements et variations et aux recueils de chants popu-
laires. Nous aurons à examiner brièvement ces divers
problèmes au livre suivant. et nous verrons que sur
bien des points, les difficultés étant les mêmes, il y a
lieu de recourir aux mêmes principes pour en obtenir
la solution.

En ce qui concerne les œuvres d'arts proprement
dites. peinture, sculpture, architecture, diverses difficultés se sont élevées aussi sur l'interprétation de la loi
qui nous régit actuellement. Il est un point cependant
sur lequel on a fini par s'entendre. De l'avis unanime,
les sculpteurs et les architectes sont protégés au même
titre que les peintres et dessinateurs. La loi de 1793.
il est vrai, et l'article 425 du Code pénal, ne parlent pas
d'eux, mais on est d'accord, nous l'avons vu, pour reconnaître que ces textes ne sont point limitatifs. Comment pourrait-on admettre, en effet, que les peintres
fussent protégés, que les sculpteurs et les architectes
ne le fussent point? Leurs arts ne reposent-ils pas un

peu sur les mêmes bases, ne se complètent-ils pas mutuellement ? (1).

La question, d'ailleurs, ne nous retiendra pas plus longtemps. Elle n'existe plus pour nous et n'a même jamais été très sérieusement discutée.

Il est une autre controverse qui divise encore actuellement la doctrine et la jurisprudence, et qui nécessi-

(1) En ce qui concerne les sculpteurs on s'est appuyé, en outre, pour soutenir notre opinion sur l'article 427 du Code pénal, qui parle des *planches, moules* ou *matrices contrefaits*. Il est évident que le mot *moule* ne peut s'appliquer qu'à l'art du statuaire. En ce qui concerne les architectes, il faut bien le reconnaître, notre opinion a eu un peu plus de peine à se faire adopter. Les arguments qu'on lui oppose sont pourtant sans grande valeur. N'a-t-on pas voulu soutenir que les lois relatives à la propriété artistique n'étaient pas applicables à l'architecte parce qu'une de leurs dispositions, la confiscation, n'était pas exécutable ? Il est évident qu'on ne saurait confisquer un monument entaché de contrefaçon, mais ce n'est pas une raison parce que les architectes ne peuvent bénéficier d'une des dispositions de la loi, pour prétendre qu'aucune des autres ne doit leur être applicable. Il y aura parfaitement contrefaçon selon nous, à reproduire sans autorisation un édifice quelconque, par le dessin, la peinture ou la photographie, et même à le copier dans ses lignes essentielles, dans une nouvelle construction. L'architecte lésé pourra agir contre le contrefacteur, à condition bien entendu, que l'œuvre indûment reproduite soit une propriété privée et présente certains caractères d'originalité, pouvant servir de base à une propriété artistique. V° d'ailleurs sur ce point Pouillet, p. 108 ; Rendu et Delorme, n° 928 ; Calmels, p. 90. V° également ment Convention de Berne, 1886, art. 4, et tribunal civil de la Seine, 20 avril 1855, Lesourd, Sirey, 55-2-431 ; Tribunal correctionnel de la Seine, 14 juin 1892, V° Saudinos-Ritouret c. Duffit et autres. Pat. 1894, p. 56 ; Cour de Paris, Corr., 10 août 1893, V° Saudinos-Ritouret c. Papineau et Thévenon, Pat. même année, p. 61 ; Cour de Dijon, 5 février 1894. Berquet Frères c. Vialis, Pat. 1895, p. 40.

tera, de notre part, un examen plus approfondi. Elle a trait au conflit qu'on a fait naître entre la loi de 1793 et la loi de 1866 sur les dessins de fabrique. On s'est posé, en effet, la question de savoir qu'elle influence pourrait avoir sur une œuvre d'art sa destination industrielle. Nous croyons, quant à nous, que cela ne change en rien son caractère ; mais les tribunaux en général ne partagent pas notre opinion.

Tels sont, croyons-nous, les seuls points sur lesquels l'entente ne soit point absolument parfaite ; les seuls cas dans lesquels il y ait réellement doute sur la question de savoir, si une reproduction illicite constitue réellement une contrefaçon, au sens pénal du mot. Quant à la photographie, on conçoit qu'elle n'ait pas été prévue par la loi de 1793. Les uns ne veulent lui accorder aucune protection, les autres veulent au contraire accorder aux photographes les droits les plus étendus. La première opinion est à peu près aujourd'hui complètement abandonnée. La jurisprudence la plus récente se montre en général très favorable à l'égard des productions photographiques, qui constituent parfois de véritables œuvres d'art. Nous consacrerons un chapitre spécial à cette branche très importante de la contrefaçon artistique contemporaine.

§ IV.

Nous ne pouvons terminer ce chapitre, sans dire quelques mots de la loi du 14 juillet 1866 relative à la durée du droit d'auteur. Des dispositions de cette loi combinées avec celles de la loi de 1793, il résulte, d'une part, que l'auteur est protégé pendant toute sa vie (loi de 1793, art. 1er), et que d'autre part ses droits passent après sa mort à ses héritiers, qui peuvent en jouir pendant une période invariable de cinquante ans (1). Ce délai expiré l'œuvre tombe dans le domaine public ou chacun a le droit de la reproduire et de l'exploiter (loi de 1866, art. 1er).

Ainsi donc, deux périodes sont à distinguer. Une première période éminemment variable, qui commence au jour où l'œuvre a été publiée et qui dure jusqu'au décès de l'auteur. Nous le répétons, l'auteur est protégé pendant toute sa vie. Une seconde période fixe, qui commence au jour du décès de l'auteur et qui dure pendant 50 ans.

Dans la première de ces deux périodes le titulaire du droit est facile à déterminer. Ce sera l'auteur lui-même. La loi de 1793 dit textuellement : « Les auteurs..... jouiront pendant leur vie entière du droit exclusif, etc. » (2).

____

(1) Ce délai fut de 10 ans sous la loi de 1793, et de 20 ans sous la loi de 1844.

(2) Si l'ouvrage a été écrit en collaboration il ne tombera dans le

Une difficulté, il est vrai, s'est présentée lorsqu'il s'est
agi d'une société savante, ou d'une société commerciale,
telle qu'une maison d'édition, qui publie un ouvrage
sous sa raison sociale. Une difficulté de même nature
s'est présentée en face d'un ouvrage publié au nom de
l'État (1). Quelle durée faudra-t-il assigner dans ces
divers cas à la première période? La société savante, la
société commerciale peuvent avoir une durée fort longue, tout à fait indéterminée ; l'État est une personne
morale dont l'existence est indéfinie. Aussi la grande
majorité des auteurs, s'en tenant sur ce point au texte
même de la loi, décide, que la corporation étant reconnue auteur, son droit doit durer autant qu'elle. Il s'ensuit, si nous prenons l'exemple d'une société commerciale, que « la durée de son droit de propriété sera
« mesurée sur la durée de la société elle-même, avec
« 50 ans de protection au-delà. La dissolution de la
« société est considérée comme la mort de la personna-
« lité civile » (2). La grande majorité des auteurs décide
également, que la durée du droit de l'État sera perpé-
tuelle, indéfinie (3). Nous ne pouvons qu'adopter ces

domaine public que 50 ans après le décès du dernier mourant des collaborateurs. Il s'ensuit que les héritiers du prémourant jouiront de
leurs droits pendant une période de temps supérieur à 50 ans.

(1) Nous citerons comme exemple les cartes de l'état-major et de la
marine.

(2) Pouillet, p. 169 ; Blanc, p. 128 ; Gastambide, p. 176.

(3) V° Sir. 75, 2, 148, notes 2, 3. Vaunois, *Th. de doctorat*, p. 172.
Paris, 5 mai 1877, Peigné de la Court, Pat. 1877, 122.

diverses solutions. Elles sont évidemment conformes au texte de la loi. Tous les autres systèmes qui ont été proposés, donnent des résultats inadmissibles et sont absolument arbitraires.

En ce qui concerne la seconde période, l'enchevêtrement des textes est tel, qu'il est devenu très difficile de savoir quelles sont au juste les personnes qui doivent jouir des divers avantages attachés à l'exercice du droit d'auteur pendant la période de 50 ans, prévue par la loi, et de quelle façon cette jouissance peut avoir lieu. Certains auteurs ont prétendu que la question était insoluble, la loi de 1866 se heurte en effet aux dispositions des articles 913 et 915, 1094 et 767 nouveau du Code civil. Des cas d'une complication extrème et des problèmes très délicats peuvent se présenter. Leur étude étant tout à fait en dehors de notre matière, nous nous contenterons de les signaler.

Une première hypothèse très simple peut se présenter. Si l'auteur décède sans laisser d'héritier et intestat, tous ses biens revenant, aux termes de l'article 767 du Code civil, en pleine propriété à son conjoint, celui-ci aura, mais pendant 50 ans seulement, la jouissance et l'exercice des droits d'auteur. A l'expiration de ce délai, ils tomberont dans le domaine public (1).

Si l'auteur décède intestat, mais en laissant des héri-

---

(1) Nous croyons que dans ce cas le conjoint survivant succéderait à la pleine propriété du droit, bien que la loi de 1866 ne parle « que

tiers, la question se complique. Il faudra distinguer suivant que le conjoint survivant se trouve en concours avec des héritiers ordinaires ou avec des héritiers à réserve. Si ce sont des héritiers ordinaires, le droit de l'auteur se divisera. L'usufruit (1) en sera attribué au conjoint survivant qui en jouira pendant 50 ans ; la nu-propriété en sera réservée aux héritiers. Il importe d'observer que le conjoint survivant aura droit à cet usufruit « quelque soit son régime matrimonial » et à la seule condition qu'il n'existe pas, au moment du décès, une séparation de corps. ou un divorce prononcé contre lui. Il perdra son droit également au cas où il contracterait un nouveau mariage (loi de 1866, § 1, al. 3). Qu'on remarque bien encore d'ailleurs, que le délai de 50 ans étant invariable, si le conjoint, dernier mourant, survit plus d'un demi-siècle au *de cujus*, les œuvres de ce dernier tomberont dans le domaine public. et les héritiers nu-propriétaires se verront complètement dépouillés sans avoir jamais pu user de leurs droits.

de la simple jouissance des droits dont l'auteur n'a pas disposé par acte entre vifs ou par testament ». Si le droit se divisait en effet, et qu'il n'en eût que l'usufruit, à qui appartiendrait la nue-propriété ?

(1) Nous disons l'*usufruit* bien que la loi emploie l'expression de *jouissance légale*. On s'accorde en effet à reconnaître en présence des travaux préparatoires, que les deux expressions sont synonymes. V° Pouillet, p. 240 ; Flourens, p. 73 et suiv. M Pouillet dit cependant que le conjoint survivant ne serait pas considéré comme un véritable usufruitier, en ce sens qu'il ne serait pas tenu de faire inventaire, et de fournir caution. V° Pouillet, p. 242.

Dans le cas contraire, au décès du conjoint survivant, l'usufruit étant éteint, ils jouiront du droit dans son intégralité.

Si les héritiers sont des héritiers à réserve, la question se compliquera singulièrement. « Si l'auteur laisse « des héritiers à réserve, dit en effet la loi, la jouis-« sance du conjoint survivant sera réduite au profit des « héritiers, suivant les proportions et distinctions éta-« blies par les articles 913 et 915 du Code civil. » Mais comment faudra-t-il concilier ces articles avec notre loi ? Comment faudra-t-il opérer la réduction ? Que faudra-t-il faire enfin pour respecter les dispositions de l'article 1094 du Code civil et de la loi du 9 mars 1891 ? Ce sont là autant de questions très délicates dont nous ne pouvons que signaler l'importance et dans le détail desquelles nous ne pouvons entrer (1).

Nous avons supposé jusqu'ici que l'auteur était décédé intestat. C'est en effet l'hypothèse prévue par la loi de 1866, qui ne parle que « des droits dont l'auteur n'a pas disposé par actes entre vifs ou par testament ». Il est évident cependant que le *de cujus*, par ses dispositions entre vifs ou testamentaires, aurait pu, soit déshériter complètement son conjoint et le priver de son droit d'usufruit, soit au contraire lui donner la pleine propriété de ses œuvres et lui transmettre ainsi ses droits dans leur intégralité.

(1) Vo Pouillet, p. 250 et suiv.

Quant aux héritiers, une fois le droit du conjoint survivant éteint, ils ont la pleine propriété des œuvres de l'auteur. Ils ont un droit exclusif de reproduction sur elles, absolument comme l'auteur lui-même. Ils en disposent pendant le temps qui reste à courir pour l'expiration du délai de 50 ans, d'une façon absolue.

CHAPITRE II

ÉTUDE CRITIQUE DES DIVERSES MODIFICATIONS QU'ON A VOULU
APPORTER AU SYSTÈME DES LOIS DE 1793 ET DE 1866.

—

§ Ier. — Examen des diverses opinions qui existent aujourd'hui sur
la nature du droit d'auteur. Théorie du droit récompense. Projet
d'organisation de la perpétuité du droit d'auteur.

§ II. — Conclusion.

§ Ier.

Nous avons étudié au chapitre précédent le système
admis par notre législation ; nous allons consacrer dans
celui-ci quelques lignes à l'exposé des diverses critiques qu'on on en a faites. Nous avons vu plus haut ce
qu'était le droit d'auteur, nous allons voir maintenant
ce que l'on voudrait qu'il fût.

Un point qui paraît tout d'abord acquis, et sur lequel
tout le monde est aujourd'hui d'accord, est le suivant :
Chacun est disposé à reconnaître que l'écrivain et l'artiste ont des droits sur leurs œuvres, sur les productions de leur esprit. L'accord cesse seulement dès qu'il
s'agit de dire quelle est la nature même de ce droit,

lorsqu'il s'agit de déterminer son caractère, son étendue et sa durée.

Beaucoup de savants jurisconsultes, reprenant les divers arguments que nous avons cités plus haut (Titre II, chap. Ier, § II), ont prétendu ceci : Non seulement, disent-ils, le législateur de 1793 n'a pas reconnu à l'auteur un véritable droit de propriété sur son œuvre (nous croyons avoir réfuté suffisamment cette assertion), mais encore, en admettant même qu'il ait eu cette intention, il n'aurait pas dû le faire, parce que le droit de l'auteur est incompatible avec l'idée de propriété (1). Donnant alors un libre cours à leur imagination, ils émettent des opinions diverses, contradictoires, et aujourd'hui encore, il n'en est pas une seule qui ait su rallier tous les suffrages. Les uns considèrent le droit de l'auteur comme « une prime accordée à l'effort de l'homme de lettres ». C'est le système du *droit récompense* (2). D'autres, repoussant absolument le principe même de la propriété, n'hésitent pas à créer une nouvelle classe de droits pour les besoins de leur cause : d'après la terminologie adoptée par M. Picard, le savant avocat belge, ces droits nouveaux sont connus

(1) D'un avis unanime, on décide que l'auteur est maître et propriétaire de son œuvre tant qu'il ne l'a pas publiée. Il a le droit incontestable soit de la livrer au public, soit de l'anéantir si elle ne le satisfait point.

(2) V° Leboucq, th. de doc. 1897, p. 11.

sous le nom de droits intellectuels (1). Une dernière
catégorie de jurisconsultes enfin, réclame aujourd'hui
avec insistance la perpétuité du droit d'auteur, la perpétuité de la propriété littéraire et artistique. M. Mack
a développé sur cette question au congrès de 1896 un
projet intéressant à consulter (2).

§ II.

Nous ne pouvons évidemment entrer ici dans l'examen détaillé de toutes ces propositions, mais d'une
façon générale, elles ne nous satisfont point. La théorie
du droit récompense ne repose selon nous sur aucune
base sérieuse ; quelle récompense la société doit-elle à
un individu qui a écrit un livre immoral ou dangereux
pour cette société elle-même, ou bien encore un livre
d'une infériorité telle que personne ne songe à le lire,
que nul ne saurait en tirer profit? N'est-il pas manifeste d'autre part qu'avec la théorie trop ingénieuse
des droits intellectuels, on cherche à masquer la difficulté sans la résoudre. Le droit de l'auteur sur son œuvre n'est pas un droit nouveau, et nous ne voyons pas
pourquoi on renoncerait à lui donner une place dans

(1) Le système *des droits intellectuels* jouit d'une grande faveur
en Belgique (V. *Pandectes Belges*, tome II, introduction, p. 26).
(2) *De la perpétuité du droit d'auteur* (Mack, 1897).

la classification des droits en droits réels et en droits personnels ou d'obligation. Il est téméraire peut-être de croire qu'il suffit pour trancher une difficulté de cette nature de créer un mot nouveau.

Quant au système de la perpétuité du droit d'auteur, nous ne pouvons méconnaître, sans toutefois nous y rallier, qu'il présente de très sérieux avantages. Mais, nous l'avons déjà dit, le public acquiert sur l'œuvre publiée un droit de jouissance intellectuelle, et il ne saurait appartenir à un individu quelconque, à un descendant éloigné de l'auteur d'en interdire la publication, par mesure de vexation, par excessifs scrupules, par négligence ou incurie. Qu'arriverait-il d'ailleurs si les héritiers étaient absents ou inconnus ? A qui faudrait-il s'adresser pour obtenir les autorisations nécessaires ? (1). Et croit-on au surplus que la perpétuité du droit de propriété littéraire profiterait toujours aux auteurs, et leur créerait une situation préférable à celle dont ils jouissent actuellement ? (2).

Pour nous, la conclusion de tout ceci sera la suivante. Nous considérons que l'auteur doit avoir un véritable droit de propriété sur son œuvre, parce que cette œuvre est le résultat de ses efforts personnels, le fruit de son

____

(1) Vº sur ces divers points Leboucq, th. de doctorat, p. 18 et suiv.

(2) V. Macaulay a dit, à ce propos, avec pleine raison : « La perpétuité n'aurait pas empêché la petite fille de Milton de mendier, parce que la perpétuité n'aurait pas empêché Milton de vendre son droit à vil prix au libraire Thompson ». Pouillet, p. 29, la note.

travail, de ses veilles, et le travail est la source même
du droit de propriété. On a dit au laboureur qui a dé-
friché un champ : Ce champ sera à toi et après toi à
tes enfants. Or, comme l'écrivait Lamartine, dans son
rapport de 1841 : « Il y a des hommes qui travaillent
« de la main, d'autres qui travaillent de l'esprit. Les
« résultats de ce travail sont différents, le titre du tra-
« vailleur est le même ; les uns luttent avec la terre et
« les saisons, ils récoltent les fruits visibles et échan-
« geables de leurs sueurs. Les autres luttent avec les
« idées, les préjugés, l'ignorance, ils arrosent aussi
« leurs pages des sueurs de l'intelligence, quelquefois
« de leur sang, et recueillent au gré du temps, la mi-
« sère ou la faveur publique, le martyre ou la gloire.
« Les résultats du travail matériel, plus incontestables
« et plus palpables, ont frappé les premiers la pensée
« du législateur..... En vertu d'une induction naturelle
« et juste, le jour devait arriver où l'œuvre de l'intelli-
« gence serait, elle aussi, reconnue un travail utile, et
« les fruits de ce travail une propriété..... (1). »

Nous ne pouvions mieux faire que de citer à l'appui
de notre thèse, cette page éloquente de l'auteur des
Méditations ; mais qu'on le remarque bien, ce droit de
propriété que nous reconnaissons à l'auteur, ne porte
que sur la forme même qu'il a donnée à sa pensée Les
idées appartiennent à tous, elles constituent le fonds

(1) *Moniteur officiel*, mars 1841.

commun où chacun a le droit de puiser, elles ne sont
pas susceptibles d'une appropriation individuelle ; nous
avons déjà d'ailleurs eu l'occasion d'insister sur ce
point. Quelque originale que puisse paraître une idée
émise pour la première fois, nul ne saurait prétendre à
un droit exclusif sur elle. « L'idée ne tombe jamais
« dans le domaine inférieur d'une loi pécuniaire....., a
« dit encore Lamartine. L'idée vient de Dieu, sert les
« hommes et retourne à Dieu en laissant un sillon lu-
« mineux sur le front de celui où le génie est descendu
« et sur le front de ses fils (1). » Ce qui constitue donc
réellement la propriété de l'homme de lettres et de l'artiste, ce qui leur appartient en propre, c'est la façon
dont ils ont cherché à rendre leur état d'âme, leurs
impressions ; c'est la forme qu'ils ont donnée à la conception de leur esprit. C'est cette forme qu'on doit respecter, quelque imparfaite qu'elle puisse être, parce
qu'ils l'ont imaginée, parce qu'ils l'ont créée, parce
qu'elle est la marque de leur personnalité, parce qu'elle
est à eux. Musset, Lamartine et Victor Hugo ont plus
d'une fois abordé le même sujet. Quelle ressemblance
y a-t-il pourtant entre le *Souvenir*, le *Lac* et la *Tris-
tesse d'Olympio ?* Pourquoi la *Phèdre* de Racine est-
elle demeurée un chef-d'œuvre et pourquoi la *Phèdre*
de Pradon est-elle oubliée, malgré le succès éphémère
qu'elle dut à la Cabale de l'hôtel de Bouillon ? Pourquoi

(1) Lamartine, Rapport, *Moniteur officiel* du 13 mars 1841.

tel homme enfin sait-il immortaliser les sujets qu'il a cru dignes de sa plume ou de son pinceau, tandis que tel autre restera toujours dans le domaine de la plus triste banalité? L'artiste nous paraît semblable à cet homme ingénieux et habile, qui récolte sur le flanc des montagnes ces fleurs si simples et si modestes, qui appartiennent à tous et dont personne jusqu'alors n'a songé à tirer parti. Il les choisit avec soin, il les cueille avec précaution, il les assortit, il les mêle, il les distille, et de cette longue préparation sort un parfum pénétrant et subtil, une liqueur pure et exquise, fruit de son travail, de ses efforts patients et de ses longues recherches. Les fleurs étaient bien à tous, mais son procédé, sa formule, sa liqueur et son parfum, ne sont-ils pas bien à lui?

Nous n'hésitons point à reconnaître d'ailleurs que ce droit de l'auteur sur son œuvre, doit être un peu différent de celui qu'on peut avoir sur un objet corporel, matériel et tangible. Mais est-ce donc là une raison suffisante pour prétendre que ce n'est pas un véritable droit de propriété? La propriété des meubles n'est-elle pas soumise à des règles différentes de celles qui régissent la propriété des immeubles? Les modes de transmission de la propriété ne sont-ils pas différents suivant qu'il s'agit des uns ou des autres? Et qui donc a jamais prétendu pourtant, que dans les deux hypothèses, ce droit ne fût pas vraiment un droit réel de même nature, exclusif et absolu? Quoiqu'il en soit, nous sommes bien forcés d'admettre que le droit de jouissance intellectuelle du public, qui existe concurremment à celui de l'auteur sur son œuvre une fois publiée, lui porte, tout en étant d'un caractère bien différent, et dans une certaine mesure, atteinte. Le propriétaire d'un objet quelconque a le droit en somme, tant qu'il en est propriétaire, et ses héritiers après lui, de s'opposer à ce que personne ne le trouble dans sa jouissance. Il peut retirer son bien de la circulation, entourer son champ de murs infranchissables, le laisser inculte ou détruire sa moisson, jouir en avare de son trésor enfoui, raser sa demeure, tuer son cheval ou son chien, personne n'a rien à y voir. Il jouit sur toutes ces choses d'un droit exclusif. L'auteur au contraire, nous le savons, abdique en son nom et en celui de ses héritiers, par le seul fait de la publication, une partie de ses droits (1). Sa jouissance est beaucoup moins exclusive. Chacun peut interpréter son œuvre, la juger, la critiquer, et s'en inspirer ; s'il est même l'auteur d'un traité quelconque, chacun a le droit de mettre en pratique les procédés qu'il indique. Il reste bien propriétaire sans aucun doute. Il a le droit de s'opposer à ce qu'on le dépouille, à ce qu'on le copie, à ce qu'on porte une atteinte quelconque à ses intérêts pécuniaires ou moraux, en s'attribuant la paternité de ses écrits ; mais son droit est évi-

---

(1) Le droit de l'auteur n'est, en effet, intéressant à étudier qu'à dater du jour de la publication de son œuvre ; jusque-là il en est maître absolu, souverain et incontesté.

demment un peu diminué. Il a bien encore le *jus utendi et abutendi*, il peut user et disposer de son œuvre, la céder en tout ou en partie, en arrêter la reproduction ; il a bien encore le *jus fruendi*, il peut en tirer des bénéfices ; mais il est incontestable que ce droit, partagé entre tant d'autres, perd un peu de sa force et de son intensité. Qu'on le remarque bien cependant, si le droit de l'auteur sur son œuvre nous paraît ainsi moins exclusif que le droit de tout autre propriétaire, il nous paraît aussi beaucoup plus absolu. Il survit à la cession. Qu'arrivera-t-il en effet à cet homme, dont nous nous sommes plu tout à l'heure à montrer l'étendue des droits, s'il vend son pré, son cheval, son chien ou sa maison. Du jour où la vente sera parfaite, il n'aura plus sur ces choses aucun droit, si léger soit-il ; c'est un autre qui les aura acquis. Il sera aussi pauvre qu'il aura été riche jadis. Et quels que soient les souvenirs qui s'attacheront pour lui à l'objet vendu, il ne pourra s'opposer à ce que l'acquéreur fasse ce qu'il aurait pu faire lui-même, c'est-à-dire à ce qu'il modifie, détruise, abime ou détériore ce qu'il a acheté et payé de ses propres deniers. En saurait-il être de même en cas de cession d'une œuvre d'art ? Évidemment non. L'auteur conserve toujours des droits sur son œuvre, comme un père, sauf le cas de déchéance morale, en conserve sur ses enfants. Il pourra donc en avoir cédé la propriété sans aucune réserve, il aura toujours et quand même le droit de s'opposer à ce que le cessionnaire la modifie d'une façon ou d'une autre, sans son autorisation. Cette œuvre constitue à elle seule et en quelques mains qu'elle passe, un tout inviolable, indivisible et digne de tout respect. Elle est l'expression exacte, ou tout au moins définitive, de sa pensée ; personne ne peut, sous aucun prétexte, y apporter un changement quelconque et en modifier l'harmonie. L'auteur conserve sur elle des droits qui survivent à tout transport, et qui sont même incessibles. Quoiqu'il arrive, son âme et son honneur d'artiste, sa réputation même sont encore et toujours en jeu (1).

(1) La jurisprudence a souvent consacré cette manière de voir. La propriété morale que l'artiste conserve sur son œuvre, même lorsqu'il l'a cédée, est telle, qu'il est en droit d'interdire à tout cessionnaire de la modifier d'une façon quelconque. V. Aff. du Passage c. le Val d'Osne. Trib. de la Seine, 29 octobre 1894. Pataille, 1894, n° 3798. Le sculpteur du Passage avait vendu à la société du Val d'Osne, la propriété d'un groupe en marbre « Le Brocart ». Il semblait ainsi avoir abdiqué tous ses droits sur elle. Néanmoins, comme la Société du Val d'Osne avait, sans son autorisation, dénaturé l'œuvre en la reproduisant par fragments « qu'elle avait ainsi rompu l'unité et la composition artistique et qu'elle en avait dénaturé le caractère », le tribunal n'hésita pas à ordonner la destruction des groupes fragmentaires, et à en interdire à l'avenir toute nouvelle reproduction. V. également trib. civ. Seine, 1ere ch., 7 avril 1894, Doës c. Marc. Pat. 1894, art. 3724. Dans ce dernier cas un éditeur s'était permis sans le consentement de l'auteur, de supprimer deux numéros dans une série de dessins qui se complétaient les uns les autres. Le tribunal estima encore qu'il y avait là un préjudice dont réparation était due. Voir également trib. civ. de la Seine, 29 décembre 1896, Bessède c. Vilain et autres. Pat. 1897, art. 3926. — Trib. civ. Seine, 19 décembre 1894, Montégut c. Jaluzot et Cie, Pat. 1898. art. 3971. — C. de Paris, 14 janvier 1885. Trouillebert c. Tedesco frères. Pat. 1885-206. — Vo Pour-

Telle est la conception que nous avons du droit de propriété littéraire et artistique. On le voit aisément, c'est pour nous un droit, à la fois moins exclusif et plus absolu que le droit de propriété ordinaire. Il doit être reconnu et sanctionné, et il importe peu qu'il ne soit constaté par aucun titre, qu'il soit ou non perpétuel. Ce ne sont point là des caractères essentiels du droit de propriété.

Rien ne nous empêche de croire, dans l'état actuel des choses, que ce système ait été celui consacré et admis par le législateur de 1793.

tant, trib. civ. Seine, 19 juin 1897, Chanet c. Letarouilly, Pat. 1898. art. 3970 ; mais ce jugement, dit la note, s'explique par l'ignorance manifeste où le tribunal était de certains usages.

LIVRE II

—

THÉORIE GÉNÉRALE DE LA CONTREFAÇON
DES ŒUVRES LITTÉRAIRES ET ARTISTIQUES

———

PRÉLIMINAIRES

—

Ce livre sera tout entier consacré à la contrefaçon des œuvres littéraires et artistiques. Nous serons plus à même, après avoir vu quelle était la nature et le caractère du droit que violait le contrefacteur en reproduisant indûment l'œuvre d'autrui, de bien comprendre quelles sont les différentes formes que peut affecter le délit de contrefaçon dont il s'est rendu coupable et les différents autres délits qu'on y a assimilés.

Ce livre sera divisé en cinq titres. Le premier titre aura pour objet l'étude des éléments constitutifs du délit de contrefaçon en général, et des diverses hypothèses qui peuvent se rencontrer plus spécialement dans la contrefaçon des œuvres littéraires, des œuvres musicales, où des œuvres d'art proprement dites. Le titre II sera consacré à l'étude des divers faits qu'on a assimilés au délit de contrefaçon. Le titre III sera réservé à l'étude même de l'action en contrefaçon. Quant aux deux derniers titres ils auront pour objet l'étude des peines prononcées contre le contrefacteur et des diverses prescriptions dont il peut être appelé à bénéficier.

TITRE PREMIER

NATURE DU DÉLIT DE CONTREFAÇON

—

CHAPITRE PREMIER

ÉLÉMENTS CONSTITUTIFS DU DÉLIT.

—

§ Ier. — Définition du délit de contrefaçon, d'après l'article 425 du Code pénal.

§ II. — Des trois éléments constitutifs du délit de contrefaçon. Reproduction. Reproduction illicite. Mauvaise foi.

§ III. — De la reproduction. Il y a reproduction quand l'œuvre originale se retrouve avec tout ou partie de ses caractères essentiels dans l'œuvre *contrefaisante*.

§ IV. — De la reproduction illicite. Par reproduction illicite il faut entendre toute reproduction faite sans autorisation.

§ V. — De la mauvaise foi. La mauvaise foi est, en principe, un élément essentiel à l'existence de tout délit ; la contrefaçon littéraire et artistique, sous ce rapport, n'est pas un délit d'une nature particulière.

§ V (suite). — La bonne foi résulte des circonstances de la cause. Elle ne se présume pas.

§ VI. — Le préjudice n'est pas un élément essentiel du délit.

§ VII. — Le fait de supprimer sur une œuvre le nom de son auteur,

ou de la faire paraître sous un faux nom, constitue-t-il une contrefaçon ? Solution pratique de la question avant la loi de 1895.

§ VIII. — Loi du 9 février 1895 sur les fraudes en matière artistique.

§ Ier.

Nous avons vu plus haut que l'on avait accordé à
l'auteur un droit de propriété sur son œuvre et qu'il
avait sur elle un droit exclusif de reproduction (loi de
1793, art. 1). L'article 425 du Code pénal contient la
sanction apportée à la violation de ce droit, et il est
ainsi conçu : « Toute édition d'écrits, de composition
« musicale, de dessin, de peinture ou de toute autre
« production, imprimée ou gravée en entier ou en partie,
« au mépris des lois et règlements relatifs à la pro-
« priété des auteurs, est une contrefaçon ; et toute con-
« trefaçon est un délit. »

Si nous condensions cet article pour n'en garder que
les éléments essentiels, nous pourrions, semble-t-il,
donner de la contrefaçon la définition suivante : La
contrefaçon consiste dans toute reproduction d'une œuvre littéraire ou artistique, faite en violation du droit
exclusif de reproduction qui appartient à son auteur.
C'est une atteinte portée à son droit de propriété. Et
nous voyons que cette définition, toute juridique, puisqu'elle est en quelque sorte calquée sur celle du Code,
et dont nous pouvons aisément maintenant comprendre

toute la portée, n'est pas très différente en soi de celle
que nous avions donnée dans l'introduction de cette
étude, après l'avoir empruntée au sens commun.

§ II.

Ce premier point acquis et cette définition admise,
deux choses nous apparaissent avant tout comme nécessaires à l'existence même du délit de contrefaçon :
une reproduction d'abord, une reproduction illicite ensuite. Nous ne pouvons concevoir la contrefaçon sans
un objet qu'on imite et une chose imitée, sans un objet
contrefait, et, pour nous servir d'un mot tout moderne,
un objet *contrefaisant* (1).

D'un autre côté il est indispensable que cette reproduction ait lieu en fraude des droits de l'auteur et sans
son consentement, car si elle avait été autorisée, où
pourrait bien être le délit ? On ne vole pas quand on
cueille les fruits du voisin avec son aide et sa permission. A ces deux éléments essentiels vient d'ailleurs s'en
ajouter immédiatement un troisième. Il ne faut point
oublier en effet que nous sommes ici en matière pénale ; or il est en cette matière un principe certain,
c'est qu'il ne saurait y avoir délit sans intention frau-

---

(1) Cette terminologie proposée par M. Renouard pour distinguer
l'objet actif de l'objet passif de la contrefaçon, n'a pas encore été partout admise. Cela sans doute est regrettable, elle semblait logique.

duleuse. Le troisième élément sera donc la mauvaise
foi. Il est vrai que toute la doctrine ne partage pas cette
manière de voir, mais notre opinion est admise par la
jurisprudence et la grande majorité des auteurs. Nous
pouvons donc dire dès à présent, sauf à justifier plus
tard cette proposition, que les trois éléments constitutifs du délit de contrefaçon, sont :

1° Une reproduction ;

2° Une reproduction illicite ;

3° La mauvaise foi.

Ces trois éléments sont à la fois nécessaires et suffi-
sants ; nous verrons qu'il n'y a pas lieu d'en ajouter
un quatrième, comme certains auteurs l'ont proposé.

§ III.

Et tout d'abord quand peut-on dire qu'il y ait reproduction ? On peut dire d'une façon générale qu'il y a
reproduction, quand l'œuvre originale se retrouve avec
ses caractères essentiels dans l'œuvre contrefaisante.
C'est là d'ailleurs, on le conçoit, une pure question de
fait, souvent difficile à résoudre, et sur laquelle les tribunaux ont un souverain pouvoir d'appréciation. On est
d'accord en effet pour décider que la valeur de l'œuvre,
indûment reproduite, ne doit pas entrer en jeu. C'est
une conséquence du principe même de la loi de 1793,
qui protège tous les auteurs et tous les artistes sans

distinction, alors qu'ils ont fait un simple effort pour réaliser une conception de leur esprit. Une gravure de mode peut être contrefaite au même titre qu'un tableau de maître. On est d'accord également pour décider que la contrefaçon partielle est interdite au même titre que la contrefaçon totale (1), et qu'il n'y a pas lieu non plus de tenir compte de l'habileté du délinquant. Adroite ou servile, subtile ou grossière, la contrefaçon n'en existe pas moins et constitue un acte punissable. A côté du contrefacteur sans scrupule, du « spoliateur éhonté » qui n'hésite point à s'emparer de l'œuvre d'autrui pour la reproduire textuellement, il en est un autre en effet, beaucoup moins rare et beaucoup plus dangereux, qui, démarquant avec habileté l'œuvre dont il s'inspire, la découpe et la divise, et l'incorporant à la sienne fait du tout un amalgame, où il est souvent bien difficile de distinguer l'original de la copie. L'œil exercé du critique aura quelque peine sans doute, à discerner dans cette œuvre, qui semble personnelle, des emprunts qu'on devine sans pouvoir aisément les dénoncer. Mais les tribunaux, quant ils auront pu se convaincre de la fraude, n'hésiteront jamais, quelque soit l'habileté dont son auteur a fait preuve, à la punir et à la réprimer.

L'artiste, au surplus, tout comme l'homme de let-

____

(1) La question ne se pose même pas, semble-t-il, en présence des termes formels de l'article 425 du Code pénal qui parle de *toute édition faite...... en entier ou en partie*.

tres, souffre autant de sentir son œuvre reproduite d'une façon vulgaire, que de la sentir reproduite par un artiste de talent. N'a-t-on pas vu souvent par exemple, une lithographie aux tons criards populariser un tableau au point de le rendre odieux? Les orgues de barbarie et les boîtes à musique, en répétant à satiété des phrases trop connues de très réels chefs-d'œuvre, n'ont-ils pas contribué souvent à faire prendre en horreur certaines œuvres qui sont devenues banales pour avoir été trop admirées? Et qu'on le remarque bien, le préjudice qui peut résulter de cette contrefaçon grossière ne porte pas seulement atteinte aux intérêts moraux de l'auteur, mais encore à ses intérêts pécuniaires; une œuvre trop répandue, se déprécie, se discrédite et ne s'achète plus. C'est une source de bénéfices qui disparaît (V° Trib. Seine, 11 février 1836, Fournier, Blanc, p. 283).

L'accord étant fait sur toutes ces questions, nous en revenons donc à notre point de départ et nous dirons. qu'il n'y a vraiment reproduction, au sens juridique du mot, que lorsque l'œuvre originale se retrouve, avec tout ou partie de ses caractères essentiels, dans l'œuvre incriminée. Le principe d'ailleurs, facile à poser, est d'une très grande difficulté d'application. Nous aurons souvent l'occasion de nous en apercevoir. Comment distinguera-t-on les caractères essentiels d'une œuvre, de ceux qui sont purement accessoires? Quel sera le critérium qui permettra de décider qu'il y a reproduction dans tel cas, qu'il n'y a pas reproduction dans tel autre ? Tout cela est une question d'appréciation purement personnelle, et il est souvent arrivé que des tribunaux divers, souverains juges de la question de fait, aient statué dans des sens diamétralement opposés (1).

§ IV.

En admettant maintenant qu'il y ait reproduction manifeste, absolue, d'une œuvre préexistante, quand pourra-t-on dire que cette reproduction est illicite ? Ce caractère de la reproduction est en effet, nous le savons, un élément constitutif du délit de contrefaçon. Quand pourra-t-on dire, en d'autres termes, qu'une reproduction, dans laquelle se rencontrent tous les caractères essentiels de l'œuvre originale contrefaite, tombe réellement sous le coup de la loi ? La réponse à cette question, nous semble-t-il, sera simple. Pour nous, une re-

(1) Voir notamment un procès intenté par Dardoize, cessionnaire du droit exclusif de reproduction sur un tableau de Pils, « Rouget de l'Isle chantant la *Marseillaise* devant le maire de Strasbourg », à Legrand, Berlin et autres, coupables d'en avoir fait une reproduction en fraude de ses droits. Le tribunal de la Seine déclara qu'il y avait trop de dissemblances entre les deux œuvres pour qu'on pût considérer qu'il y ait contrefaçon. La Cour de Paris, par arrêt du 2 février 1886, se prononça dans un sens absolument opposé. Les considérants de ces deux décisions sont intéressants à rapprocher. Pat., 1866, p. 261.

production sera illicite, toutes les fois qu'elle aura été faite sans autorisation. Nous n'hésiterons donc pas à décider, conformément à une décision du tribunal de la Seine du 20 février 1872 (1), que le fait de proclamer, fût-ce même en le couvrant d'éloges, le nom de l'auteur qu'on a spolié, ne saurait être pour le délinquant une excuse justificative. Seront encore contrefacteurs, aux termes mêmes de la loi, celui qui, sans autorisation, reproduira le travail d'autrui, et celui qui, dépassant la limite permise, ne tiendra pas compte des termes d'un contrat. Il a été jugé, conformément à ce dernier principe, que l'éditeur, auquel le propriétaire d'une gravure avait concédé le droit de la reproduire par la lithographie, excédait son droit en la reproduisant par tout autre moyen (2). Cet exemple d'ailleurs est caractéristique. Nous retrouvons en lui, nettement déterminés, les deux premiers éléments constitutifs du délit : une reproduction, dans l'occurence servile ; une reproduction faite sans droit.

Il ne faudrait point cependant, pousser cette théorie jusqu'à l'extrême. S'il est vrai qu'une reproduction faite en dehors de toute autorisation, puisse constituer souvent un délit dont la nature est facile à déterminer, il en est tout autrement lorsqu'un contrat est intervenu

(1) Sarlit, Pat., 1872, 193.
(2) Paris, 24 mai 1865, Siffre, Pataille 1865, 230. V° encore Trib. civ. de la Seine, 15 mai 1868, Barbré, Pat. 1868, 184.

entre l'auteur et un cessionnaire quelconque. Il y
a là une question d'interprétation de conventions qui
peut être assez délicate. Où s'arrête en effet le droit
du cessionnaire? Où commence-t-il? Où finit-il! « Toute
violation de contrat, comme le dit fort bien M. Pouillet,
ne devra par forcément être taxée de contrefaçon (1). »
Certains auteurs ont bien prétendu le contraire (2),
mais une telle opinion est évidemment trop absolue. Il
nous paraît préférable de décider qu'il faudra, le plus
souvent, tenir compte des circonstances de la cause, et
qu'on ne saurait, *à priori*, qualifier de contrefaçon
tout acte par lequel le cessionnaire a dépassé la limite
des droits qui lui avait été assignée. La jurisprudence
d'ailleurs est formelle en notre sens. Un jugement du
Tribunal de la Seine a décidé « qu'une infraction aux
« conventions conclues entre l'auteur et son cession-
« naire ne constituait pas nécessairement une contre-
« façon, et que leur interprétation appartenait à la jus-
« tice ordinaire, non au tribunal correctionnel » (3).
Dans toute hypothèse de cette nature, l'auteur lésé aura
donc intérêt à agir devant les tribunaux civils, qui ont
plus spécialement pour mission d'interpréter la volonté
des parties. Il risquerait fort en agissant directement
devant les tribunaux correctionnels et en invoquant

(1) Pouillet, p. 484.
(2) Gastambide, p. 120 et 139.
(3) Paris, 6 juillet 1853, Dumas, Blanc, p. 158.

exclusivement l'article 425 du Code pénal, de se voir débouté de ses prétentions.

Une conséquence de cette théorie, intéressante à signaler, c'est que l'auteur peut fort bien être déclaré contrefacteur, lorsque, ayant cédé tous ses droits sans réserves, à un tiers, sur un de ses ouvrages, il en fait une nouvelle édition au préjudice des droits du premier cessionnaire. Le cas d'ailleurs s'est présenté. Le tribunal de la Seine, par un jugement en date du 14 février 1826 (1), n'a pas hésité à déclarer coupable de contrefaçon l'auteur de divers traités (il s'agissait dans l'espèce des manuels Roret), qui, après en avoir cédé la propriété pleine et entière, avait fait paraître sous son nom et dans un format identique, divers ouvrages correspondant aux mêmes besoins et s'adressant aux mêmes lecteurs. Ces diverses publications étaient évidemment destinées, dans la pensée de leur auteur, à se faire concurrence et cela pouvait porter atteinte aux droits du cessionnaire, victime de la confusion. Remarquons bien au surplus, qu'ici encore, il ne faudrait pas

---

(1) Roret, *Gaz. des Tribunaux*, 17 février 1826. — V° également Trib. Corr. Seine, 16 janvier 1834, Quatremère de Quincy, *Gaz. Trib.*, 20 janvier 1834. — Paris, 6 mai 1854, Dumas, Blanc, p. 107. — Cour de Paris, Las Cases c. Bourdin, 18 octobre 1843, Sir. 44-2-13. — Cass., 19 déc. 1893, Letouzey c. Rosen, D. P. 95, 1, 404. — C. de Paris, 5 déc. 1894, Roi c. Louis Noir et Fayard, Pat. 1895, art. 3797. — Trib. corr. Seine, 17 janvier 1896, Durroux et Fort c. D..., Pat. 1896, art. 3835. — Paris, 15 décembre 1894, Roy, *Gaz. Trib.*, 31 janvier 1895.

aller trop loin et qu'un auteur ne se trouvera pas absolument lié, par cela seul qu'il aura une première fois écrit un ouvrage d'une certaine nature, dont il aura cédé la propriété en tout ou en partie. Deux traités d'histoire ou de littérature, deux précis d'algèbre ou d'arithmétique, auront forcément entre eux des ressemblances et des points communs. Si donc l'auteur d'un ouvrage quelconque, ne s'est pas interdit par un premier contrat avec son éditeur de faire à l'avenir de nouveaux travaux sur le même sujet, il faudra se montrer d'une certaine tolérance à son égard. L'autorisation préalable du premier cessionnaire ne devra pas toujours être exigée ni requise; et il ne faudra déclarer l'auteur, coupable de contrefaçon, que s'il est de mauvaise foi, et que si l'ouvrage paru en dernier lieu est de nature à porter préjudice aux droits que le premier cessionnaire peut avoir légitimement acquis. Ici d'ailleurs, comme en toute cette délicate matière, nous nous trouvons en présence de questions de fait dans lesquelles il sera souvent bien difficile de se prononcer.

Conformément à la théorie que nous venons d'émettre, un arrêt de la Cour de Paris a décidé : que toute reproduction ou imitation servile d'une œuvre originale cédée par l'auteur à un tiers et pouvant artistiquement se confondre avec elle, constituait, même si elle émanait de l'auteur lui-même, une contrefaçon, ou tout au moins un fait de concurrence illicite. Mais le même arrêt a décidé en outre : qu'il convenait d'accorder à

l'auteur une certaine tolérance, car, dit-il, on risquerait fort d'enchaîner l'art, en interdisant au sculpteur
et au peintre la reproduction des mêmes sujets ou des
mêmes types alors surtout qu'ils en varient l'expression,
les attributs ou les caractères artistiques. (Paris, 3 mai
1878, Clésinger, Pataille 1878, 167) (1). D'autres décisions intéressantes à consulter, confirment d'ailleurs
cette jurisprudence, qui nous semble aujourd'hui nettement établie (2).

Nous croyons donc qu'il est inutile d'insister plus
longtemps ici, sur les conditions dans lesquelles une
reproduction peut être considérée comme illicite. Nous
l'avons dit, toute reproduction devra être considérée
comme telle par cela seul qu'elle aura été faite sans
autorisation. Dès lors il est évident que le fait par un
auteur d'avoir toléré, fût-ce même pendant très longtemps, une usurpation qui porte atteinte à son droit,
ne saurait toujours être considéré comme emportant
de sa part une autorisation tacite et comme équivalant
à une présomption de cession. Le silence prolongé de
l'auteur pourra bien sans doute, dans certains cas, être
interprété contre lui, mais on ne saurait en principe

______

(1) Pouillet, p. 314 et suiv. ; s'il est fâcheux, dit cet auteur, au point
de vue artistique, qu'un artiste se répète et se copie éternellement,
il importe de dire aussi qu'au point de vue juridique, en agissant de
la sorte, il engage dans une certaine mesure sa responsabilité.

(2) V° notamment trib. corr. Seine, 16 janvier 1834, Quatremere
de Quincy, *Gaz. des Trib.*, 20 janvier 1834. — Trib. civ. de la Seine,
6 mai 1862, Kléfer, Pataille, 1862, 230.

prétendre qu'il doit toujours être considéré comme un abandon de sa propriété (1). Nous en dirons de même en ce qui concerne l'anonymat. On ne voit vraiment pas pourquoi un auteur perdrait ses droits, parce qu'il lui a plu, pour une raison ou pour une autre, de cacher son nom à la curiosité du public. Si son œuvre est contrefaite et qu'il veuille poursuivre le contrefacteur, il n'aura qu'à se faire connaître, et à prouver qu'il est l'auteur de l'œuvre indûment reproduite. Sa plainte devra être écoutée et admise (2).

§ V.

Le troisième élément constitutif du délit de contrefaçon dont nous abordons maintenant l'étude, est la mauvaise foi.

Aux termes de l'article 1er du Code de 1810, les infractions à la loi pénale se divisent en trois catégories. Les contraventions, punies de peines de simple police ; les délits, punis de peines correctionnelles ; les crimes enfin, punis de peines afflictives et infamantes. Partant

(1) V° trib. corr. Seine, 22 août 1850, Vieillot, Pataille, 1851, 427.
(2) Une seule hypothèse intéressante pourrait se présenter, au cas où un individu aurait fait de bonne foi une reproduction d'une œuvre qu'il croyait tombée dans le domaine public, et dont l'auteur aurait conservé un impénétrable anonymat. Sa bonne foi devra le garantir contre toute condamnation.

de cette classification fondamentale, les auteurs ont été amenés, en considérant l'élément moral de l'infraction, à distinguer les infractions intentionnelles de celles qui ne le sont point. Ces dernières existent indépendamment de toute intention d'enfreindre les dispositions de loi ; elles sont punissables, même lorqu'elles ont été commises de bonne foi, même lorsqu'on ne peut reprocher au délinquant que sa légèreté ou sa négligence. Les premières au contraire, ne sont réellement punissables, que si elles ont été commises avec l'intention de commettre un acte délictueux ; il faut que le délinquant, pour qu'il puisse être condamné, ait agi de mauvaise foi, en parfaite connaissance de cause. Toutes les contraventions sont des infractions non intentionnelles ; elles existent par cela seul qu'il y a eu *contravention* aux dispositions légales ; les délits au contraire et les crimes, n'existent en règle générale que s'il y a eu discernement et volonté de la part de leur auteur. Ils ne constituent des infractions non intentionnelles que tout à fait à titre d'exception.

Il ne faudrait pas se méprendre ici d'ailleurs, sur le sens que nous donnons au mot *intention*. Nous le répétons, pour qu'il y ait crime, délit, ou contravention, il faudra qu'il y ait toujours et avant tout, infraction à la loi pénale. Mais cette condition indispensable, à la fois nécessaire et suffisante, si nous nous trouvons en présence d'une contravention, ne le sera plus si nous nous trouvons en présence d'un crime ou d'un délit.

Dans ce dernier cas, il sera nécessaire en outre que l'individu, qui s'est rendu coupable d'un fait puni de peines correctionnelles ou afflictives et infamantes, ait agi avec intention, c'est-à-dire en ayant conscience de l'illégalité de son action. Un exemple fera bien comprendre ces diverses nuances.

Supposons qu'un homme accusé d'avoir fait un faux testament, prouve, que si ce testament dont on l'accuse d'être l'auteur a bien été fait par lui, il l'a été sur la demande d'un de ses amis, à titre de modèle ou de simple projet. Il n'y a là aucune faute, aucune infraction à la loi pénale ; il ne saurait être poursuivi.

Supposons maintenant que ce même homme, accusé du même fait, reconnaisse bien qu'il est l'auteur du faux testament, mais prouve qu'il a agi sans intention de nuire, par simple plaisanterie, *per jocum*, indépendamment de toute intention délictuelle. Il a commis une faute évidemment. On ne doit pas simuler ainsi à la légère un acte fait par autrui. Mais, comme la falsification d'un testament est un délit, et que dans la circonstance on ne peut relever contre le délinquant aucune intention frauduleuse, il ne sera ici encore passible d'aucune condamnation.

Supposons enfin et en dernier lieu, toujours dans la même hypothèse, que cet homme soit convaincu d'avoir fabriqué le faux testament, dans l'espoir d'en tirer profit et de recueillir à son aide et sans droit, une succession. Tout sera modifié. Le deuxième élé-

ment, nécessaire à l'existence de tout crime ou délit.
l'intention frauduleuse, criminelle, apparaîtra manifeste. Le faussaire sera poursuivi et passible de la
réclusion.

Nous avons choisi à dessein un exemple, dans lequel
la bonne foi du délinquant avait été retenue et admise.
Remarquons bien cependant que les excuses qui pourront être invoquées ne devront pas toujours être agréées
par le juge, et que quelquefois même, le Code a décidé,
à titre exceptionnel il est vrai et d'une façon expresse,
que certains délits pourraient exister indépendamment
de toute intention criminelle. Il en est ainsi de l'homicide par imprudence (art. 319), des coups et blessures
(art. 309 et 320), de l'incendie (art. 434 et 458) Dans
ces divers cas le défaut de prévoyance ou de précaution, suffit à lui seul à constituer une faute assez grave
pour qu'elle puisse être punie. Le juge devra d'ailleurs
examiner avec le plus grand soin, dans tous les cas où la
bonne foi est exclusive du délit, si cette bonne foi peut
et doit être admise. L'erreur de fait sera le plus souvent considérée comme un motif suffisant d'excuse. Si
j'épouse une femme mariée que je croyais veuve, je ne
devrai pas être poursuivi comme bigame. L'erreur de
droit au contraire, soit qu'elle résulte de l'ignorance de
la loi ou de la fausse interprétation qu'on lui donne, ne
saurait être considérée comme telle. La bonne foi du
délinquant pouvait être valablement opposée par lui,
lorsqu'il s'agissait d'une erreur de fait ; elle ne sera

plus suffisante lorsqu'il s'agira d'une erreur de droit, *nemo jus ignorare censetur* (1).

Il était nécessaire de rappeler ici ces principes fondamentaux du droit criminel, pour bien comprendre l'importance que peut avoir la bonne foi dans le délit de contrefaçon. La contrefaçon étant un délit aux termes mêmes de l'article 425 du Code pénal, il résulte de tout ce que nous venons de dire que le contrefacteur ne sera punissable que s'il a agi de mauvaise foi, c'est-à-dire avec conscience de l'illégalité de l'acte qu'il commettait, et avec une intention frauduleuse. Il ne le sera point, s'il peut exciper de sa bonne foi, et si cette excuse est admise par les tribunaux, comme étant fondée sur un cas fortuit, un hasard, une erreur de fait. Dans le silence du Code rien ne nous permet de considérer le délit de contrefaçon, comme un de ces délits d'une nature spéciale dont nous venons de parler et qui existent indépendamment de toute intention criminelle.

D'excellents auteurs il est vrai, et M. Pataille est du nombre, repoussent notre opinion. Ils prétendent que la contrefaçon existe indépendamment de la bonne ou de la mauvaise foi du contrefacteur, et ils invoquent, entre autres arguments à l'appui de leur thèse, la loi de 1844 sur les brevets d'invention. L'analogie qui peut exister entre notre matière et celle des brevets d'invention, on l'a fort bien dit, n'est cependant qu'ap-

____

(1) V° Garraud, pp. 61 et 62, 183 et 184.

parente (1). Nous ne pouvons méconnaître, que les raisons qui ont paru suffisantes au législateur pour lui permettre de refuser au contrefacteur industriel l'excuse de la bonne foi (2), se retrouvent avec la même force, avec plus de force encore si l'on veut, lorsqu'il s'agit de la contrefaçon littéraire et artistique. On conçoit en effet à la rigueur que deux savants, travaillant chacun de leur côté, aient pu arriver à une découverte

(1) Pouillet, p. 464.

(2) En matière de brevets d'invention en effet, le fait matériel de la reproduction est à lui seul suffisant pour faire tomber le contrefacteur sous le coup de la loi. Le délit existe indépendamment de toute intention frauduleuse ; l'excuse de la bonne foi n'est pas admise à son profit. On a fait valoir pour justifier ce système les arguments suivants. On a dit que les brevets étant portés à la connaissance du public, on pouvait arriver aisément à les connaître ; qu'on se rendait par conséquent coupable d'une grande imprudence, d'une négligence telle qu'elle pouvait être assimilée au dol, lorsqu'on lançait dans la circulation un produit nouveau, sans chercher à savoir s'il avait déjà fait l'objet d'un brevet d'invention. Cette disposition a d'ailleurs fait l'objet des plus vives critiques, et on n'a pas osé l'étendre, sous peine de porter une grave atteinte à la liberté du commerce, aux complices du contrefacteur, c'est-à-dire aux vendeurs et aux débitants. Il eût été excessif d'exiger d'eux qu'ils fissent des recherches spéciales pour savoir si l'objet, qu'un industriel leur confiait pour le mettre en vente, avait déjà fait l'objet d'un précédent brevet. Ils pourront donc, conformément au droit commun, invoquer l'excuse de la bonne foi.

M. Pouillet *(Traité des brevets d'invention)* regrette vivement qu'on ait ainsi érigé en un délit d'une nature spéciale, semblable à l'homicide par imprudence, un simple délit de contrefaçon. Quoiqu'il en soit, la volonté du législateur est certaine (loi de 1844, art. 40 et 41, arg. du mot *sciemment*) et les travaux préparatoires ne laissent aucun doute sur la question.

sensiblement identique ; on conçoit beaucoup plus difficilement que deux auteurs ou deux artistes aient donné
la même expression à leur pensée. Un industriel pourra
se croire de bonne foi inventeur d'un procédé qui fait
déjà l'objet d'un brevet d'invention ; il n'en saurait être
de même d'un homme de lettres, d'un peintre ou d'un
musicien. Ces derniers savent fort bien en général quel
est l'auteur dont ils s'inspirent et qu'ils cherchent à
imiter dans leur œuvre ou dans leurs écrits (1). Mais
cet argument, quelle que soit sa valeur, ne constitue
pas croyons-nous, à lui seul, une raison suffisante
pour permettre d'étendre à la contrefaçon littéraire et
artistique les dispositions de la loi de 1844 ; la bonne
foi de celui qui s'est rendu coupable du délit de l'article 425 sera rare sans doute, « mais ce n'est pas une
raison suffisante pour repousser cette excuse, de parti
pris, sans examen préalable, même lorsqu'elle sera la
mieux justifiée (2) ». On ne saurait enfin, sans man-
quer à toutes les règles de l'interprétation juridique,
étendre hors de leurs limites les règles de la loi de
1844, dont le mérite est d'ailleurs des plus discutables.
exceptio est strictissimæ interpretationis, et comme
le disent fort bien MM. Chauveau et Hélie : « Punir la
« contrefaçon en faisant abstraction de l'intention frau-
« duleuse, ce serait la transformer en une simple con-

______

(1) Pataille, 1857, 300.
(2) Pouillet, p. 405. — Leboucq, p. 58 et suiv.

« travention, quand l'article 425 la proclame un dé-
« lit (1). » Au surplus, l'excuse de la bonne foi. si elle
est admise, n'a d'autre effet que d'éviter au contrefacteur une condamnation correctionnelle. Il est hors de
doute qu'il peut être à nouveau poursuivi devant les
tribunaux civils en réparation du préjudice causé. La
majorité des auteurs et la jurisprudence la plus récente
semblent fixées dans ce sens (2).

§ V (suite).

La bonne foi selon nous est donc exclusive du délit.
Mais quand y aura-t-il bonne foi ? Nous nous trouvons encore ici en présence d'une de ces questions de
fait si difficiles à résoudre et sur lesquelles les juges
ont un souverain pouvoir d'appréciation. Ils se pronon-
ceront d'ailleurs le plus souvent dans des sens très divers, n'ayant aucune règle précise qui puisse les guider
dans cette délicate mission.

On a voulu poser en principe que, d'une façon générale, il y aurait mauvaise foi de la part du contrefacteur, chaque fois qu'il aurait agi sciemment, en con-

(1) Hélie et Chauveau, t. 6, p. 65. Vᵒ égalᵗ Cass., 13 janvier 1866,
Sir., 66, 1, 267. — Paris, 21 nov. 1867, Pat. 1867, 359. — Paris,
28 janvier 1873, Pat. 1873, 397. — Angers, 9 et 26 janvier 1880, Pat.
1880, p. 204.

(2) Paris, 22 nov. 1888, Enoch, Pat. 1889, 124. — Besançon, 1886,
Roret, Pat. 1887, 98.

naissance du droit de propriété auquel il portait atteinte (1). Soit, mais ce n'est pas là un critérium suffisant. Il pourra y avoir mauvaise foi en mainte autre circonstance, et le mieux est de s'en rapporter entièrement à la sagesse du tribunal sur ce point.

Les décisions judiciaires abondent d'ailleurs en cette matière, mais il ne faudra point s'étonner s'il se rencontre parmi elles quelque contradiction ; cela tient aux raisons que nous avons indiquées plus haut. Il a été jugé à plusieurs reprises que le contrefacteur ne pouvait exciper de sa bonne foi, lorsqu'il avait fait preuve d'une coupable négligence, en ne cherchant pas à savoir s'il avait le droit d'éditer l'œuvre qu'il reproduisait ; son ignorance ne saurait lui servir d'excuse, surtout lorsque l'œuvre contrefaite jouit d'une certaine célébrité (2). Il a toujours été jugé également que l'erreur de droit ne saurait être considérée comme un élément de bonne foi, exclusif du délit (3). Il a été jugé en sens contraire, qu'il y avait bonne foi de la part de celui qui reproduisait un tableau acheté à un peintre, sans restriction ni réserve (4), et de la part d'un impri-

______

(1) Pouillet, p. 469, et Douai, 26 juin 1883, Pat. 1885, 172.

(2) Trib. corr. Marseille, 21 août 1857, Vieillot, Pat. 1857, 303. — Paris, 3 avril 1861, Marot, Pat. 1862, 118. — Paris, 12 juillet 1867, Mène, Pat. 1867, 407.

(3) Paris, 2 mars 1843, Bulla, *Journal du Palais*, 1843, 445. — Orléans, 22 avril 1863, Debain, Pat. 1863, 161.

(4) Trib. corr. Seine, 29 juillet 1884, Barbozza, *Le Droit*, 2 août 1884.

meur qui reproduisait des autographies d'un usage courant, généralement tolérées (1).

Il nous reste avant de terminer ce paragraphe, à insister sur un dernier point. D'après une jurisprudence constante, la bonne foi, exclusive du délit nous l'avons vu, ne se présume point. Les conséquences de ce principe sont intéressantes à signaler surtout en ce qui concerne le fardeau de la preuve. Le demandeur n'aura pas à prouver la mauvaise foi du contrefacteur ; c'est le prévenu, inculpé de contrefacon, qui devra prouver au contraire qu'il a agi de bonne foi (2). Deux hypothèses d'ailleurs peuvent se présenter : ou bien le contrefacteur se laissera poursuivre sans invoquer sa bonne foi ; dès lors sa mauvaise foi étant présumée, le juge pourra le condamner sans la constater explicitement (3) ; ou bien au contraire, il invoquera formellement l'excuse de la bonne foi dans des conclusions posées à la barre du tribunal, et alors le silence du jugement ou de l'arrêt sur ce point, constituera un défaut

(1) Nancy, 11 déc. 1890, Lebeau, Pat. 1892, 193. — V° encore dans d'autres hypothèses, Trib. corr. Seine, 12 janvier 1893, *Fr. jud.* 1893, 2, 159. — Trib. civ. Seine, 16 mai 1893, *Gaz. trib.*, 17 mai 1893. — C. de Paris, 6 mai 1897, Barenne c. Watson, Pat. 1897, art. 3932. — Cour de Paris, corr. 24 déc. 1898, Minot c. Bacon, Pat. 1898, art. 3972.

(2) Lyon, 15 mai 1867, Saudinos, Pat. 1867, 356. — Trib. corr. Seine, 16 août 1864, Consolin, Pat. 1865, 14.

(3) Cass., 13 mars 1890, Barbedienne, Pat. 1892, 188.

de motifs qui pourrait servir de base à un pourvoi en cassation (1).

§ VI.

Nous avons dit, au § II de ce chapitre, que certains auteurs avaient proposé d'ajouter à la liste des trois éléments constitutifs du délit de contrefaçon que nous venons d'étudier, un quatrième élément, qui ne serait autre que le préjudice causé. Malgré l'autorité qui s'attache au nom des défenseurs de ce système (2), nous n'hésitons pas à dire, et la jurisprudence presque tout entière se prononce dans notre sens, que le préjudice n'est pas un élément essentiel, constitutif du délit de contrefaçon.

En effet, le droit reconnu par la loi de 1793, nous avons déjà eu l'occasion de le constater, est un droit exclusif; il est donc tout à fait arbitraire d'exiger que la reproduction frauduleuse d'une œuvre cause, pour

(1) Vo cass., 13 janvier 1866, Bourdin, Pal. 1866, 391. Cet arrêt est assez intéressant en ce qu'il pose de façon très nette le principe que la contrefaçon littéraire se constitue moins par le fait matériel de la reproduction que par l'absence de bonne foi.

(2) Vo Renouard, tome II, p. 22 ; Blanc, p. 187 ; Gastambide, p. 97 ; Rendu et Delorme, no 805. Au fond il faut bien reconnaître que presque tous ces auteurs se contentent d'un préjudice moral, d'un préjudice possible, éventuel même, ce qui réduit singulièrement la portée de leurs prétentions.

être punissable, un préjudice quelconque à son auteur.
Le droit de l'auteur est absolu comme tout droit de
propriété, et il doit être respecté au même titre. Le vol
existe indépendamment de tout dommage appréciable
causé à celui qui en est la victime; on n'a point à s'inquiéter de son importance. Celui qui s'en est rendu coupable tombera toujours sous le coup de la loi, parce
que son acte est une atteinte directe au droit de propriété et qu'il constitue à lui seul et par définition
même, un délit (1). D'autres raisons, des raisons de fait
très sérieuses, militent d'ailleurs en faveur de notre
opinion. Il arriverait souvent en effet, si l'on admettait
la théorie généralement admise dans la doctrine, qu'on
serait forcé d'acquitter un contrefacteur, parce que la
contrefaçon dont il s'est rendu coupable n'a porté aucun préjudice à l'auteur, tout en étant une violation
éclatante, manifeste, de son droit exclusif de reproduction. Qui donc oserait soutenir par exemple, que les
reproductions minuscules, microscopiques, qu'on fixe à
l'extrémité de certains objets de bureau, des porte-plu-
mes notamment, d'un usage fort incommode d'ailleurs,
et qu'on regarde à l'aide d'un verre grossissant, portent
une atteinte bien grave aux droits de l'artiste dont on

______

(1) L'avocat général O. de Vallée disait dans un de ses réquisitoires :
« Faire dépendre un droit de propriété qui est ou qui n'est pas, d'une
question de préjudice, c'est asservir la propriété à un fait très variable
et dès lors en méconnaître le caractère..... Je suis le maître de ma
chose, et on ne peut me la prendre sans mon consentement. »

reproduit l'œuvre sans autorisation? Qui donc oserait
soutenir encore, que le fait de reproduire grossièrement
un dessin sur des objets de consommation courante,
telles que des galettes de pain d'épice (et le cas s'est
présenté) (1), cause un préjudice appréciable à l'artiste
dont les droits sont méconnus? La contrefaçon n'en
existe pas moins avec ses trois éléments nettement ca-
ractérisés ; le délit est pertinent, et il doit être puni.

Remarquons bien au surplus que tout cela est un
peu une querelle de mots, car en cherchant bien, on
peut toujours prouver que la reproduction illicite d'une
œuvre, a causé à son auteur un dommage quelconque,
dont réparation lui est due. Nous ne nous laissons pas
séduire par le côté spécieux du raisonnement, d'après
lequel on prétend avoir le droit de tout publier, de tout
reproduire, sans autorisation d'aucune sorte, sous le
fallacieux prétexte qu'il ne saurait en résulter aucun
préjudice pour l'auteur, puisque son œuvre est répandue et popularisée, et qu'il bénéficie, dans la plus large
mesure, de la publicité faite autour de son nom. Le
préjudice pour nous existe toujours, à un double point
de vue, moral d'abord, pécuniaire ensuite. Au point de
vue moral, l'auteur a le plus grand intérêt à surveiller
la façon dont on reproduit son œuvre ; il peut se trouver lésé dans sa réputation d'artiste par une reproduction maladroite, faite sans contrôle et sans autorisation.

(1) Trib. corr. Seine, 13 novembre 1867, Dussacq, Pat. 1868, 31.

Il importe peu que l'on fasse de la réclame autour de
son nom et qu'on ait la prétention de le faire connaître, si cette réclame est nuisible, et si on le fait connaître d'une manière qui ne lui convient point. Personne
n'oserait soutenir qu'un auteur dramatique ne doit attacher la plus grande importance à la façon dont on interprète ses œuvres, et qu'il ne doit faire un choix ju-
dicieux parmi les divers artistes qui se présenteront
pour interpréter ses rôles. L'acteur a sa part indéniable
du succès ; il peut contribuer au triomphe d'une pièce,
mais il peut aussi, à lui seul, la faire tomber. Ce que
nous venons de dire de l'auteur dramatique est aussi
vrai d'ailleurs qu'il s'agisse du peintre, du romancier,
du sculpteur, du musicien. La statue transformée en
sujet de pendule, le roman mal traduit, le tableau aux
nuances harmonieuses changé en lithographie vulgaire,
la phrase musicale indéfiniment répétée à tous les car-
refours, à chaque coin de rue, n'est-ce pas là une atteinte directe portée aux droits de l'auteur, et dont il
souffre dans son cœur, dans son âme, dans tout son être ?
N'est-il pas en droit de dire à ceux qui ont assumé la
charge de répandre son nom et ses productions : vous
vous êtes chargés d'une mission que je ne vous avais
point confiée, vous avez vieilli mon œuvre avant l'heure,
vous l'avez mal comprise, vous l'avez mal traduite,
vous avez mal rendu ma pensée. En la popularisant
vous l'avez dépréciée ; je pouvais prétendre à l'estime
de quelques-uns, vous m'avez privé de cette estime

pour me donner en échange l'admiration banale de la foule et la lassitude des gens de goût.

Quant au préjudice pécuniaire, il n'est que la conséquence du préjudice moral que nous venons d'étudier. Nous l'avons dit, l'œuvre d'art inconsidérément répandue et vulgarisée se discrédite et s'avilit. Les oreilles se lassent d'entendre toujours le même air. On se fatigue de voir la même pièce de théâtre figurer dans tous les programmes, de voir le même tableau servir de décor et d'enseigne à toutes sortes de produits commerciaux. Le succès a été brillant sans doute, mais il a été éphémère. La vente s'en ressent ; l'auteur et l'éditeur en souffrent dans leurs intérêts. Et ce n'est pas tout encore. Il faut bien reconnaître ceci, quelle que soit l'opinion d'ailleurs qu'on professe en notre matière, l'impresario qui monte les pièces d'un auteur qu'il ne rétribue point, et qui retient pour lui seul le produit de ses représentations, l'écrivain qui vend ses traductions sans payer aucune redevance à l'auteur de l'œuvre originale, tous ceux en un mot, qui, sans aucun scrupule, profitent du travail qu'on a fait avant eux pour réaliser un bénéfice quelconque, violent ce principe fondamental de droit naturel, d'équité et de justice, que chacun a droit à une récompense sur les fruits de son labeur et de son activité. Nul ne doit s'emparer du travail des autres pour s'éviter quelque peine, nul ne doit s'enrichir aux dépens d'autrui.

La jurisprudence d'ailleurs est presque unanime à

se prononcer dans notre sens et nous nous contenterons de renvoyer ici aux divers arrêts qui ont été rendus sur ce point (1).

§ VII.

Nous ne pouvons terminer ce chapitre sans parler de deux hypothèses dans lesquelles le droit de l'auteur apparut longtemps si manifestement violé, qu'en l'absence de dispositions spéciales on eut recours pour atteindre le délinquant, à des textes de lois étrangers à notre matière et dont on étendit la portée d'application. Les hypothèses auxquelles nous faisons allusion sont celles dans lesquelles un individu, éditeur ou autre, supprimait sur une œuvre le nom de son auteur, ou bien au contraire apposait sur une œuvre quelconque un nom usurpé et la signature d'autrui. Dans aucun de ces cas il n'y a contrefaçon. Il manquerait en effet au délit un de ses éléments essentiels : la reproduction. Mais comment alors pouvait-on atteindre l'individu coupable de la fraude que nous envisageons ? Etait-il passible d'une peine correctionnelle ou d'une simple condamnation civile à des dommages-intérêts ? La question était gravement controversée.

Nous allons examiner successivement les deux hypo-

(1) Paris, 30 janvier 1865, Scribe, Pat., 1865. — Paris, 18 janvier 1868, Ladevèze, Pat., 1869, 279. — Paris, 12 février 1868. Caussinus, Pat., 1868, 74.

thèses proposées. La première est la suivante : un individu supprime sur l'ouvrage qu'il publie ou met en vente, le nom de son auteur. Si cet individu est l'éditeur lui-même, il viole en agissant de la sorte, d'une façon manifeste, les conventions intervenues ; car même en admettant qu'il ait acquis la propriété exclusive de l'ouvrage qu'il édite, il est évident que son contrat lui interdit, d'une façon implicite tout au moins, de le publier dans de semblables conditions (1). Si cet individu est un tiers, un libraire par exemple, qui, sans avoir édité l'œuvre en détient seulement un certain nombre d'exemplaires qu'il met en vente, la question est un peu plus délicate. Nous croyons que là encore il n'y a pas contrefaçon, car en somme les exemplaires vendus sont des reproductions parfaitement autorisées, parfaitement licites, qu'il tient de l'auteur lui-même ou de son ayant-cause. Dans ces deux cas d'ailleurs la suppression du nom de l'auteur n'est pas une suppression d'une partie intégrante de l'œuvre. L'œuvre d'art existe indépendamment de toute signature ; sa valeur ne doit pas être mesurée à la célébrité de celui qui l'a faite. Mais il est évident que le libraire, tout comme l'éditeur, en faisant cette suppression, manque aux conditions d'une convention tacite, « il doit vendre les exem-
« plaires tels qu'il les a reçus ; en ne le faisant point,

____

(1) Trib. civ. Seine Vac., 11 oct. 1893, Beer, c. Chennevières, Pal. 1896, art. 3824.

« il cause à l'auteur un préjudice dont il lui est dû ré-
« paration (art. 1382 C. c.) (1) ». La même solution
s'appliquerait d'ailleurs, qu'il s'agisse d'une œuvre d'art
quelconque, peinture, sculpture, musique ou gravure.
Mais l'action en dommages et intérêts est la seule qui
appartienne à l'auteur lésé. Dans l'état actuel de notre
législation nous ne voyons aucun texte pénal qui puisse
être utilement invoqué par lui (2).

La seconde hypothèse est vraiment beaucoup plus
délicate, et elle exerça longtemps la sagacité des juristes et des interprètes de la loi. Il s'agit du cas, nous
nous le rappelons, où un individu appose sur un livre
ou sur une œuvre d'art le nom et la signature d'autrui.
Cette usurpation de nom constitue évidemment un acte
blàmable, mais constitue-t-elle réellement une contrefaçon ? Nous n'hésitons pas ici encore à nous prononcer
pour la négative. La contrefaçon consiste, nous le savons, dans le fait de reproduire sans autorisation et de
mauvaise foi, en entier ou en partie, l'œuvre d'autrui.
Or dans la circonstance, nous ne retrouvons aucun de
ces trois éléments. Apposer sur une œuvre quelconque,

____

(1) V° Pouillet, p. 486 ; Trib. civ. Seine 31 décembre 1862, Ferrat,
Pat. 1886, 43 et Paris 23 mai 1874, Goupy, Pat. 1876, 366. — Trib.
civ. Seine 12 février 1897, Dr Genesteix c. Martin Ginouvier, Pat.
1897, p. 78.

(2) L'art. 1 de la loi du 9 février 1895 ne vise pas expressément en
effet le seul fait d'effacer la signature d'un artiste et, comme nous
sommes en matière pénale, sa disposition ne saurait être étendue.

mais originale, le nom d'une personne qui lui est étrangère, c'est se servir indûment d'un nom qui ne vous appartient pas, c'est attribuer faussement à quelqu'un la paternité d'une chose, mais ce n'est pas contrefaire l'œuvre d'autrui. Le cas au surplus n'est pas nouveau. Le graveur Marc-Antoine Raimondi, qui vivait à Bologne à l'époque de la Renaissance, fut pris d'un si vif enthousiasme pour les estampes d'Albert Dürer qu'il s'oublia en les copiant, jusqu'à imiter sa signature et à vendre ses copies pour des originaux. Un des grands portraitistes de l'Ecole Vénitienne, Jean de Calcar, laissa attribuer au Titien certaines de ses toiles et les figures dont il orna le traité d'anatomie de Vesale (1). Ruysdael enfin, Rembrandt, Corot, Millet eurent à subir la concurrence fâcheuse d'artistes qui n'hésitaient point à les copier jusque dans leur signature et avec une adresse telle, que les critiques les plus experts s'y sont maintes fois trompés. De nos jours encore, des procès fameux tels que celui de Trouillebert contre Tedesco (2) et (3) et d'autres encore

(1) V° Roger Peyre, p. 465 et 496 et sur toute cette question Vaunois, *Bulletin Commentaire des lois nouvelles*, n° 6, décembre 1895.

(2) C. de Paris, 14 janvier 1885, Pal. 1885, 206. On connaît les circonstances de la cause. Le peintre Trouillebert apprit un jour qu'une de ses toiles « La Fontaine des Gabourets », après plusieurs changements de propriétaires, était tombée entre les mains d'un marchand de tableaux (Tedesco frères), qui l'avait mise en vente et vendue avec la signature de Corot. Le falsificateur demeura inconnu ; mais Trouil-

non moins intéressants à consulter (1) et (2), ont appelé l'attention du public et montré au législateur l'insuffisance de nos lois sur certains points.

Ce qui rend la question intéressante d'ailleurs, c'est que, dans le cas qui nous occupe, les intérêts de plusieurs personnes sont directement en jeu. Il y a l'acquéreur tout d'abord qui se trouve lésé, puisque croyant acheter un tableau de maître, il a acheté un tableau d'un artiste quelconque, sans doute inconnu, et qu'il a payé ainsi un prix beaucoup trop élevé. Il y a en second lieu l'artiste dont on a usurpé le nom, et qui est intéressé, lui aussi, à ce qu'on ne dispose pas ainsi de sa personnalité, et à ce qu'on n'appose pas sa signature sur des œuvres indignes de lui. Il peut y avoir enfin (et ce fut le cas du procès Trouillebert) le propre auteur du tableau dont on a effacé la signature pour y substituer celle d'un de ses confrères, et qui peut tenir,

lebert obtint du tribunal la permission d'apposer à nouveau sa signature au lieu et place de celle qui avait été substituée à la sienne, et de s'adresser pour cela au détenteur du tableau. Dans cet hypothèse encore d'ailleurs, nous trouvons un exemple curieux de ce droit moral que l'artiste conserve sur son œuvre et qui survit à toutes les cessions. Son droit de propriété artistique est si absolu qu'il existe concurremment avec celui du propriétaire de l'objet matériel.

(3 *de la page précédente*) Trib. civ. Seine. 15 juin 1883, Pat. 1890, p. 29.

(1) Trib. civ. Seine, 1re chambre, 26 mai 1886, et C. de Paris, 30 nov. 1888, Pat. 1890, p. 31.

(2) Trib. civ. Seine, 9 janvier 1894, *La Loi* du 9 mai suivant.

non seulement à ce que son nom reste sur ses toiles mais encore à ce qu'on ne le fasse pas passer pour un artiste peu consciencieux, pour un concurrent déloyal, cherchant à profiter indûment de la gloire d'autrui.

Chacune de ses personnes avait d'ailleurs autrefois et a encore aujourd'hui une action distincte. L'acheteur, victime d'un dol, peut agir devant les tribunaux civils pour demander la nullité du contrat ; il est évident que son consentement a été vicié (art. 1658, 1109 et 1116 du Code civil). Il peut même, aux termes de la jurisprudence, demander la résiliation de la vente, en prétendant qu'elle a été viciée par une erreur portant, non sur les qualités, mais sur la substance même de l'objet vendu (1). Quant à l'artiste ou à l'auteur quel qu'il soit, homme de lettres, peintre, graveur, musicien, sculpteur ou architecte, il peut agir devant les tribunaux civils en vertu de l'article 1382, en réparation du préjudice causé.

Ces diverses voies de recours ne parurent cependant pas suffisantes ; et l'article 425 du Code pénal n'étant pas applicable, on voulut permettre de toutes façons, à l'acheteur dupé et à l'artiste victimes de la fraude, d'agir devant les tribunaux correctionnels. Pour cela divers systèmes furent proposés.

---

(1) V. Douai, 22 juin 1883, *Ann. de la prop. ind.*, 1885, 115 ; Paris, 16 mai 1890, *Ann.* 1892, 253 ; Nîmes, 12 août 1890. *Gaz. Trib.*, 22 août suivant. Cf. également Vaunois, op. cit.

M. Pouillet, dont l'opinion fait autorité en la matière, voulait qu'on eut recours à la loi de 1824 sur *les altérations ou suppositions de noms dans les produits fabriqués* (1); il donnait ainsi à cette loi une interprétation extensive, sans doute exagérée. Un objet d'art n'est pas un objet fabriqué, un artiste n'est pas un fabricant (2). D'autres auteurs avaient pensé à appliquer les articles 145, 147 et 150 du Code pénal, sur le crime de faux en écriture privée. Mais cette manière de voir ne fut pas admise. On ne pouvait songer à traduire en Cour d'assises un individu qui ne s'était rendu coupable que d'avoir apposé sur son œuvre la signature d'autrui, la peine de la réclusion eut été trop sévère ; d'autre part il était peut-être excessif de considérer un tableau ou une statue comme un *acte* au sens que le Code pénal donne à ce mot. Une autre opinion plus curieuse s'était fait jour. En 1886, lors d'une des premières discussions à la Chambre Haute du projet de loi qui devait devenir plus tard la loi de 1895, un sénateur s'écria (3), en parlant de la fraude qui nous occupe : « C'est une escroquerie ». Au fond, ce sénateur avait raison. Aux termes de l'article 405 du Code pénal, on peut parfaitement en effet considérer le marchand

(1) Pouillet, *Traité des Marques de Fabrique*, nᵒ 425, et Cass., 29 nov. 1879, D. P. 80, 1, 400.

(2) Vᵒ dans ce dernier sens : Gastambide, p. 451 ; De Rendu, *Droit Ind.*, nᵒˢ 401 et 402; Sirey, 80, 1, 185, la note.

(3) Cf. Vaunois, op. cit., p. 162.

qui profite de la célébrité d'un peintre pour vendre un tableau sous son nom, bien qu'il n'en soit pas l'auteur, comme coupable d'avoir tenté d'escroquer, par une manœuvre frauduleuse, tout ou partie de la fortune d'autrui. Malheureusement cet article ne protège qu'une catégorie d'individus, les moins intéressants peut-être, les amateurs, dupes sans aucun doute de marchands sans scrupules, mais dupes aussi de leur sottise qui les pousse souvent à acheter des œuvres d'art, moins pour la jouissance esthétique qu'elles leur procurent que pour la satisfaction d'amour-propre qu'ils peuvent en retirer. Il laisse sans recours le véritable intéressé, l'artiste, qui voit son nom apposé comme un sceau d'authenticité sur une œuvre indigne de lui, et qui se trouve dans l'impossibilité d'agir en correctionnelle, car n'étant pas directement atteint par l'escroquerie, il ne peut invoquer le bénéfice de l'article dont il s'agit.

D'après un dernier système, qui avait pour lui beaucoup de partisans, on avait voulu appliquer à celui qui vend un tableau sous un faux nom, l'article 423 du Code pénal qui punit d'un emprisonnement de trois mois au moins et d'un an au plus, et d'une amende, celui qui a trompé l'acheteur sur la nature de la marchandise vendue. Ce système qui permettait non seulement à l'acquéreur, mais encore, d'après la jurisprudence de la Cour de cassation, à l'artiste lui-même, atteint dans sa réputation et dans ses intérêts pécuniaires (Cass., 21 janvier 1892, Monplot et Retière. Pat.

1893, 286) (1), de poursuivre le marchand ou le coupable quelqu'il fût, devant les tribunaux correctionnels, semblait sauvegarder les droits de chacun, artistes ou acquéreurs.

La loi de 1895, à laquelle nous arrivons maintenant, ne présentait donc, semblait-il, qu'une utilité bien amoindrie; mais ses promoteurs pour la justifier ont fait valoir les arguments suivants. Ils ont dit que l'article 423 ne pouvait pas être invoqué par l'artiste lui-même, victime de l'usurpation de signature (cette opinion, nous venons de le dire, était contraire à celle de la Cour de cassation) et qu'il était nécessaire de lui permettre d'intimider par une mesure repressive, ces commerçants malhonnêtes qui se rendent coupables à son égard, d'un véritable détournement, d'un vol bien plus grave que s'il portait sur des objets matériels, puisqu'il l'atteint dans sa réputation (2).

---

(1) Vo égalt Lyon-Caen, *Journ. du Palais*, 1882, p. 991, rapporté dans Pat. 1893, p. 295 : Il n'est pas douteux, dit ce savant auteur, que si la tromperie sur la nature de la marchandise vendue cause un préjudice à d'autres qu'aux consommateurs, on ne voit pas pourquoi ceux-ci ne pourraient pas intenter de poursuites correctionnelles en vertu de l'article 423.

(2) Rapport de M. Julien Goujon, *Journal officiel*, doc. parlem., juillet 1894, no 106, col. 2 *in fine*. Au fond, mais c'est une opinion actuellement toute isolée, nous trouvons que cette loi de 1895 était nécessaire, et ce à un double point de vue. D'abord, parce qu'il est tout à fait abusif selon nous de dire, que vendre un tableau avec une fausse signature, c'est tromper sur la nature de la marchandise vendue. Un tableau n'est pas à proprement parler une marchandise, et

§ VIII.

Nous n'entrerons pas ici dans les détails relatifs aux travaux préparatoires de la loi de 1895. Nous rappellerons seulement que sa conception première remonte à 1879. Son élaboration, terminée à la Chambre des députés par une déclaration d'urgence le 8 novembre

on étend aussi d'une façon arbitraire les dispositions de l'art. **423**. Nous l'avons déjà fait observer, une œuvre d'art existe indépendamment de la célébrité qui s'attache au nom de l'artiste, elle est bonne ou mauvaise par elle-même, sans qu'on ait à s'inquiéter du nom de son auteur. Ce fait par conséquent, qu'on la présente sous une fausse signature, ne change pas la nature de la *marchandise vendue*, si l'on tient à conserver cette expression. Nous ne nous dissimulons pas, il est vrai, que pour beaucoup de gens, le nom du peintre est tout, et qu'il n'achètent point un tableau qui leur plaît, mais un tableau de tel maître, un Corot, un Delacroix, un Puvis de Chavannes, un Meissonnier. Il est non moins incontestable aussi, qu'ils sont volés si on leur donne au lieu et place du chef-d'œuvre qu'ils croient acheter et qu'on leur a fait payer en conséquence, le tableau d'un contrefacteur quelconque, inconnu et sans talent. Mais quoiqu'on fasse, il n'en est pas de la signature d'un peintre, comme d'une marque de produits pharmaceutiques ou alimentaires, à laquelle on tient et qu'on est en droit d'exiger. Nous sommes tout disposés à permettre à l'acheteur inexpérimenté, dupe d'un marchand indélicat, d'agir devant les tribunaux civils en vertu des articles 1658, 1109 et 1116, ou devant les tribunaux correctionnels en vertu de l'article 405 du Code pénal. Mais on a beau dire (Vaunois, op. cit.) que la tromperie porte non sur la *qualité*, mais sur la *nature* de l'objet vendu, nous croyons quand même que ce n'est pas une raison, parce que certaines gens se font une conception fausse d'une œuvre d'art et jugent exclusivement de son mérite par la célébrité du nom de son auteur, pour étendre, contrairement au principe que

1894 et un vote sans discussion, avait duré 15 ans (1). Destinée d'ailleurs, dès sa naissance, à rencontrer d'incessants obstacles, elle ne fut promulguée que trois mois après, le 9 février 1895.

Cette loi comprend 5 articles, nous les citerons intégralement.

Article Ier. — Seront punis d'un emprisonnement d'un an au moins et de cinq ans au plus, et d'une amende de 16 francs au moins et de 3,000 francs au plus, sans préjudice des dommages-intérêts, s'il y a lieu :

1° Ceux qui auront apposé ou fait apparaître frauduleusement un nom usurpé sur une œuvre de peinture, de sculpture, de dessin, de gravure ou de musique.

2° Ceux qui, sur les mêmes œuvres, auront frauduleusement et dans le but de tromper l'acheteur sur la personnalité de l'auteur, imité sa signature ou un signe adopté par lui.

Article II. — Les mêmes peines sont applicables à tout marchand ou commissionnaire qui aura sciemment

---

tout est de droit étroit en matière pénale, les dispositions de l'article 423, à des cas pour lesquels il n'a évidemment pas été écrit. En second lieu nous ne comprenons point, malgré l'avis contraire de la Cour de cassation et celui de M. Vaunois, qu'on ait permis à l'artiste de poursuivre l'auteur devant les tribunaux correctionnels en vertu de l'article 423 du Code pénal. Nous ne nions point que le peintre ou l'artiste dont on a usurpé le nom, ait d'excellentes raisons de se plaindre, « il est atteint à la fois dans sa réputation et ses intérêts pécuniaires », mais l'article 423 ne parle que de l'acheteur trompé. Comment l'artiste pourrait-il être considéré comme tel ?

(1) V° toujours pour les détails Vaunois, *Bull. com.* déjà cité.

recélé, mis en vente ou en circulation les objets revêtus de ces noms, signatures ou signes.

Article III. — Les objets délictueux seront confisqués et remis au plaignant ou détruits sur son refus de les recevoir.

Article IV. — La présente loi est applicable aux œuvres non tombées dans le domaine public, sans préjudice pour les autres de l'application de l'article 423 du Code pénal.

Article V. — L'article 463 du Code pénal s'appliquera au cas prévu par les articles 1 et 2.

Nous ne pouvons pas aborder ici l'examen de toutes les difficultés auxquelles pourrait donner naissance l'interprétation de ce texte. L'objet de cette étude portant spécialement sur la contrefaçon littéraire et artistique, il serait peut-être excessif de nous étendre longuement sur une loi qui a justement eu pour but de considérer le délit qui nous occupe, comme un délit d'une nature spéciale étranger aux dispositions de l'article 425 du Code pénal.

Sans insister donc sur la teneur des articles 1 et 2 qui déclarent applicables à tout individu quel qu'il soit, artiste, marchand ou commissionnaire, coupable d'avoir frauduleusement fait apparaître un nom usurpé, ou imité une signature sur une œuvre d'art, dans le but de tromper l'acheteur, les peines de l'amende ou de l'emprisonnement ; sans insister sur la teneur de l'article 5 qui permet de pallier la sévérité de cette peine par l'application du système des circonstances atténuantes ; sans chercher non plus à justifier la disposition de l'article 4, qui déclare que seules les œuvres non tombées dans le domaine public seront appelées à bénéficier des avantages de la loi nouvelle (1), nous appellerons l'attention du lecteur sur un seul point. Dans l'énumération donnée par la loi, la littérature, l'architecture et la photographie ne figurent pas, sans qu'on puisse d'ailleurs, croyons-nous, expliquer de façon satisfaisante cet oubli. On est d'accord il est vrai pour décider que, comme nous nous trouvons ici en matière pénale, notre texte ne doit pas être étendu et qu'il ne doit pas s'appliquer aux œuvres littéraires. Mais il y a doute en ce qui concerne les plans d'architecture et les œuvres photographiques (2). Quoiqu'il en soit, dans ces trois cas l'ache-

______

(1) Il résulte en effet de l'esprit de l'article 4, plutôt que de son texte, qu'on pourra poursuivre en vertu de notre loi un individu coupable d'avoir imité la signature de Meissonnier ou d'avoir usurpé le nom de Gounod, parce que leurs œuvres ne sont pas encore tombées dans le domaine public, et qu'on ne pourra poursuivre en vertu de l'article 423, un individu coupable d'avoir imité la signature de Boucher ou celle de Watteau, morts depuis plus de cinquante ans.

(2) Vaunois (op. cit.) et Laporterie, p. 429. — Une autre difficulté d'ailleurs, que nous tenons à signaler, résulte de l'article 3. Cet article ordonne que les objets délictueux seront confisqués et remis au plaignant ou détruits sur son refus de les recevoir. Or voici ce qui peut arriver. Si le plaignant par exemple, est le propriétaire actuel de la toile dont la signature est fausse, une fois la condamnation prononcée il la gardera en vertu d'une confiscation fictive ; cela est parfait. Mais si le plaignant est l'artiste lui-même, dont le nom a été usurpé, ou tout autre individu qui s'est aperçu de la fraude et qui a intérêt à la

teur lésé pourra toujours agir, soit en vertu des articles 1658, 1109 et 1116 devant les tribunaux civils, soit en vertu de l'article 405 du Code pénal devant les tribunaux correctionnels; et l'artiste victime de la fraude pourra invoquer lui aussi soit l'article 1382 du Code civil, soit, aux termes de la jurisprudence de la Cour de cassation, l'article 423 du Code pénal.

Il importe de remarquer d'ailleurs que ceux-là même au profit desquels la loi de 1895 a été votée, ont toujours aujourd'hui encore, à leur disposition, les diverses actions dont nous venons de parler. Dans certains cas, ils pourront y trouver quelque avantage, de telle sorte que notre loi à moins eu pour conséquence peut-être de créer un nouveau délit, que d'apprendre aux divers intéressés l'existence et la portée des articles 405 et 423 du Code pénal, dont on ne songeait pas le plus souvent à demander l'application.

faire réprimer, que se passera-t-il? Le tableau confisqué devra lui être remis et s'il refuse de le reprendre, il devra être détruit. Que fera donc l'acquéreur ainsi dépouillé ? Il aura bien un recours contre son marchand, mais celui-ci peut être insolvable; son recours sera donc illusoire. L'imperfection de la loi sur ce point est manifeste. On s'en est bien aperçu d'ailleurs, lors de la discussion ; mais les rapporteurs ont préféré passer outre pour ne point la retarder encore une fois.

CHAPITRE II

CONTREFAÇON DES ŒUVRES LITTÉRAIRES.

—

§ Ier. — Les règles posées au chapitre précédent sont communes à toutes les contrefaçons. Elles peuvent servir à résoudre toutes les difficultés. Il importe cependant d'examiner séparément les diverses hypothèses qui peuvent se présenter en matière de propriété littéraire, musicale et artistique.

§ II. — Distinction fondamentale entre le plagiat et la contrefaçon. La contrefaçon est punissable, le plagiat seul est toléré.

§ II (suite). — De la difficulté qui peut y avoir à distinguer le plagiat de la contrefaçon, notamment en matière d'annuaires, d'almanachs et de dictionnaires. Ces diverses œuvres sont-elles protégées par la loi de 1793 ?

§ III. — Du droit de citation. La citation est en principe légitime, quand elle n'a d'autre but que de permettre à un auteur de faire une étude et une critique sérieuses d'une œuvre précédemment parue. Que faut-il décider à l'égard des emprunts réciproques des journaux, admis par les usages de la presse contemporaine ?

§ IV. — De la contrefaçon des chansons et des productions orales, discours, sermons et plaidoyers.

§ V. — Le titre d'un ouvrage peut-il constituer une propriété littéraire ? L'usurpation de titre constitue-t-elle une contrefaçon ?

§ VI. — Un auteur a-t-il un droit exclusif sur le pseudonyme qu'il a choisi ?

§ VII. — Du droit de traduction. La traduction faite sans autorisation est une reproduction illicite ; c'est une contrefaçon.

§ VIII. — De l'adaptation théâtrale et de la parodie.

§ Ier.

Après avoir étudié dans son ensemble la théorie générale de la contrefaçon et les éléments constitutifs du délit, il nous faut aborder maintenant d'une façon un peu plus complète et détaillée, l'étude des diverses hypothèses qui peuvent se présenter en matière de propriété littéraire, musicale et artistique. Rappelons-nous bien que les principes posés au chapitre précédent ont une portée générale et qu'ils devront nous servir à résoudre toutes les difficultés. C'est à eux qu'en cas de doute il sera nécessaire de toujours se reporter. Mais il est quelques cas particuliers, spéciaux à chaque matière, et auxquels nous devons consacrer des développements plus étendus.

Le présent chapitre aura pour objet la contrefaçon des œuvres littéraires et les chapitres suivants seront plus spécialement réservés à la contrefaçon des œuvres de musique, de peinture et de sculpture.

§ II.

Une première distinction, fondamentale, adoptée par la doctrine tout entière et la jurisprudence, consiste à distinguer en matière de propriété littéraire la contrefaçon proprement dite du plagiat. Cette distinction est toute juridique, mais elle est d'une grande importance. La contrefaçon proprement dite est punissable, le plagiat seul est toléré.

Il faut bien reconnaître que ce principe devenu fondamental était facile à poser sans doute ; la difficulté ne naît réellement que lorsqu'il s'agit de l'appliquer. Il est aisé de dire : la contrefaçon sera punie, le plagiat ne le sera point ; mais comment faudra-t-il les distinguer l'un de l'autre ? C'est là que le problème devient réellement intéressant. Nous allons tenter de le résoudre.

On sait que les trois éléments constitutifs du délit de contrefaçon, sont : une reproduction, une reproduction illicite, la mauvaise foi. On sait aussi que d'un commun accord, on considère que le premier de ces trois éléments existe, qu'il y a reproduction au sens juridique du mot, quand l'œuvre originale se retrouve avec tout ou partie de ses caractères essentiels dans l'œuvre contrefaisante, sans qu'il y ait lieu de s'inquiéter d'ailleurs de la question de savoir si cette reproduction est partielle ou totale, adroite ou servile, habile ou grossière. Deux hypothèses par conséquent peuvent se présenter : ou bien on reproduit l'œuvre d'autrui dans ses parties essentielles, et alors on est un contrefacteur, ou bien on ne la reproduit pas dans ses parties essentielles, et alors on n'en est pas un. On aurait pu, semble-t-il, s'en tenir à cette distinction sommaire, et de fait on s'en est tenu là en matière de propriété musicale et artistique.

Mais en littérature les emprunts non autorisés sont si fréquents qu'on a voulu par un terme spécial, celui de plagiaire, flétrir tous ceux, et ils sont assez nombreux, qui s'inspirent des œuvres d'autrui sans en avoir l'air, se les approprient indûment en s'en attribuant le seul mérite, tout en paraissant les respecter, et semblables à ces escrocs habiles, qui restent toujours en deça des limites du Code, frôlent constamment la loi, sans jamais l'enfreindre complètement (1).

Le plagiat nous apparaît ainsi comme une contrefaçon d'une nature un peu spéciale, et qui manquerait d'un de ses éléments constitutifs ; comme une contrefaçon, dans laquelle l'œuvre originale ne se retrouverait pas clairement avec ses caractères essentiels et telle en un mot, que celui qui l'a commise, tout en étant parfaitement répréhensible, ne saurait être poursuivi correctionnellement puisqu'il ne s'est pas rendu coupable d'un véritable délit.

Supposons donc un individu qui, sans scrupule et en

(1) On donne souvent aussi le nom de plagiaire à celui qui prend à un autre un sujet, une thèse, une situation. Il est évident que de semblables agissements sont répréhensibles et indélicats, mais nous savons qu'une idée, quelqu'elle soit, échappe à toute appropriation personnelle. On ne sera donc pas contrefacteur si dans le cas qui nous occupe, on a respecté le plan suivant lequel cette idée a été développée une première fois. Remarquons bien au surplus que le plagiat n'a jamais empêché les gens d'avoir du génie. La Fontaine n'emprunta-t-il pas à Phèdre et à Babrius le sujet de presque toutes ses fables ?

parfaite connaissance de cause, reproduise des fragments, même peu importants d'une œuvre préexistante, mais qu'il les ait choisis justement parmi les plus caractéristiques, parmi ceux qui se trouvent parfois résumer en quelques lignes, toute la pensée d'un auteur, toute une théorie, tout un système. Il se sera rendu coupable d'une contrefaçon manifeste. Supposons au contraire qu'il ait reproduit des passages, même assez considérables, mais choisis parmi les moins intéressants ; qu'il n'ait reproduit en somme que des développements d'un usage courant, des phrases de transition, des idées communément admises et dont l'expression de la part de l'auteur n'a fait l'objet d'aucune recherche, d'aucun effort de style, d'aucun travail personnel : il se sera rendu coupable d'un simple plagiat, réprouvé sans doute, mais toléré.

Les circonstances dans lesquelles le plagiat ou la contrefaçon peuvent exister sont d'ailleurs innombrables. On ne peut donner aucun critérium certain (1) qui permette de les reconnaître, et les tribunaux auront ici encore un souverain pouvoir d'appréciation. Ils ne devront jamais oublier cette règle de justice et d'équité, que « tout emprunt fait à autrui doit en principe être « flétri, et que la copie, l'imitation faite non dans un

____

(1) Il est évident en effet qu'on ne peut dire avec certains arrêts, que le plagiat diffère de la contrefaçon par l'importance matérielle des emprunts. Nous venons d'expliquer pourquoi.

« but de discussion et de polémique, mais en vue de
« profiter du travail d'autrui et pour s'épargner la peine
« que donnerait un travail original, est sévèrement in-
« terdite (1). »

Les monuments de jurisprudence sur cette question
sont fort nombreux ; nous ne pouvons que signaler les
principaux d'entre eux, sans nous attarder à la discussion de tous les arrêts, ce qui nous entraînerait bien
loin. Par deux décisions en date du 25 avril 1812 (2) et
du 17 avril 1858 (3), le Tribunal de la Seine a décidé,
que le fait d'emprunter certains passages à des ouvrages, dans la circonstance considérables (il s'agissait de
la géographie universelle de Malte-Brun et du dictionnaire bibliographique de Guérard), ne constituait pas
toujours une contrefaçon, alors surtout que la similitude des passages incriminés s'expliquait en quelque
sorte par la nature des sujets traités. Souvent en effet
deux ouvrages étant empruntés aux mêmes sources,
certaines ressemblances entre eux sont inhérentes à leur
nature même. Une autre décision du même tribunal, en
date du 8 février 1865 (4) a confirmé le principe. Nous
citerons enfin un dernier jugement rendu à la date du
26 mai 1857 (5) qui a déclaré de façon très nette que

(1) Pouillet, p. 493.
(2) Malte-Brun, Dalloz, *Prop. Litt.*, n⁰ 339,
(3) Trib. corr. Seine, Guérard, Pat. 1858, 245.
(4) Guerre, Pat. 65, 382.
(5) Lecoffre, Pat. 1857, 246. Les termes de ce jugement se retrou-

les emprunts faits à un ouvrage ne pouvaient porter le nom de contrefaçon, qu'autant qu'ils étaient importants et notables et formaient une portion essentielle de l'ouvrage contrefait.

De l'ensemble des décisions rendues en sens contraire, et dans lesquelles l'excuse du plagiat fut repoussée et la contrefaçon admise, paraissent se dégager les principes suivants. Les tribunaux n'hésitent jamais à déclarer qu'il y a vraiment contrefaçon, lorsque les emprunts faits leur paraissent porter sur les parties essentielles et caractéristiques de l'œuvre contrefaite, sur celles-là mêmes qui dénotent de la part de l'auteur un travail personnel et original. Ils n'hésitent jamais non plus à faire respecter le droit des auteurs, qu'il s'agisse d'œuvres un peu spéciales comme le *Guide du Vétérinaire* ou le *Manuel de l'Herboriste* (1), ou d'un caractère au contraire plus élevé comme les *Poésies* d'Ossian (2). On consultera d'ailleurs avec intérêt

vent à peu près identiques dans un jugement du Trib. civ. de la Seine du 31 déc. 1811. Cf. Leboucq, *th. de doct.*, p. 4. V° encore Trib. corr. Seine, 16 août 1864, Consolin, Pat. 1865, 14. — Paris, 17 mars 1812, Michaud, Dalloz, *Prop. litt.*, n° 339.

(1) Trib. corr. Seine, 12 mars 1827, Collaine, *Gaz. Trib.*, 13 mars. — Trib. Seine, 30 juillet 1836, Saint-Hilaire, *Gaz. Trib.*, 1er août.

(2) Cass. Rej. 4 sept. 1812, Dentu, Merlin, *Quest. de Droit*, v° contrefaçon, § 8. — V° encore Hérit. Alex. Dumas c. Fayart frères, Pat. 1898, p. 294. — C. de Paris corr. 17 juin 1897, Calmann-Levy c. Zouckermann, Pat. 1898, art. 4016. — C. de Paris, 16, 23 et 30 déc. 1898, Porte Saint-Martin c. Photo-Programme, *Le Droit*, 9 et 10 janvier 1899.

sur cette matière, la longue série des décisions judiciaires rendues dans les divers procès soutenus et in-
tentés par Dick de Lonlay et les éditeurs Garnier (1).

§ II (suite).

Il est un cas dans lequel la question que nous venons
d'étudier se présentera assez souvent. C'est lorsqu'il
s'agit d'annuaires, d'almanachs, d'agendas, de dictionnaires, de toutes ces œuvres en un mot où la similitude
des sujets traités permet aisément de croire soit à la
contrefaçon, soit au plagiat. Il est clair en effet que le
plus souvent ces ouvrages sont puisés à des sources
communes et que presque tous leurs éléments sont
tirés du domaine public (2). Un même homme n'a
qu'une seule vie qui sera toujours la même pour tous
les dictionnaires où son nom sera mentionné ; une liste
de personnages ou de notabilités quelconques. de fonc-
tionnaires ou de négociants, sera forcément la même

(1) Trib. civ. Seine, 21 mars 1889, Duquet c. Dick de Lonlay et
Garnier, Pat. 1892, art. 3582. — Trib. civil Seine, 24 février 1894,
Sergent c. Garnier, Pat. 1895, art. 3805. — C. de Paris, 3 déc. 1894,
Garnier c. Bastard, Pat. 1895, art. 3805. — Trib. civ Seine, 11 juil-
let 1896, Garnier c. Bastard, Pat. 1898, art. 4017.

(2) Malgré cela, il peut être interdit parfois de les rassembler. Trib.
civ. Lyon, référé, 20 déc. 1896, Dreyfus et autres c. Sapin et Gré-
goire, Pat. 1897, art. 3919.

dans tous les annuaires qui la reproduiront. Cela est de toute évidence. Il pourra donc être souvent bien difficile de justifier qu'on a fait des recherches spéciales et personnelles pour réunir les divers éléments d'une semblable publication. Mais il ne faudra pas non plus conclure de ce fait, que deux de ces œuvres sont semblables, qu'elles ont toujours été copiées l'une sur l'autre.

Une question préliminaire d'ailleurs à toute cette discussion, est celle de savoir si les œuvres dont nous nous occupons actuellement sont protégées par la loi de 1793. En effet, si elles ne sont pas protégées, comment pourrait-on songer à traduire le contrefacteur, si contrefacteur il y a, devant les tribunaux correctionnels, puisque l'article 425 n'est que la sanction du droit reconnu par la dite loi? La question, nous l'avons dit plus haut (Titre II, chap. I, § 3), est assez délicate ; c'est une de celles sur lesquelles l'entente n'est pas absolument faite aujourd'hui. Nous croyons, quant à nous, que rien ne s'oppose en principe à ce qu'on considère les annuaires, les almanachs et les dictionnaires de toutes sortes, comme susceptibles d'une propriété littéraire. Souvent, il est vrai, ces sortes de travaux ne se font remarquer par aucune idée très originale, et ne dénotent qu'un patient travail de compilation. Ils ne peuvent faire l'objet alors d'aucun droit privatif. Mais le contraire peut arriver aussi. Il peut y avoir autre chose dans un annuaire que des renseignements d'ordre général, et des énumérations et classifications de personnages par ordre alphabétique ou par profession ; il peut y avoir, et de fait cela se rencontre assez souvent dans la pratique, un certain travail personnel, une certaine originalité apportée dans le plan général de l'ouvrage, dans la disposition des matières classées suivant un certain ordre et appropriées aux exigences et aux besoins de chacun ; il peut y avoir enfin une preuve d'intelligence qui se manifeste par le discernement et le soin apportés dans la rédaction des notes et le choix des renseignements fournis. Dans ces conditions nous n'hésiterons point à déclarer l'auteur d'un semblable travail, propriétaire, non pas des matériaux qui le composent, cela serait absurde, mais propriétaire de la forme, de l'arrangement dans lequel ils sont présentés (1). Une telle solution est conforme à l'esprit même

(1) V° Rej. 27 nov. 1869, Dubus, Pat. 70, 36. — Paris, 11 mai 1878, Faguier, Pat. 1878, 123, et Pouillet, p. 47. — Trib. civ. Seine, 1er juin 1895, Hollier-Larousse c. Boulanger, Pat. 1898, art. 4018. — V° de même en ce qui concerne les prospectus C. de Paris, 7 mai 1896, Girard et Boitte c. Schwartz, Pat. 1898, art. 3975. — V° pourtant en sens contraire, Paris, 2 mai 1857, Bouchez, Pat. 1857, 201 ; Paris, 17 août 1861, Sagoret, Pat. 1862, 393. — V° aussi en ce qui concerne les catalogues de timbre-poste, Trib. civ. Seine, 20 déc. 1895, Maury c. Robert, Pat. 1898, art. 3976. — En ce qui concerne les annuaires, Paris, 18 mars 1897. Annuaire des propriétaires et des propriétés c. Paris, Adresses, Gaz., Trib. 17 juin 1897 et C. de Paris, 2 avril 1896, Camille Rousset c. Edmond Rousset et Soc. an. des Publ. ind., Pat. 1898, art. 3979. — En ce qui concerne les programmes de concours hippiques, Trib. corr. Rennes, 25 juin 1892, Société hippique d'Ille-et-Vilaine c. l'Hippique, Pat. 1898, art. 3980.

de la loi de 1793 qui protège indistinctement toutes les productions de l'esprit.

Ce premier point acquis, l'auteur de l'ouvrage prétendu contrefait pourra assigner celui qui a porté atteinte à ses droits devant le tribunal correctionnel; mais les juges, bien entendu, ne devront le condamner, que s'il y a contrefaçon manifeste, c'est-à-dire si la reproduction a porté sur ce qui constitue la partie essentielle de l'œuvre originale, sur le plan, la méthode, l'arrangement, la disposition des matières, le choix des exemples et des renseignements fournis et notamment s'il s'agit d'un dictionnaire, des définitions données (1).

Nous rappellerons d'ailleurs ici ce que nous avons dit plus haut, au titre II, chapitre Ier, § 3. La jurisprudence ne nous paraît pas actuellement assez nettement disposée à reconnaître aux auteurs d'annuaires, d'almanachs, et de compilations de toutes sortes, un droit privatif sur leurs œuvres pour que ceux-ci puissent agir avec certitude devant les tribunaux correctionnels. Les tribunaux civils n'ayant pas de peine à prononcer. se montreront peut-être plus disposés à reconnaître à leur profit une propriété littéraire et l'on pourra agir de-

____

(1) V⁰ Gastambide, p. 107, et le jug^t du Trib. corr. de la Seine, 18 mai 1836 par lui cité. — Renouard, t. 2, p. 35 et 36. — Pouillet, p. 503. — Paris, 3 déc. 1867, Jeannel, Pat. 1867, 404. — Lyon, 24 mars 1870, Labeaume, Pat. 1873, 109. — Rouen, 5 août 1873, Quettier, Pat. 1874, 341. — Et le jugement cité plus haut du 1er juin 1895. **Larousse c. Boulanger.**

vant eux en violation du droit exclusif de reproduction reconnu par la loi de 1793, et subsidiairement, ou même tout simplement, en concurrence déloyale en vertu de l'article 1382. La plupart du temps il sera facile de prouver que l'on a cherché à faire naître une confusion dans l'esprit du public par la similitude du format et de la couverture, et de profiter ainsi indûment de la vogue d'un ouvrage déjà connu et du travail fait par autrui.

§ III.

La contrefaçon littéraire est peut-être de toutes la plus intéressante à étudier; elle est du moins la plus variée en ses manifestations. Elle affecte mille formes diverses, tantôt nettement caractérisée, tantôt difficile à saisir. Nous venons de voir ce qu'il fallait décider à l'égard du plagiat et de la contrefaçon proprement dite, que faudra-t-il décider maintenant à l'égard du droit de citation?

Au premier abord, la citation d'un passage emprunté à une œuvre préexistante, paraît bien résumer en elle tous les caractères du délit de contrefaçon. L'auteur

______

(1) Cf. not. les décisions ci-dessus apportées du 20 décembre 1895 (Maury c. Robert) ; du 18 mars 1897 (Ann. des prop. c. Paris-Adresses) ; et du 2 avril 1896 (Cam. Rousset c. Edmond Rousset).

qui cite, emprunte à autrui une partie de son œuvre ; il la reproduit textuellement, sans autorisation. toujours en connaissance de cause ; et le seul fait d'indiquer la source où l'on a puisé, ne saurait nous le savons, à lui seul, constituer valablement une excuse. Il était impossible cependant d'admettre un pareil système ; assimiler la citation au délit de contrefaçon, c'eût été, dans le seul but de protéger la propriété littéraire. méconnaitre un droit très respectable, le droit de critique. On en a donc été amené à ceci : la citation est en principe permise, le droit de citation est légitime, mais à une seule condition : c'est que les emprunts se justifient par le désir de faire une étude sérieuse, une œuvre consciencieuse. d'analyse et de critique. Il ne faudrait point que sous le fallacieux prétexte de critiquer une œuvre, on la copiât en tout ou en partie, de façon à en présenter un abrégé qui pût nuire à son auteur, et dispenser d'acheter les exemplaires de son ouvrage. Il faut apporter dans l'exercice de ce droit une certaine réserve et une grande discrétion, et un jugement du tribunal de la Seine du 21 mars 1889 déjà cité (Duquet c. Dick de Lonlay) (1) et qui fait jurisprudence, exige que l'on rapproche le nom de l'auteur de la citation donnée. C'est là d'ailleurs un usage auquel on se conforme généralement.

Le droit de critique justement compris ou bien dans

____

(1) Sirey, 91, 2, 143.

certains cas la nécessité de reproduire un passage d'un auteur, qui exprime plus nettement que l'on ne saurait le faire soi-même une opinion, une idée que l'on partage, peuvent donc seuls justifier le droit de citation. La jurisprudence d'ailleurs semble pleinement fixée dans ce sens (1). Un jugement du tribunal de la Seine du 1er décembre 1855 (Furne, Pat. 1857-243), a expressément décidé, qu'on ne saurait considérer comme de simples citations des emprunts tels, que s'ils étaient retranchés, il ne resterait rien dans l'ouvrage qui eût une valeur appréciable; d'autres jugements du même tribunal (Paris, 24 mai 1845, Mallet, Blanc, p. 180, et Paris, 6 janvier 1849, Leclerc, Blanc, p. 181), ont décidé également, que le droit de critique ne saurait à aucun titre justifier la reproduction totale de l'ouvrage critiqué, ni même des citations reliées entre elles, de façon à présenter un ensemble qui pût dispenser de l'achat de l'œuvre originale. Un jugement de la 9e Chambre du tribunal correctionnel de la Seine du 24 février 1897, confirmé par arrêt

(1) Trib. civ. Seine, 15 décembre 1882, Gedalge, Gaz. Pal. 1883, 1172. — Trib. corr. Seine, 21 mars 1865, Vieillot, Pat. 1865, 198. — Rouen, 7 juin 1849, Collot, Pat. Dall. 52, 2, 24. — Nîmes, 25 février 1864, Offray. Pat. 186, 4387. — Paris, 13 juillet 1830, Darthenay, Dall. 1830, 2, 235. — C. de Paris, 16, 23, 30, décembre 1898, Th. de la Porte Saint-Martin c. Photo-Programme, *Le Droit*, 9 et 10 janvier 1899. — C. de Paris, corr., 17 juin 1897. Calmann-Lévy et Zouckermann, Pat. 1898, art. 4018. — Cf. égal^t Pouillet, p. 496 et suivantes.

de la Cour du 15 juillet suivant, est venu, dans une espèce fort intéressante, trancher une question de cette nature très délicate à apprécier. Un bibliophile avait réuni dans un opuscule de 180 pages environ, tous les passages les plus scabreux d'un célèbre romancier. Il voulait ainsi signaler au public les caractères dangereux de cette œuvre « comme un médecin signale les dan- « gers de l'alcoolisme ou des mauvaises odeurs ». Poursuivi en contrefaçon, il fut acquitté sur les conclusions conformes du Ministère public « comme n'ayant pas excédé son droit de citation ». Le tribunal et la Cour considérèrent, pour motiver cette décision, que les passages incriminés n'étaient rattachés par aucun lien, qu'ils étaient confondus les uns avec les autres et qu'ils ne portaient sur aucune portion essentielle des ouvrages originaux (1).

On pourrait trouver ainsi dans la jurisprudence de nombreux jugements et arrêts qui confirment les théories que nous venons d'émettre. Nous ne pouvons les citer intégralement, mais on s'apercevra aisément en les étudiant que presque tous ont su concilier le respect dû au droit de propriété littéraire avec le respect dû au droit d'analyse et de critique (2).

---

(1) Pataille, Fasquelle c. Laporte, 1898, art. 4022, et *La Loi* du 28 février 1897.

(2) Cass., 24 mai 1855, Thoisnier-Desplaces, S. 1855, 1, 392 ; — Paris, 30 mai 1857, Lecoffre, Pat. 1857, p. 246.

Cette question des emprunts licites ou interdits, qui tient d'ailleurs autant à la théorie du plagiat qu'à celle du droit de citation, est particulièrement intéressante lorsqu'il s'agit des journaux. D'après les usages de la presse contemporaine, on sait en effet que les journaux s'empruntent sans scrupule les uns aux autres, leurs informations, leurs faits divers, voire même leurs articles de fonds qu'ils résument et qu'ils adaptent suivant les besoins de leur cause, et souvent sans citer la source à laquelle ils ont puisé. Cette manière de faire qui, nous le répétons, est passée dans les usages et contre laquelle il serait actuellement bien difficile de protester, devra être interdite cependant toutes les fois que la reproduction portera une atteinte trop manifeste aux droits du journaliste ou du chroniqueur spoliés, et victimes de l'indiscrétion abusive de leurs confrères. Il est évident en effet que les articles de fond, les « Premier Paris », parfois très bien rédigés, d'une facture toute personnelle, et dont la rédaction est généralement confiée à des esprits distingués, sont susceptibles d'une propriété littéraire (1). On a sans aucun doute le droit de les commenter, de les discuter et d'en rappeler la substance, « mais il faut circonscrire cette liberté dans les limites d'une polémique nécessaire » (2).

---

(1) Cf. Convention de Berne du 9 sept. 1886, art. 7.

(2) Gastambide, p. 63 ; Dall. 40, 2, 55, CC^{ons} de l'avocat général Paillart ; Pouillet, p. 500. — V° ég^t Trib. corr. Seine, 2 juillet 1833,

Une décision fort intéressante d'ailleurs et toute récente du Tribunal de commerce de la Seine, a confirmé cette manière de voir. Le journal l'*Éclair* qui retardait son tirage pour publier par extraits les passages les plus saillants des divers articles de fond qui paraissaient le même jour dans les différents journaux, a été condamné de ce chef à 2,000 francs de dommages et intérêts. Il était inadmissible en effet qu'il pût arriver grâce à ce stratagème, et comme il l'annonçait d'ailleurs lui-même dans ses prospectus, à remplacer à lui seul la lecture de tous les autres journaux (1).

Nous croyons aussi en ce qui concerne les échos, les informations, les faits divers (la question de savoir s'ils sont susceptibles d'une propriété privée étant beaucoup plus délicate) (2) qu'on pourrait agir en tous cas devant les tribunaux civils, en vertu de l'article 1382, en réparation du préjudice causé. Un journal en effet peut faire de grands sacrifices pour son service d'infor-

Rev. des Deux-Mondes, Gastambide, p. 110 ; — Paris, 14 avril 1835, l'*Univers*, Gastambide, p. 111, et surtout Trib. corr. Seine, 17 mars 1888, *Revue des Cuirs*, Fr. jud., 1888, 254. — Trib. civ. Montluçon, 7 février 1896, Soc. des gens de Lettres et P. de Cassagnac c. *L'Abeille de la Creuse*, Pat. 1898, art. 3,973.

(1) Trib. com. Seine, 9 juin 1892, le *XIX⁰ Siècle* c. l'*Eclair*, arrêt confirmatif du 15 nov. 1893. Pat. 1892, art. 3800. — Cf. Trib. com. Seine, 13 juillet 1836, le *Droit*, n⁰ 230, et Cour de Paris, 25 novembre suiv. S. 36, 2, 529 et Leboucq, th. de doct., p. 72.

(2) Cf. Trib. civ. Seine, 11 avril 1893. Soc. des Journaux de Sport c. *Paris-Courses*, Pat. 1898, art. 3,982.

mations, il est assez naturel qu'il en retire le bénéfice, et que d'autres n'en profitent pas à ses dépens (1).

§ IV.

Les deux théories du plagiat et du droit de citation, comptent parmi les applications les plus intéressantes des principes généraux qui régissent la propriété littéraire. Mais il est encore d'autres hypothèses dans lesquelles les tribunaux n'ont pas hésité à admettre les idées que nous avons émises et à appliquer les règles que nous avons posées jusqu'à présent. Nous allons en citer quelques exemples.

En matière de chansons les tribunaux se sont toujours montrés très disposés à admettre la contrefaçon. Un jugement du tribunal civil de la Seine, en date du 8 février 1894, confirmé par arrêt de la Cour du 31 mai suivant (2) a déclaré contrefaisante une chanson intitulée : *Papa la Victoire*, qui n'était que la copie d'une chanson préexistante intitulée : *Le Père la Victoire*, à laquelle elle avait emprunté la coupe, le rythme et la versification. Un arrêt tout récent de la

_____

(1) C. de Paris, 30 déc. 1897, Alcan Levy c. l'agence Havas. Pat., 1898, art. 3978.

(2) Delormel, *Le Droit*, 9 février, et Pouillet, p. 525. V° également Paris, 30 mai 1872, Duchenne, Pat., 1873, 165 ; Trib. corr. Seine, 20 mars 1877, Matt., Pat., 1877, 212.

Cour de Paris du 2 avril 1897 a statué dans le même sens (1).

En matière de productions orales on est d'accord aujourd'hui pour décider qu'elles peuvent être l'objet d'une véritable propriété littéraire (2). Les leçons d'un professeur, le sermon d'un prédicateur, constituent sa propriété personnelle. Les élèves, les fidèles, les auditeurs de toute sorte, ont le droit d'en tirer tout le profit intellectuel possible ; ils n'ont pas le droit d'en tirer un profit matériel et de réaliser par la mise en vente d'un cours ou d'un sermon sténographié je suppose, ou

(1) C. de Paris, 2 avril 1897, Bigot c. Repos, Pat., 1898, art. 4024. V° encore dans une espèce analogue le procès en concurrence déloyale intenté par le chansonnier Bruant à son élève Alexandre Leclerc, trib. com. Seine, 19 nov. 1896, Pat. 1897, p. 19 et C. de Paris, 26 avril 1898. Pat. 1898, p. 370.

(2) On a prétendu pour soutenir la théorie contraire que la loi ne parlait que des écrits et que l'exercice de l'action en contrefaçon était subordonné à l'accomplissement de la formalité du dépôt. Ces deux arguments ne sont pas sérieux, d'abord parce que si la loi de 1793 ne parle que des écrits, l'article 425 du Code pénal parle à la fois « des écrits ou de toute autre production », ensuite parce qu'aux termes d'une jurisprudence constante, fondée en droit et en raison, le dépôt n'est nécessaire que si les circonstances le rendent possible. Or dans la circonstance il ne l'est évidemment point. Ce que la loi protège d'ailleurs c'est la forme quelle qu'elle soit, sous laquelle une pensée est rendue. On a dit encore, en ce qui concerne les leçons des professeurs, qu'ils étaient salariés par l'État, et qu'ils devaient à leurs auditeurs la propriété de leurs cours. Il y a là une confusion manifeste. Le professeur doit à ses élèves sa science, son expérience, son dévouement ; mais non le produit matériel de cette science. Leboucq, th. de doc., p. 68 et suiv. ; Pouillet, p. 72 ; Gastambide, p. 76 ; Blanc, p. 42.

reproduit à l'aide de notes, un bénéfice pécuniaire au détriment de son auteur (1).

Une exception doit cependant être faite en ce qui concerne les discours prononcés dans certaines assemblées publiques. Il est d'usage que les journaux reproduisent par extraits, et parfois même *in extenso*, les discours politiques prononcés à la Chambre ou au Sénat. Nous croyons que l'on ne saurait interdire cette façon de procéder. Un discours exclusivement politique, prononcé par un homme d'État investi d'une fonction politique, officielle, doit appartenir à tous. Il en est de même des plaidoyers et des réquisitoires, qui appartiennent à tous également, en vertu du principe de la publicité des audiences. Mais cette solution ne saurait être étendue à tous les discours quels qu'ils soient, prononcés par exemple par des académiciens ou des savants, dans des banquets, des réunions, des solennités quelconques. Un membre de l'Institut pourrait fort bien, selon nous, interdire à un journal de reproduire dans son intégralité et sans son autorisation, son discours de réception (2).

Il est une autre règle d'ailleurs qui est destinée à

____

(1) Trib. corr. Seine, 2 mars 1841, Andral, Dall. *Prop. litt.* n° 129. — Lyon, 17 juillet 1845, Lacordaire, Dall. 1845, 2, 128 ; Paris, 30 juin 1836, Pouillet, *Gaz. Trib.*, 1er juillet ; Paris, 8 juin 1840, héritiers Cuvier. Dall. *Propr. litt.* n° 129 ; Trib. civ. Seine, 9 déc. 1893, Esmein c. Bourdon Viane et Cabanon. D. P. 1894, 2, 262 et Pat. 1895, art. 3, 823.

(2) Cf. Pouillet, p. 581.

apporter quelque tempérament à un usage qui pourrait
devenir abusif, et qui, elle, ne nous paraît devoir com-
porter aucune exception. Cette règle est la suivante.
On s'accorde à déclarer illicite la réunion d'un ensemble de productions orales quelles qu'elles soient, en un
volume destiné à faire connaître la personnalité d'un
individu, et à permettre la réalisation d'un bénéfice
pécuniaire (1). Une fois close la série des débats et des
polémiques à l'occasion desquels l'orateur a prononcé
ses discours, ils redeviennent sa propriété absolue et
exclusive. On comprend qu'à une certaine époque l'atteinte portée à cette propriété ait pu trouver sa justification dans des considérations d'ordre général ; que cette
propriété ait pu être en quelque sorte momentanément
suspendue. Mais lorsque les raisons qui justifiaient
cette façon de procéder n'existent plus, l'homme d'Etat,
l'avocat, le conférencier même doit reprendre tous ses
droits ; il doit en jouir dans leur plénitude et dans leur
intégralité. La jurisprudence d'ailleurs et la doctrine
entière se prononcent dans le même sens.

En ce qui concerne enfin les reproductions illicites

____

(1) Gastambide, p. 82. — Pouillet, p. 69 et suiv. — Paris, 27 août
1828, Pouillet, *Gaz. Trib.*, 28 août, et Trib. civ. Seine, 30 juin
1894, Barrès c. Crémieux, Pat. 1895, art. 3776. Il s'agissait dans ce
dernier cas des conférences faites par Barrès aux matinées classiques
de l'Odéon sur *Tartufe* et *l'Esprit Jésuite en littérature*, publiées
et réunies en un volume par Crémieux. — Cf. dans une affaire un
peu identique, Trib. com. Seine, 3 mars 1898, *Le Droit*, 14 mai
1898.

de toutes sortes, faites par des procédés quelconques, les tribunaux n'ont jamais hésité à les déclarer entachées de contrefaçon, lorsqu'elles présentaient tous les éléments constitutifs du délit, sans s'inquiéter de savoir quel était le mode de reproduction employé (1), si la distribution était faite gratuitement et dans un but philanthropique (2), enfin si l'œuvre contrefaite était éditée ou non (3). Ces diverses décisions, nous le répétons, servent de point d'appui en quelque sorte à toutes les théories que nous avons émises et confirment tous les principes que nous avons adoptés.

§ V.

Que faut-il décider maintenant à l'égard du titre d'un ouvrage, du titre d'un journal, d'un roman, d'un recueil de poésies ? Un titre constitue-t-il une propriété littéraire ? Y a-t-il contrefaçon à s'en emparer sans autorisation ? La question est assez controversée, et il ne nous paraît pas facile d'y répondre d'une façon catégorique et absolue.

(1) Paris, 7 mars 1872, Bathlot, Pat. 1874, 172 ; et Paris, 29 juin 1827, Fay, *Gaz. Trib.*, 1er juillet (Pouillet, p. 511).

(2) Paris, 4 nov. 1857, Sanis, Pat. 1857, 358, Pouillet, p. 462.

(3) Paris, 18 février 1836, Fréd. Lemaître, Dall., *Prop. litt.*, n° 315. — Trib. Seine, 24 mars 1877, héritiers de Montalembert, *Gaz. Trib.*, 22 mars 1877. — Niort, 17 février 1891, héritiers d'Autichamp, *Gaz. Trib.*, 26 mars 1891 ; Pouillet, p. 67 et 531 ; Leboucq, th. de doct., p. 67.

Si l'on décide en effet, comme l'enseignait Merlin, que le titre d'un ouvrage en est une partie intégrante, et qu'il constitue toujours une véritable propriété, on arrivera dans certains cas à des résultats tout à fait étranges et absolument inadmissibles. En voici un frappant exemple emprunté à Gastambide (1). Qu'on suppose, dit cet auteur, un journal paraissant sous une dénomination quelconque, *le Constitutionnel* par exemple. Il paraît sous ce titre pendant toute la vie de ses premiers rédacteurs, et plus de cinquante ans après leur mort ; c'est un cas de nature à se présenter fréquemment. Eh bien si nous supposons « que le titre est une propriété littéraire, il « arrivera un jour où il devra tomber dans le domaine « public, et ainsi le journal primitif se verra dépouillé « de son titre, précisément lorsque ce titre aura acquis « le plus de valeur par une longue possession ». Cela n'est évidemment pas possible. Voici un second exemple emprunté au même auteur : qu'on suppose maintenant que ce même journal, au lieu d'avoir une existence florissante, cesse de paraître dans un très bref délai. Si le titre sous lequel il a paru est une véritable propriété littéraire, il devra être défendu de s'en emparer pendant tout le temps fixé pour la durée de cette propriété. Il sera donc en quelque sorte, et sans aucune raison appréciable, retiré de la circulation ; un tel résultat est tout aussi inadmissible que le précédent.

(1) Gastambide, p. 215.

Si l'on décide à présent que le titre ne constitue jamais une propriété exclusive, on en arrive à permettre à tout auteur d'œuvres médiocres de créer une confusion fâcheuse, et dont il sera le seul à tirer profit, entre ses productions et celles d'un auteur connu et justement apprécié. On lui permettra de porter impunément atteinte à sa renommée, et de s'enrichir à son détriment. Cela non plus ne saurait être justement toléré. Les divers résultats auxquels nous venons d'arriver suffisent, dans ces conditions, à condamner les divers systèmes qui les engendrent.

Voici donc un premier point acquis. On ne peut pas dire qu'un titre constitue toujours une propriété littéraire; on ne peut pas dire non plus qu'il ne doive être jamais l'objet d'un droit exclusif. Il faut donc s'en rapporter ici encore, au souverain pouvoir d'appréciation des tribunaux (1). C'est une question de fait qu'ils auront le plus souvent à résoudre, et qu'ils trancheront le plus souvent aussi, cela est à craindre, dans des sens

______

(1) Notons d'ailleurs que la question ne présente quelque intérêt, que lorsqu'il s'agit d'œuvres de même nature. Il n'y aurait pas usurpation, en règle générale tout au moins, si le même titre était appliqué à des ouvrages différents de littérature, de musique, de peinture et de sculpture. La confusion n'est guère possible entre une valse, un roman et un tableau. La solution d'ailleurs peut varier selon les circonstances de la cause. Il a été jugé qu'il y avait concurrence déloyale, en présence du succès d'une féerie, le *Roi Carotte*, à publier une chansonnette portant un nom identique, et qu'on pouvait croire tirée de la pièce.

bien opposés. Nous ne pouvons mieux faire que de renvoyer à l'étude de la jurisprudence, et d'une étude comparative des diverses décisions rendues en la matière, nous tenterons de dégager le système qui semble prévaloir aujourd'hui.

Pour nous, nous serions tentés d'accorder à l'auteur un droit exclusif sur le titre qu'il a choisi pour désigner une de ses œuvres, lorsque ce titre dénote à lui seul une certaine fantaisie et a nécessité de sa part quelque effort d'imagination. Nous n'hésiterions pas à accorder à Flaubert, à Daudet, à Anatole France, à Zola, un droit privatif sur le titre de quelques-unes de leurs œuvres. Concevrait-on par exemple, que le premier auteur venu nous donnât aujourd'hui une nouvelle *Madame Bovary*? Que penserait-on d'un nouveau *Pot-Bouille*, d'une nouvelle *Rôtisserie de la Reine Pédauque*, d'un nouveau *Fromont jeune et Risler aîné*? Dans ces derniers cas même la longueur du titre est, en quelque sorte, une garantie de son originalité. Mais nous ne saurions admettre non plus, que sous prétexte de favoriser quelques-uns, on interdît à tous d'appeler les choses par leur véritable nom. On peut fort bien en somme étudier le caractère d'une femme romanesque ou les mœurs des locataires d'une vaste maison à six étages, sans appeler son roman *Madame Bovary* ou *Pot-Bouille;* mais nous ne verrions pas pourquoi un auteur qui se plaît à étudier les paysans ou le caractère d'une grande ville, n'appellerait point son roman *La Terre,*

Rome ou *Paris*, bien que de telles œuvres existent déjà. De semblables titres en effet correspondent à la nature même des sujets qui se trouvent traités dans l'ouvrage qu'ils désignent ; ils appartiennent à chacun (1).

La jurisprudence s'est presque toujours ralliée à ces principes de sens commun. Mais la plupart des décisions rendues ont trait à l'usurpation des titres de journaux ; les procès de cette nature sont de beaucoup les plus nombreux (2).

Un premier jugement du tribunal de la Seine en date du 15 février 1834 (3) a décidé que le titre du journal *La Mode* constituait une propriété privative ; un second jugement du tribunal de commerce de la Seine, en date du 14 février 1845 (4) a décidé qu'il en était de même pour *L'Illustration*, et qu'il y avait usurpation de titre à appeler un nouveau journal *L'Illustration de la Jeunesse* ; une troisième et une quatrième décisions enfin, toujours du même tribunal et choisies parmi les plus importantes, en date du 31 mars 1869 et du 15 septembre 1884, ont interdit d'une part la publication d'un journal intitulé *La Presse libre*, en présence d'un

(1) Conformément à ces principes, le tribunal de commerce de la Seine a très justement décidé que le titre constituait surtout une propriété, quand on n'est pas forcé de le prendre pour décrire des scènes semblables (25 janvier 1884, *Gaz. Palais*, 84, 1, suppl. 3).

(2) Sur toute cette matière : Pouillet, *Traité des marques de fabrique*, nᵒ 631 et suivants.

(3) Affaire Dufougerais, Dalloz, 1834, 2, 53.

(4) Affaire Dubochet, *Le Droit*, 15 fév. 1845.

premier journal existant déjà sous le titre *La Presse* (1), et déclaré d'autre part qu'il y avait concurrence déloyale à faire paraître un journal sous le titre *Le Matin Français*, alors qu'il en existait déjà un autre intitulé *Le Matin* (2).

Le tribunal de la Seine a refusé en sens inverse, et à juste raison selon nous, de reconnaître un droit privatif à l'auteur d'une *Histoire financière de la France* sur le titre de son ouvrage (3), et de considérer le titre suivant : *Dictionnaire de médecine usuelle* comme susceptible de propriété littéraire (4). Il est de toute évidence en effet que ce sont là des titres généraux qui servent à désigner tous les ouvrages écrits sur le même sujet. Un seul individu ne saurait avoir la prétention de se les approprier.

Cette jurisprudence nous paraît jusqu'à présent assez ferme. Voici deux espèces cependant où la solution a

(1) Halbronn, Pat., 1869, 142.

(2) Pataille, 1886, n° 3,032.— V° également Nancy, 26 juillet 1852; Paguerre, Blanc, p. 372 ; — Trib. com. Seine, 24 février 1860, Pat. 1860, 164.— Paris, 2 juin 1866, Lambert, Pat. 1869, 223 ; — Trib. com. Seine, 18 août 1869, Larousse Teulet ; et enfin Trib. com. Seine, 8 nov. 1843. Bertin, Blanc, p. 387, ce dernier jugement a interdit la publication du journal des *Débats industriels et littéraires*, à côté du journal des *Débats politiques et littéraires*.

(3) Paris, 22 juillet 1830, Bresson, Blanc, p. 364.

(4) Paris, 6 février 1835, Blanc, p. 384. Un jugement du trib. com. Seine du 24 nov. 1892, Pat. 1898, art. 3981, a décidé de même que le journal « *Auteuil-Longchamps* », *journal de sport paraissant tous les jours*, ne pouvait empêcher un autre journal de s'appeler *Paris-Courses, journal quotidien de sport*.

été différente. Un jugement du tribunal de commerce
du Havre, en date du 14 novembre 1868 (1), autorisa
en cette ville la publication d'un journal appelé *Le
Havre*, bien qu'il existât déjà une feuille appelée *Journal du Havre*. Cette décision se justifiait aux yeux du
tribunal par ce fait qu'il existait entre les deux journaux des différences assez considérables, dans la disposition typographique, dans le choix des caractères, dans
l'en-tête même, pour qu'aucune confusion ne pût être
faite par le public. Un jugement du tribunal de Poi-
tiers en date du 18 décembre (2) vint interdire au contraire la publication d'un journal intitulé *La Vienne*,
parce qu'il existait déjà dans cette même ville un journal
appelé *Journal de la Vienne*. La disposition typographique, la composition, la mise en page, étaient pourtant
différentes ici encore, comme dans l'hypothèse qui pré-
cède ; mais le tribunal considéra que le public n'était
pas obligé d'examiner attentivement tous ces détails, et
qu'il était suffisant, pour qu'il y eût contrefaçon, que la
prononciation seule du titre pût amener une confusion.

Cette dernière décision nous paraît sévère, mais elle
nous montre bien, tout en l'exagérant un peu, quelle
est la tendance actuelle de la jurisprudence. Nous la
résumerons en deux mots. D'une part, on peut plus
aisément prétendre à un droit exclusif sur le titre d'un

(1) Cazaran, Pat. 1869, 350.
(2) Dupré, Pat., 1874, 134.

journal qui présente un certain caractère personnel, tel que *Le Figaro* (1) par exemple, que sur un titre quelconque, « le journal de telle ville » « le courrier de tel département ». Ce sont là des noms génériques d'une grande banalité et qui sont dans une certaine mesure à la disposition de chacun (2). D'autre part, les tribunaux se sont toujours montrés disposés à sévir, chaque fois que l'on a tenté, d'une façon quelconque, de faire naître une confusion dans l'esprit du public, dans le but manifeste de permettre à un journal nouveau de profiter de la vogue acquise par un journal plus ancien. Il est évident au surplus que cette confusion résultera de maintes choses diverses et notamment du format extérieur des deux journaux, de leur disposition typographique, de leur mise en page, de l'ordonnance de leurs titres, de leur disposition d'ensemble, voire même de la couleur du papier.

Une dernière question assez délicate peut se présen-

(1) La publication d'un journal appelé *Figaro-Revue* a été considérée comme un acte de concurrence déloyale par le Tribunal de la Seine, à la date du 6 mai 1859. Naquet, *Le Droit*, nᵒ 108. Cette jurisprudence se conçoit parfaitement d'autant plus qu'à notre époque la plupart des grands quotidiens publient des périodiques illustrés et que la confusion est ainsi très facile.

(2) C'est ainsi qu'a été rendue la décision suivante : Un journal paraissait à Granville sous le nom *Le Granvillais*, et il avait pour sous-titre « Courrier d'Avranches, de Coutances et de la Côte ». Il a été jugé qu'il ne pouvait s'opposer à la publication d'un journal ayant pour titre principal *Le Courrier d'Avranches*, Caen, 15 janvier 1878, Pat. 1878, p. 143 et Sir. 1878, 2, 88.

ter sur ce même sujet, lorsqu'il s'agit de deux journaux
dont l'un paraît à Paris, et l'autre en province dans une
ville assez éloignée. Y aura-t-il ici encore usurpation à
se servir du même titre? M. Pouillet fait observer avec
raison que les journaux de Paris qui pénètrent partout
auront toujours plus à craindre la concurrence déloyale
de leurs confrères, que les journaux départementaux
qui s'expédient peu au loin et dont la lecture au surplus ne représente qu'un intérêt médiocre pour tous
ceux qui sont étrangers à leur localité. Il y a là une
question de fait à résoudre. Il a été décidé par le tribunal de commerce de Nice, le 3 mars 1880 (1), qu'il
y avait usurpation de titre à faire paraître dans cette
ville un journal appelé *Le Nouveau Figaro*. Le journal
Le Progrès, qui paraît à Lyon, a obtenu également du
tribunal de commerce de la Seine, à la date du 24
juin 1864 (2), qu'on ne fondât pas à Paris un journal
intitulé simplement *Le Progrès;* ce dernier journal
dut paraître sous le titre *Le Progrès de Paris* (3).

Quelle durée faudra-t-il assigner maintenant, dans le
cas où la propriété d'un titre sera reconnue, à la durée
de cette propriété ? On s'accorde généralement à déci-

_____

(1) *Le Figaro,* Pat. 1880, p. 174.
(2) Chanoine, Pat. 1864, 299.
(3) On peut rapprocher de ces diverses décisions un jugement du
tribunal civil de la Seine du 3 décembre 1896, Salis c. Ferny et
autres, Pat. 1897, art. 3903, qui interdit à certains chansonniers du
Chat-Noir de se servir de ce nom pour leurs tournées en province et
pour faire paraître leurs productions.

der qu'il ne faudra pas toujours s'en rapporter sur ce
point aux règles ordinaires de la propriété littéraire.
Nous croyons en effet que si, en principe, l'auteur doit
rester propriétaire du titre aussi longtemps qu'il reste
propriétaire de l'œuvre que ce titre sert à désigner, les
tribunaux ne devront pas se montrer trop sévères cependant dans le cas où la première œuvre, celle dont le
titre a été usurpé, était complètement oubliée lorsque
la seconde a paru de telle sorte qu'aucune confusion
n'était possible entre elles. La réciproque même peut
être vraie (1). S'il s'agit du titre d'un journal, les usages constants de la Société des Gens de lettres décident,
que tout propriétaire d'un journal qui est resté un
an sans publier un seul numéro, doit être considéré
comme ayant renoncé au titre qu'il avait choisi (2).
Conformément à ces usages un arrêt récent de la Cour
de Paris (27 mars 1895, Brousse et Cie c. Société du
Moniteur) a décidé : « qu'à partir du jour où un jour-
« nal cesse de paraître, son titre rentre dans le domaine
« public où chacun peut le prendre ; que la seule ques-
« tion qui puisse s'élever consiste à savoir, si cette ces-
« sation de publication est temporaire ou définitive, de
« telle sorte que le titre du journal puisse être réputé
« suspendu ou abandonné ; que le fait de l'abandon se
« détermine par les circonstances de la cause, et no-

____

(1) Cf. Pouillet, (*Traité des Marques de Fabrique*).
(2) Trib. comm. Seine, 1er sept. 1874, Pat. 1874, 378.

« tamment par le non usage prolongé du titre en ques-
« tion (1). »

Une autre question, préjudicielle d'ailleurs à celle que
nous venons d'étudier, consiste à se demander ce qui
constitue la prise de possession d'un titre, à partir de
quelle époque on peut le considérer comme appartenant à quelqu'un. M. Blanc (p. 473) enseigne que « ce
n'est pas au jour où ce titre a été choisi par l'auteur,
qu'il faut faire remonter le droit du premier occupant,
mais à l'époque où ce droit s'est révélé d'une manière
incontestable et sérieuse, où il a été porté à la connaissance du public par la publication, les annonces ou autrement ». Aujourd'hui d'ailleurs le titre d'un journal doit
être déposé avant toute publication. Une présomption
de propriété existera donc au profit de celui qui pro-
duira un reçu régulier de dépôt ; en cas de similitude
de nom et de constestation, il sera aisé de savoir celui
qui aura déposé le premier (2).

(1) Le même arrêt écarta la prétention des demandeurs qui voulaient rester propriétaires du titre pendant 30 ans en vertu de l'art.
2262 du Code civ. La Cour décida que la prescription trentenaire de
cet article n'était pas applicable, et que dans la cause qui lui était
soumise, le non usage du titre pendant 10 ans, résultant de la non
publication du journal, constituait un abandon qui pouvait être considéré comme définitif.

(2) Cf. Cour de Caen, 25 mars 1886, Sir. 87, 2, 27. « Attendu en
« droit, dit cet arrêt, qu'il est de principe certain que le titre d'un
« journal est une propriété à laquelle nul ne peut porter atteinte, ni
« directement, ni indirectement, et que le titre appartient à celui qui
« en a fait le dépôt le premier..... »

§ VI.

Que déciderons-nous à l'égard du nom et du pseudonyme ?

Il est tout d'abord un fait certain « c'est que chacun « est libre propriétaire de son nom et maître d'en user « comme il l'entend » (1). On ne saurait donc refuser à un auteur le droit de signer ses œuvres de son nom véritable, bien qu'un autre, dont les productions par exemple sont bien supérieures, qui possède le même nom patronymique et qui en use, puisse avoir à souffrir de la confusion (2). Un autre cas peut se présenter aussi, identique d'ailleurs à celui qu'on rencontre fréquemment en matière commerciale, lorsqu'un individu cède l'usage de son nom patronymique « soit à prix « d'argent, soit sous prétexte d'une collaboration fictive « et simulée ». Nous ne nous y attarderons point. Bien que de nature à se présenter rarement en effet, le cas du pseudo-littérateur qui cèderait son nom à un homme de lettres sans scrupules serait aussi digne de reproches que celui du pseudo-commerçant qui, s'appelant par exemple Clicquot, cèderait son nom à un fabricant de vins Champagne ordinaires de façon à établir une confusion

(1) Pouillet, nᵒ 488.

(2) Il peut arriver aussi que deux collaborateurs habituels fassent des œuvres personnelles ; les deux frères de Goncourt ont signé séparément certaines de leurs productions,

avec une marque connue (Paris, 6 mars 1851, Pat. 1868, 280).

Il est plus à craindre qu'un auteur ou un artiste quelconque, ne veuille s'emparer indûment d'un pseudonyme déjà choisi. Il est des cas où ce pseudonyme appartient en propre à un journal ; les collaborateurs changent, mais le pseudonyme reste ; les articles de même nature sont toujours signés de la même façon. Dans cette hypothèse, nous n'hésiterions pas à accorder au journal la propriété de sa signature, surtout si la valeur des articles sous laquelle ils paraissent lui ont permis d'acquérir une juste et légitime réputation. Il y aurait dans ce cas selon nous, un acte manifeste de concurrence déloyale de la part d'un journal différent, à faire paraître des articles de même nature sous le même nom. On pourrait croire qu'ils partagent la même rédaction (1).

Nous en dirons autant s'il s'agit d'un pseudonyme choisi par un auteur déterminé, et sous lequel il a su, depuis longtemps, se faire connaître et apprécier. Il y aurait ici encore, concurrence déloyale de la part d'un auteur nouveau et inconnu, à profiter de la notoriété qui s'attache à ce pseudonyme pour faire paraître ses œuvres sous le même nom, surtout si ce sont des œuvres de même nature, et à profiter ainsi de la confusion qu'il

____

(1) Trib. civ. Seine, 24 janvier 1889, *Gaz. des tribunaux*, 25 janv. 1889 ; et Labori, répertoire.

crée (1). Concevrait-on au surplus qu'un individu signât aujourd'hui des contes dialogués du nom de Gyp ou des romans sous le nom de Pierre Loti? Dans une affaire toute récente (2)(il s'agissait il est vrai d'un nom de théâtre, mais on pourrait raisonner par analogie) le tribunal de la Seine a formellement décidé : « que « l'usage prolongé et exclusif d'un pseudonyme, cons- « tituait une véritable propriété au profit de celui qui « s'en était ainsi servi, et lui donnait le droit de s'op- « poser à ce que tout autre s'en emparât pour créer à « son préjudice une confusion regrettable. » Le même tribunal, par un jugement en date du 24 janvier 1889(3), était même allé plus loin encore et, bien qu'en principe et aux termes d'une jurisprudence constante (4), on ne puisse choisir comme pseudonyme le nom patronymique d'autrui, il décida que les tiers, légitimes possesseurs à titre patronymique, d'un nom qu'un artiste ou un écrivain avait choisi comme pseudonyme, ne pouvaient le lui faire interdire, qu'autant que ce pseudonyme n'était pas devenu par un long usage la propriété de celui qui en avait fait choix. « Un droit de propriété, dit « textuellement ce jugement, peut par un usage exclu-

---

(1) Nous rappelons ici que la loi du 9 février 1895 n'est pas applicable en matière de propriété littéraire.

(2) Trib. civ. Seine, 22 juillet 1896, Dall. Chevreau c. Dame Maulmont, Pat. 1897, art. 3920.

(3) *Gaz Trib.*, 25 janvier 1889. Labori, tome 9, p. 572.

(4) Paris, 9 novembre 1864, Pat. 1865, 27 ; Trib. civ. Seine, 13 avril 1866, Pat. 1866, 255 ; 23 mars 1882, Pat. 1882, 175.

« sif, se constituer sur un pseudonyme au profit de
« celui qui s'en sert. »

§ VII.

Les deux dernières questions que nous nous sommes
proposé d'étudier dans ce chapitre, sont relatives au
droit de traduction et au droit d'adaptation théâtrale.

En ce qui concerne les traductions nous n'hésitons
pas à déclarer, contrairement à l'avis de M. Renouard,
que toute traduction non autorisée constitue une contrefaçon. Qu'importe en effet que la loi soit muette sur ce
point ; ne savons-nous pas qu'elle a eu pour but de réprimer toutes les atteintes portées au droit de propriété
littéraire quelles qu'elles soient ? Qu'importe en outre que
« la différence de forme extérieure du langage, empêche
« qu'il s'établisse aucune confusion ni rivalité » (1),
qu'aucun préjudice, comme on l'a prétendu, ne puisse
en résulter pour l'auteur dont les œuvres sont ainsi répandues et popularisées ; ne savons-nous pas aussi que
le préjudice n'est pas un élément essentiel du délit, et
qu'au surplus le préjudice existe toujours en présence
d'une reproduction non autorisée ? (2).

____

(1) Vo Renouard, cité par Pouillet, p. 515 et 516, et dans notre
sens : Pouillet, même endroit ; Calmels, p. 150 et suiv. ; Darras, no 68
et 69 ; Leboncq, th. de doct., p. 50 et suivantes.

(2) L'auteur est directement intéressé en effet à ce que ses œuvres

La question semble d'ailleurs aujourd'hui définitivement tranchée. La doctrine et la jurisprudence tout entière se prononcent dans notre sens (1). Pouvait-il d'ailleurs en être différemment ? Pouvait-on sérieusement soutenir qu'une traduction faite sans droit n'est pas une contrefaçon évidente, puisqu'elle n'existerait pas sans l'œuvre originale dont elle n'est qu'une copie, d'autant plus appréciée qu'elle est plus exacte, plus littérale et plus servile ?

Toute cette théorie au surplus, est surtout du domaine du droit international privé. Nous la retrouverons au livre suivant.

ne soient pas traduites par le premier venu qui peut mal interpréter et mal rendre sa pensée. M. Emile Zola a éloquemment signalé le préjudice que de semblables traductions peuvent porter à un auteur, dans un article du *Figaro* du 25 avril 1896 (Cf. égal¹ Droit d'auteur 1898, p. 61). Il faut bien reconnaître aussi que l'auteur doit pouvoir céder à une personne déterminée le droit exclusif de reproduire ses œuvres moyennant une certaine rétribution, et que celui qui fait, vend et débite des traductions sans son autorisation, réalise des bénéfices pécuniaires à ses dépens.

(1) Paris, 30 avril 1824, Ladvocat, Dall., *Prop. litt.*, n° 91 ; Rouen, 7 nov. 1845, Girardin, Dall., 46, 2, 242 ; Paris, 17 juillet 1847, Lecointe, Blanc, p. 177. Il n'est pas douteux également qu'il y ait contrefaçon à reproduire sans droit une traduction déjà faite ; on doit travailler sur l'original. On ne peut pas plus traduire un ouvrage en s'inspirant d'une traduction déjà publiée, qu'on ne doit copier un tableau d'après une copie précédemment parue. Toute traduction constitue une propriété littéraire au profit de son auteur. Trib. civ. Seine, 11 décembre 1857, Nuitter Pat., 1852, 92. — Paris, 17 juillet 1862, Vivès, Pat. 1862, 230, et Pouillet, p. 519 et suivantes.

§ VIII.

Nous n'avons pas hésité à décider que la traduction non autorisée constituait une contrefaçon ; nous n'hésiterons pas non plus à dire que l'adaptation théâtrale constitue le même délit. L'adaptation théâtrale d'une œuvre quelconque peut affecter des formes multiples. Ce peut être un drame en prose dont on tire un opéra, un roman qu'on met à la scène, une nouvelle dont on fait un ballet, un conte dont on tire une pantomime, une comédie enfin que l'on transforme en vaudeville, que l'on rajeunit pour la mettre au goût du jour. Dans toutes ces hypothèses, empruntées à la jurisprudence (1), la contrefaçon a d'ailleurs toujours été formellement reconnue et punie.

En ce qui concerne la parodie, on s'accorde généralement à décider qu'elle est légitime, lorsqu'elle est une conséquence du droit de critique. « Proscrire la paro-« die, dit M. Pouillet, ce serait condamner la critique, « et les droits de la critique ne peuvent être mécon-« nus. » Nous admettons en principe cette manière de voir, mais quand pourra-t-on dire vraiment qu'une parodie est une manifestation du droit de critique ? Pourra-

____

(1) Paris, 27 janv. 1840, de Musset, Dall., *Prop. litt.*, n° 187 ; Paris, 6 nov. 1841, Hugo, Blanc, p. 178 ; Paris, 30 janv. 1865, Scribe, Pat. 1865, 5 ; et Pouillet, p. 525.

t-on vraiment considérer comme telles la plupart de ces productions qui, notamment à Paris, se greffent sur toutes les pièces à succès, s'accrochent à elles comme ces coquillages sans valeur qui s'accrochent au flanc des rochers, et sous prétexte de satire, dénaturent et déforment grossièrement, sans intelligence et sans esprit, les scènes les plus connues du public et les plus généralement applaudies ? Si nous prenions les pièces à succès les plus récentes, nous verrions que plusieurs d'entre elles ont été parodiées à la fois sur huit ou dix scènes différentes. Étaient-ce là dix manifestations du droit de critique ? Evidemment non. Ce n'était autre chose presque toujours, que des entreprises commerciales ; et le plus souvent nous n'hésiterions pas à décider, si un jour quelque auteur dramatique se trouvait importuné par ces tristes échos de ses succès, à reconnaître en eux une reproduction grossière, illicite, de mauvaise foi ; une véritable contrefaçon au sens pénal du mot (1).

(1) Rendu et Delorme, n° 811 ; le Senne, Code du théâtre, p. 235 ; Constant, Code du théâtre, p. 182 ; Pouillet, p. 528 ; Leboucq, th. de doct., p. 56. — Trib. civ. Seine, 20 mars 1877, Paul Dalloz, Ann. prop. ind., 1877, 212.

CHAPITRE III

DE LA CONTREFAÇON DES ŒUVRES MUSICALES.

—

§ 1er. — La contrefaçon des œuvres musicales est sensiblement identique à la contrefaçon des œuvres littéraires. Elle est soumise aux mêmes règles.

§ II. — Examen des diverses hypothèses qui se présentent le plus fréquemment. Loi du 19 mai 1866, relative aux instruments de musique mécaniques.

§ 1er.

On pourrait semble-t-il, au point de vue strictement juridique qui nous occupe, classer les productions de l'esprit, les œuvres d'art (et nous prenons ici le mot œuvres d'art dans le sens le plus large) (1), en deux catégories. Dans la première rentreraient les œuvres littéraires, prose ou poésie, et les œuvres musicales ; dans la seconde les œuvres de peinture, de sculpture

—

(1) A notre avis, en effet, une œuvre littéraire ou musicale est une œuvre d'art, au même titre qu'un tableau ou qu'une statue ; on a peut-être le tort de réserver trop exclusivement le terme d'œuvres artistiques aux seules productions de la statuaire et de la peinture.

et d'architecture. D'un côté par conséquent les arts qui évoluent dans le temps, de l'autre les arts qui évoluent dans l'espace.

Cette classification se justifie à nos yeux par ce fait, que l'édition joue un rôle tout différent suivant qu'il s'agit d'œuvres classées dans la première ou dans la seconde catégorie. Nous savons bien, qu'aux termes de la loi de 1793 et de l'article 425 du Code Pénal, un écrit est protégé indépendamment de toute édition, et que la publication illicite d'un manuscrit constitue une contrefaçon (1) ; mais il n'en est pas moins vrai que le fait même de l'édition, c'est-à-dire la reproduction d'un livre ou d'une composition musicale par un procédé mécanique à un certain nombre d'exemplaires, est un fait assez facile à définir et à déterminer, et qui peut entraîner certaines conséquences notamment en ce qui concerne les droits des créanciers. On s'accorde en effet à décider, qu'avant la publication, toute œuvre littéraire ou musicale est insaisissable (2). Les créanciers n'ont aucun droit sur le manuscrit qui n'a pas encore été livré au public, et qui était peut-être destiné, dans la pensée de son auteur, à ne jamais lui

______

(1) Cf. ci-dessus p, 149, et Pouillet, p. 422.

(2) Pouillet, p. 196. Vaunois, th. de doct., p. 263, Rendu et Delorme, p. 735, Paris, 11 janv. 1828, Vergne, Dall., prop. litt., nº 319. Ce que nous venons de dire s'applique également à la gravure. La planche gravée à l'eau forte ou au burin, est en quelque sorte le manuscrit du graveur.

être livré. Il en est tout autrement en ce qui concerne les œuvres du peintre ou du sculpteur. Quand peut-on dire qu'une statue ou un tableau est édité ? La question est très délicate et il nous semble difficile de ne pas accepter sur ce point l'opinion de M. Pouillet qui décide que ces œuvres doivent être considérées comme telles, par le seul fait de leur achèvement. On conçoit qu'un manuscrit n'existe à l'égard du public qu'à dater du jour où il a été tiré à un certain nombre d'exemplaires. En règle générale il est destiné à passer sous les presses de l'imprimeur. Mais un tableau ou une statue constituent en eux-mêmes une œuvre définitive ; il n'est pas nécessaire qu'ils aient été reproduits par le bronze ou par le marbre, par la photographie ou la gravure, pour exister aux yeux de chacun. Les créanciers de l'artiste ont sur eux le droit de gage qui doit appartenir à tout créancier sur les biens de son débiteur (1). Si nous avons insisté sur ce point d'ailleurs, c'est pour bien montrer le rapport intime qui lie entre elles les œuvres littéraires et les compositions musicales : toutes les règles que nous avons données plus haut au sujet des premières s'appliqueront sans grande différence aux secondes. L'assimilation sera presque complète. La contrefaçon se présentera sous des formes presque identiques.

Il importe cependant de remarquer ici une petite dif-

_____

(1) Pouillet, p. 205, et Trib. civ. Seine, 30 déc. 1879, Armand, Pal. 1860, 69.

férence entre la musique et la littérature. S'il est vrai en effet, que le compositeur ait recours à un procédé presque analogue à celui du poëte ou du prosateur pour exprimer sa pensée ; s'il est vrai que la musique soit en quelque sorte un langage, infiniment vague et imprécis sans doute, mais un langage cependant, puisqu'à l'aide de sons harmonieusement combinés on cherche à rendre des sentiments (incontestablement très simples et peu compliqués), un état d'âme, une impression, il faut reconnaître aussi que la musique ne se conçoit guère sans exécution. En littérature nous avons deux sortes d'œuvres ; les productions purement littéraires d'une part, les romans, les contes, les traités qui ne sont destinés qu'à la lecture privée, et qui ne sont portés à la connaissance du public que par le livre ; les productions de l'art dramatique d'autre part, qui sont portées à la connaissance du public par le livre et par le théâtre, et qui sont destinées en somme, bien que certaines d'entre elles n'aient jamais vu et ne doivent jamais voir le feu de la rampe, moins à être lues en particulier qu'à être représentées publiquement. Il suit de là que les atteintes portées aux droits de l'auteur pourront résulter soit d'une contrefaçon pure et simple, consistant en une reproduction illicite de ses œuvres (c'est ce qui aura lieu le plus souvent s'il s'agit d'œuvres purement littéraires), soit d'une représentation non autorisée. En musique au contraire, l'atteinte portée aux droits du compositeur résultera, presque toujours, d'une représentation ou d'une exécution publique, faite sans autorisation. En principe en effet, toute œuvre musicale est destinée à être jouée. Beaucoup de gens qui déchiffrent facilement une partition sur un piano, seraient incapables de la bien comprendre sans le secours de cet instrument et de la solfier d'une façon satisfaisante. Tout morceau de musique mis en vente est adapté à un instrument quelconque. Un roman, au contraire, se lit et se comprend sans le concours d'aucun élément étranger. En somme, bien que la contrefaçon d'une œuvre musicale existe par cela seul qu'il y a reproduction de ses passages essentiels dans une composition nouvelle et que le procès en contrefaçon puisse être immédiatement intenté, le compositeur lésé n'agira en fait le plus souvent, que lorsque l'œuvre contrefaisante aura été mise à la scène et exécutée publiquement. Sans attacher d'ailleurs autrement d'importance à cette distinction, elle nous a paru assez intéressante pour mériter d'être signalée.

§ II.

Nous l'avons dit plus haut, presque toutes les règles posées au précédent chapitre devront être reproduites dans celui-ci. Ici encore il faudra distinguer entre la contrefaçon proprement dite et le plagiat. Mais si la distinction était difficile à faire en ce qui concerne les œuvres littéraires, combien ne le sera-t-elle point en ce qui concerne les œuvres musicales ! Tout le monde peut lire un ouvrage et le comparer à un autre ; tout le monde peut également comparer entre elles deux œuvres d'art, bien que ce soit déjà un peu plus délicat ; mais combien la tâche des magistrats sera-t-elle rude, lorsqu'il s'agira de saisir une ressemblance entre deux airs d'opéra, deux sonates ou deux symphonies ! Le souverain pouvoir d'appréciation des tribunaux sera soumis à une rude épreuve. On peut être excellent juriste et ne point avoir d'oreille. Faudra-t-il donc avoir recours à des experts ? Faudra-t-il faire exécuter à la barre l'œuvre originale et les passages incriminés ? Nous ne savons. Nous ne savons non plus d'ailleurs s'il faut attribuer à tout cela la méfiance excessive dont les compositeurs font preuve, mais les procès en contrefaçon musicale sont de beaucoup les moins nombreux.

Nous n'insisterons pas d'ailleurs ici sur les différentes hypothèses qui peuvent se représenter.

Conformément aux règles que nous connaissons déjà, il a été jugé qu'on n'avait pas le droit, dans un but commercial, de tirer un certain nombre d'exemplaires d'une composition musicale et de les mettre en circulation (1). Cette décision d'ailleurs ne saurait nous surprendre, mais elle touche à un cas assez intéressant. Un

____

(1) Trib. corr., Seine, 24 juin 1846, Colombier, Blanc, p. 160 ; Angers, 3 juin 1878, Choudens, Pat. 78, 120.

directeur de théâtre qui monte un opéra ou un opéra-comique, a-t-il le droit de faire copier au fur et à mesure qu'ils se détériorent, les divers morceaux endommagés de sa partition. A-t-il le droit de faire copier pour chaque instrumentiste les diverses parties qu'il est chargé d'exécuter? Sur le second point tout le monde est d'accord. Il est admis qu'un directeur de théâtre a le droit de faire copier les différentes parties d'orchestre pour les distribuer à ses exécutants (1). Il nous semble dès lors assez légitime de décider qu'il aura le droit aussi, bien que la question soit controversée, de faire recopier les passages endommagés de sa partition pour la conserver en bon état (2). Il est certain qu'il se trouve ainsi en mesure de subvenir, avec l'achat d'un seul exemplaire, aux besoins de tout un théâtre, de toute une troupe, de tout un orchestre. Mais il nous semble bien difficile de permettre à l'éditeur d'intervenir dans ces distributions et ces organisations, faites dans un intérêt personnel et d'ordre purement privé (3).

Nous ne citerons que pour mémoire deux décisions émanant, l'une du tribunal civil de la Seine en date du 26 décembre 1860 (4), et l'autre de la Cour de

____

(1) Mais il n'aurait pas le droit de les louer à d'autres, Cass., 28 janvier 1888, Bathlot, Pat. 1890, 82.

(2) Contra, Pouillet, p. 538.

(3) V⁰ sur la question Cass. crim. 5 déc. 1895, Hengel et Cie c. Fabre, Pat. 1896, art. 3822.

(4) Ikelmer, Pat. 61, 59, et Pouillet, p. 540.

cassation (1), qui ont déclaré, d'une part qu'il n'y avait nulle contrefaçon dans le fait d'indiquer que les chansons d'un recueil se chantaient sur tel ou tel air (cela d'ailleurs est consacré par l'usage) et d'autre part qu'il y avait contrefaçon manifeste à reproduire une œuvre musicale même à l'aide d'un mode de notation différent de celui primitivement employé. Ces deux décisions sont conformes aux principes. On s'étonne seulement que les questions mises en jeu aient pu sérieusement être posées.

Un des seuls problèmes d'ailleurs qui soient intéressants à signaler en toute cette matière, est relatif aux orgues de barbarie et aux boîtes à musique. D'après la jurisprudence de la Cour de cassation (2) il y avait contrefaçon dans le seul fait de fabriquer des cartons percés de trous ou des rouleaux métalliques armés de picots, et destinés à permettre de reproduire à l'aide d'un mécanisme quelconque, des airs de musique non tombés dans le domaine public et constituant encore une propriété privée. Il y avait une première atteinte portée au droit d'auteur, une contrefaçon évidente dans la fabrication de ces divers objets ; il y avait une nouvelle atteinte portée à son droit, dans l'exécution publique faite à leur aide, de compositions sur lesquelles il avait un droit exclusif et absolu.

---

(1) Rej., 11 juillet 1862, Pat, 62, 272.
(2) Cass., 13 février 1862, Debain, Pat. 63, 49.

Nous n'hésiterions pas aujourd'hui encore, à nous prononcer dans le même sens, si une loi votée le 16 mai 1866 pour être agréable à la Suisse, dont le commerce des boites à musique souffrait de la juste interprétation donnée par la Cour de cassation à l'article 425 du Code pénal, n'était venue décider dans son article unique : « La fabrication et la vente des instruments servant à reproduire mécaniquement des airs de musique qui sont du domaine privé, ne constituent pas le fait de contrefaçon musicale prévu et puni par la loi du 19 juillet 1793 combinée avec les articles 425 et suivants du Code pénal. »

Cette loi, vivement combattue par Prosper Mérimée au Sénat (1), a été l'objet des plus vives critiques. « Elle a fait fléchir, comme l'a dit M. de Folleville, le « principe de la propriété littéraire et artistique par des « considérations d'intérêt général et international: elle « constitue une atteinte considérable apportée aux « droits d'auteur (2). »

(1) Vo Discours de Mérimée au Sénat, *Moniteur* du 8 juillet 1865.

(2) De Folleville, *De la propriété littéraire*, p. 14, et Pouillet, p. 543. — C. de Paris, 9 janvier 1895, Maquet et Cts c. Thibouville Lamy (Pat. 1895, art. 3,793).

CHAPITRE IV

§ Ier. — Toute reproduction d'une œuvre d'art est interdite, quel que soit le mode de reproduction et le procédé employés. Il n'y a lieu de faire aucune distinction sous ce rapport, entre les arts plastiques et les arts délinéatoires.

§ II. — Conformément aux principes généraux, deux artistes quelconques peuvent s'attacher à rendre des sujets identiques, mais ils doivent respecter la forme suivant laquelle ces sujets ont été traités avant eux.

§ III. — La destination industrielle d'une œuvre d'art ne change pas son caractère. Conflit entre la loi de 1793 et la loi de 1806 sur les dessins de fabrique.

§ Ier.

Ce chapitre sera exclusivement consacré à la contrefaçon des œuvres de peinture et de sculpture. Ici encore nous n'aurons le plus souvent, qu'à appliquer des règles qui nous sont déjà connues et nous n'insisterons un peu que sur les cas tout à fait spéciaux à notre sujet.

Nous nous contenterons donc de rappeler ce principe fondamental de la loi de 1793, d'après lequel toutes les œuvres d'art quelles qu'elles soient, sont protégées, sans qu'on ait à tenir compte de leur valeur (1). L'effort personnel de l'artiste seul doit entrer en jeu.

Nous nous contenterons de rappeler aussi que toute reproduction illicite et de mauvaise foi, quelle que soit la matière dont on fait usage, quel que soit le procédé employé (alors surtout qu'on agit dans un but de spéculation commerciale), constitue une contrefaçon (2). Il n'est donc nullement nécessaire, comme l'aurait voulu M. Renouard, de faire sur ce point une distinction entre les arts plastiques et les arts délinéatoires. La reproduction d'une statue par la photographie, le dessin ou la gravure constituera une contrefaçon au même titre que la reproduction en un bas-relief par exemple, en admettant qu'elle fût possible, d'une gravure ou d'un tableau. Cela ne saurait faire de doute à notre avis. Le peintre ou le sculpteur dont l'œuvre est reproduite sans son consentement, est non seulement privé d'un bénéfice pécuniaire, puisqu'il eût pu céder ce droit de reproduction à prix d'argent, mais encore peut être atteint dans sa réputation d'artiste par une copie inexacte, maladroite ou grossière. La majorité des au-

---

(1) V° notamment un arrêt récent de la Cour d'appel de Paris, 1e ch. 16, 23 et 30 déc. 1898, Soc. du Th. de la Porte St-Martin c. le Photo-Programme, *Le Droit*, 9 et 10 janvier 99.

(2) Paris, 11 nov. 1845, Nidelay, Blanc, p. 287. — Paris, 14 déc. 1872, Orlandi, Pat. 1873, 107.

teurs d'ailleurs partage cette opinion (1) et la jurisprudence, après quelques fluctuations, semble s'y ranger également. Si nous laissons de côté en effet, deux
décisions anciennes déjà du tribunal de la Seine en date
du 3 décembre 1831 (2) et du 9 février 1848 (3), nous
voyons souvent maintenant les tribunaux décider, que
toute reproduction illicite d'une œuvre d'art, sous quelque forme qu'elle ait lieu, constitue une contrefaçon (4);
qu'en conséquence, il peut y avoir contrefaçon à reproduire sous forme de statuettes des figures empruntées à un tableau (5) ou à une lithographie (6); contrefaçon, à faire des reproductions photographiques de
cartes géographiques dessinées en relief (7), de statues (8), de gravures et de dessins (9); contrefaçon
enfin, à reproduire le sujet d'un tableau en porcelaine
ou en bronze (10), et un simple dessin en camée (11).

(1) Rendu et Delorme, nos 906 et 925 ; Le Senne, nos 29 et 33 ;
Pouillet, p. 551.
(2) Vittoz, Dalloz, Prop. litt., no 407.
(3) Wolff, Blanc, p. 287.
(4) Paris, 9 novembre 1832, Robert, Blanc, 262. — Trib. corr.
Seine, 6 février 1862, Weil, Pat. 62, 435.
(5) Paris, 2 décembre 1841, Hetzel, Blanc, p. 287.
(6) Trib. corr. Seine, 31 juillet 1878, Appel, Pat. 79, 88.
(7) Paris, 4 nov. 1857, Pat. 57, 358.
(8) Paris, 16 février 1854, Samson, Sir. 54, 2, 401.
(9) Trib. corr. Seine, 6 février 1862, Weil, Pat. 1862, 435.
(10) Paris, 16 février 1843, Bulla, Dall., Prop. litt., no 409.
(11) Paris, 11 déc. 1857, Goupil, Pat. 58, 287.

§ II.

La reproduction n'existe nous le savons, juridiquement parlant tout au moins, que lorsqu'elle porte sur les parties essentielles de l'œuvre contrefaite. Bien que le terme de plagiat n'existe point, appliqué aux œuvres d'art, il y aura lieu cependant ici encore de distinguer celui qui s'inspire d'une œuvre, même d'une façon exagérée sans la copier, de celui qui l'imite, qui la copie, d'une façon manifeste, adroite ou servile. Il pourra donc y avoir contrefaçon dans certains cas à imiter la manière d'un artiste en traitant d'une façon identique, avec le même coloris, la même composition. un sujet par lui déjà traité dans le but évident de créer une confusion (Trib. civ. Seine, 15 juin 1883. Pat. 90, 29). mais il n'y aurait pas vraiment contrefaçon à imiter dans des œuvres originales, la façon de dessiner, de peindre d'un individu qu'on considère comme un maître et qu'on cherche à égaler. La nuance est évidemment assez subtile, et bien que nous réprouvions les agissements de certains caricaturistes ou peintres d'affiches notamment, qui cherchent. dans le but coupable de créer une confusion, à imiter la facture des maîtres modernes tels que Chéret, Grasset. Forain ou Mucha, nous ne pourrions évidemment les déclarer coupables de contrefaçon, si leur sujet est nouveau, personnel, et s'ils ont eu soin de signer leurs œuvres d'une façon spéciale et apparente, ce qui n'arrive pas toujours.

Il importe d'ailleurs ici encore de remarquer, que si tous les artistes peuvent puiser aux mêmes sources, s'inspirer des œuvres tombées dans le domaine public, chacun d'eux acquiert un droit privatif sur la façon personnelle dont il a pu traiter le sujet par lui choisi. MM. Hélie et Chauveau l'ont fort bien dit : « le sujet ap- « partient à tous, la façon dont il est traité n'appar- « tient qu'à l'auteur. » Il serait tout à fait absurde d'interdire à deux peintres de rendre le même paysage, de reproduire le même site, de copier le même tableau. Il serait tout à fait absurde également de vouloir interdire à deux sculpteurs de faire le buste du même personnage. Certaines ressemblances entre les deux œuvres seront inhérentes à leur nature même et à l'identité des sujets traités ; elles devront être excusées. Mais ce qu'on ne devra jamais permettre au peintre et au sculpteur, c'est de travailler d'après l'œuvre précédemment faite ; ce qui ne sera jamais toléré, c'est le surmoulage et la copie (1).

____

(1) Paris, 12 juin 1863, Pal. 1863, 232, V° encore Marchi, Pal. 1863, 232 et Cour de Paris, Corr. 16 nov. 1863, Masse Forin et Riedman c. Bourgeois et Defert, Pal. 1894, n° 3,701. Il s'agissait dans la circonstance d'une contrefaçon de statuettes : « les Duellistes modernes ». Chaque artiste, dit l'arrêt, est propriétaire de sa conception artistique, de sa composition, mais c'est sur cela seulement qu'il peut revendiquer un privilège exclusif. Chacun pourra donc s'inspirer de la même idée et traiter le même sujet, à la condition qu'il évite de porter atteinte à ce qui ca-

§ III.

Le dernier point sur lequel nous voulons insister dans ce chapitre, est relatif au conflit que l'on a fait naître entre la loi de 1793 et la loi de 1806 sur les dessins de fabrique. Nous croyons quant à nous, qu'en principe la destination industrielle d'une œuvre d'art ne saurait changer le caractère du droit que l'artiste peut avoir sur elle (1). D'après l'opinion universellement admise en effet, d'après le texte même et l'esprit de la loi de 1793, une œuvre « appartenant au domaine des Beaux-Arts » doit être protégée, quelque imparfaite, quelque médiocre qu'elle puisse être, lorsqu'elle dénote de la part de son auteur un certain effort personnel, même très faible et que ses forces ont peut-être trahi, pour rendre sa pensée et pour réaliser une conception de son esprit. Pourquoi dès lors, ce point étant admis, re-fuser la protection de la loi de 1793 à une œuvre d'art

ractérise l'expression particulière et originale qu'un artiste a pu une pre-mière fois donner à sa pensée. Et la cour, conformément à ces principes « tout en tenant compte, en raison même de l'identité du sujet, des ressemblances forcées qui devaient se rencontrer dans les deux œu-vres », décida que les similitudes étaient telles pourtant, qu'il y avait manifestement reproduction illicite et partant contrefaçon. V° égal. Trib. corr. Seine, 11° ch., 20 février 1886, Masse c. Bonnefont et Desjardins, Pat. 1894, art. 3702 ; Trib. corr. Seine, Barbedienne, 22 juillet 1890, Pat. 1894, art. 3703 ; C. de Paris, Lapayre c. Delin, 21 déc. 1893, Pat. 1894, art. 3704.

(1) Pouillet, p. 89 ; Georges Bry, p. 664 et suiv. et page 676.

par cela seul qu'elle est destinée à être reproduite à un
grand nombre d'exemplaires et à être livrée à la plus
grande publicité ? Pourquoi refuser à un dessin, même
fait par un véritable maître, la protection de la loi,
parce qu'il est destiné à servir d'affiches, de motifs de
décoration, à illustrer des sacs de confiseur ou à orner
des palissades et des murs ? Pourquoi enfin refuser à
l'œuvre d'un sculpteur cette même protection, parce
qu'elle est destinée à être transformée en sujet de pendule ou en presse-papier ? Nous ne le concevons point.
Si, dans l'œuvre qu'il s'agit de protéger on trouve
trace d'un effort personnel fait par l'artiste pour réaliser une création, si cette œuvre n'est pas la reproduction servile d'un modèle banal et d'un usage absolument courant, il est tout à fait inadmissible selon nous,
qu'on ne la considère pas comme rentrant dans les prévisions de la loi (1). Nous ne voyons vraiment pas en
quoi sa destination industrielle pourrait changer son caractère artistique ; Puvis de Chavannes n'a-t-il pas signé
des affiches et Meissonnier, dit-on, peint des enseignes ?
Un dessin de Chéret n'est-il pas bien supérieur à ces
gravures lamentables qu'on répand dans la librairie à

(1) Il est incontestable en effet, que les tribunaux ont le devoir d'examiner si ce désir de créer, de faire dans une certaine mesure, si faible soit-elle, œuvre nouvelle, a existé. L'absence de création, entraîne
l'absence de droit. Mais là s'arrête leur mission. Ils n'ont pas à s'éri-
ger en jury d'art et à voir si l'artiste a, oui ou non, fait une création
artistique. Cf. Trib. civ. Seine, 22 juin 1896, Van Minden c. Gambard,
Pat. 1897, art. 3,933.

bon marché, et auxquelles on accorde la plus large
protection ? MM. Pouillet, Renouard, Gastambide apportent d'ailleurs à cette opinion toute l'autorité de leur
compétence. Ils font remarquer combien il est difficile
de distinguer aujourd'hui avec précision l'art industriel
de l'art proprement dit, combien il est difficile de faire
une distinction raisonnable entre l'œuvre d'art et l'objet
commercial, et tous s'accordent à dire : « La protec-
« tion de la loi appartient à tous les produits des arts
« industriels, sans distinction entre ceux qui se ratta-
« chent à la sculpture et à la gravure, et ceux qui se
« rapportent plus particulièrement à la gravure et au
« dessin (1). »

On trouvera une application de cette doctrine dans
divers jugements et arrêts qui ont accordé un droit de
propriété artistique, protégé par la loi de 1793 et l'article 425 du Code pénal, à celui qui avait composé des
dessins destinés à orner des panonceaux d'officiers mi-
nistériels, des modèles de chenets en fonte, des mar-
teaux de porte, des poignées de sabres et de cou-
teaux (2); d'autres décisions judiciaires ont reconnu un
droit de propriété littéraire ou artistique sur des albums

----

(1) Renouard, tome 2, p. 81 ; Gastambide, p. 361 ; Pouillet, p. 89 ;
Accolas, p. 37.

(2) Paris, 9 février 1832. Ameling, Dall., *Prop. litt.*, n° 447 ; Trib.
corr. Seine, Toulouse, 22 déc. 1835, Féquant, Gastambide, p. 368 ;
Paris, 12 déc. 1861. Delacourt. Pat. 1862, 61 ; Lyon, 9 déc. 1891,
Bezault, Pat. 92, 162.

composés de dessins, de légendes et de tarifs, sur des prospectus industriels ou des circulaires de librairie (1).

D'après une jurisprudence assez récente, on a vu souvent cependant les tribunaux se prononcer en sens contraire et prétendre que la destination industrielle change le caractère du droit d'auteur. Ils ont refusé d'appliquer, en cas de contrefaçon, la loi de 1793 et l'article 425 du Code pénal ; ils ont prétendu qu'il fallait avoir recours à la loi du 18 mars 1806 sur les conseils de prud'hommes et sur les dessins de fabrique. Cette opinion nous paraît mal fondée. La loi de 1806 n'a jamais eu pour but d'infirmer la loi de 1793 ; elle l'a confirmée au contraire. Elle a étendu sa portée d'application, puisqu'elle a eu pour but de protéger les dessins qui n'ont aucune existence par eux-mêmes, les dessins qui ne se comprennent, qui n'existent, que confondus, incorporés en quelque sorte, avec le produit fabriqué (2). Il y a donc, croyons-nous, dans le système de la jurisprudence, une interprétation manifestement fausse d'un texte de loi, et les conséquences de ce système peuvent être très graves.

La question est loin en effet, de présenter un intérêt purement théorique. Si l'on décide que l'œuvre d'art à

______

(1) Paris, 4 mai 1878. Faguer, Pat. 1878, 123 ; Paris, 4 juin 1885, Pat. 1886, 129 ; C. de Paris corr., 7 mai 1896, Girard c. Schwartz, Pat. 1898, art. 3,975.

(2) Pouillet, p. 95. — George Bry. p. 670.

destination industrielle, n'est protégée que par la loi de 1806 et n'est pas protégée par la loi de 1793, sa reproduction illicite ne constitue pas une contrefaçon aux termes de l'article 425 du Code pénal. Le seul dépôt fait au Ministère de l'Intérieur, d'un album par exemple contenant des modèles et dessins d'objets fabriqués, avec légendes et tarifs, sera « sans valeur et non existant ». Il sera indispensable que le dépôt de cet album ait été effectué aux archives du conseil de prud'hommes, conformément à l'article 15 de la loi de 1806, sous peine de le voir tomber dans le domaine public, et le dépôt fait au Ministère de l'Intérieur ne saurait en aucune façon y suppléer (C. de Rouen, 18 janv. 1892, et C. de Paris, 21 janvier 1892, ci-après cités). Or, comme l'a fait très bien remarquer M. Maillard dans une note mise au bas d'un arrêt (Pat. 1894, p. 42) : « Cette ques- « tion intéresse au plus haut point l'industrie, car on « peut affirmer que si la théorie inverse (celle que nous « combattons) était admise, aucun prospectus ou album « ne serait protégé à l'heure actuelle, aucun industriel « n'ayant songé à se conformer à la loi de 1806 pour la « conservation de ses droits et à effectuer le dépôt au « secrétariat des prud'hommes (1). »

On a vu d'après ces errements la Cour de Rouen décider, à la date du 18 janvier 1892, que des dessins faits exclusivement pour une industrie et figurant dans un

_____

(1) Cf. George Bry, p. 671, la note.

album ou dans des prospectus industriels, ne sauraient
à aucun point de vue être considérés comme une œuvre
d'art (1). Un arrêt de la Cour de Paris, en date du
21 janvier 1892 (2), a décidé qu'un dessin reproduit
en affiche ne pouvait être protégé que par la loi de
1806 sur les dessins de fabrique. Allant plus loin encore, le tribunal de la Seine à la date du 20 juin 1891,
s'était, contrairement à toutes les règles, érigé en véritable jury d'art, et après avoir déclaré qu'une affiche
annonçant une pantomime du Nouveau Cirque, *Les
Noces de Chocolat*, ne présentait aucun caractère artistique, lui avait refusé la protection de la loi de
1793 (3). Un dernier jugement du tribunal de la Seine
enfin, du 14 mars 1894 *(Le Droit*, 6 mai suivant), a
refusé de protéger, aux termes de la même loi, un dessin de menu de restaurant, et un jugement du tribunal
correctionnel de la Seine du 25 octobre de la même
année, a rendu une solution identique au sujet d'un
diplôme commémoratif de concours et expositions d'a-
griculture (4).

(1) Pat. 1894, art. 3697. Il s'agissait dans la circonstance de modèles de chéneaux de toiture. Le Tribunal de Rouen avait statué à la
date du 30 mai 1891, dans un sens opposé. La Cour de cassation, saisie
d'un pourvoi basé sur la violation de la loi de 1806, évita de se prononcer (Cass., 18 déc. 1893, Pat. 1894, art. 3697.

(2) Perrot et Cⁱᵒ c. Magasins de la Ville de St-Denis et Dupuy fils,
Pat. 1894, art. 3698. L'affiche dont il s'agit était le Polichinelle-Arle-
quin, bien connu des Parisiens

(3) Pat. 1894, art. 3699, arrêt conf. du 28 juillet 1891. Pat., eod. loc.

(4) Chaffriol c. Bazin et autres, 1895, nᵒ 3807. Vᵒ égalᵗ un jugement

Il faut reconnaître cependant qu'un léger revirement semble actuellement se produire. Deux arrêts de la Cour de Besançon du 13 juillet 1892 et du 22 novembre 1893 (1) ont proclamé, au profit de celui qui les avait exécutés, la propriété des dessins artistiques et industriels, « quels que soient leur but et leur degré de perfection ». (Il s'agissait dans l'occurrence de dessins contenus dans un catalogue de montres). Nous croyons qu'il y a là un retour à des principes sages et juridiques. La Cour de Paris à la date du 7 janvier 1895, le tribunal de la Seine à la date du 12 janvier 1894 (2), ont statué dans un sens sensiblement identique. Un dernier jugement du tribunal de la Seine en date du 22 novembre 1898, et que nous pouvons opposer à celui du 14 mars 1894 précité, a reconnu enfin un droit de propriété artistique sur le dessin d'un menu de restaurant. Il a décidé par conséquent qu'il y avait contrefaçon, aux termes de l'article 425 du Code pénal, à le reproduire sans autorisation (8e chambre, Duvoye c. Hamel, Michaud et Bjorn Fougner, *La Loi* du 10 décembre 1898) (3).

du trib. corr. de la Seine du 8 mai 1895, Restorf c. Girard (Pat. 1895, art. 3808), dans lequel les magistrats se sont encore faits juges de la question de savoir si un objet présentait ou non un caractère vraiment artistique.

(1) Affaire Boussion c. Loiseau et Cie et Jacquin, Pat., 1894, p. 42.

(2) Pat. 1894, no 3,769, cf. également trib. com. Blois, 26 avril 1895, Fanien fils ainé c. Rousset frères. Pat. 1894, art. 3,781.

(3) Vo dans le même sens trib. civ. Seine, 22 juin 1896. Van Minden c. Cambard, Pat. 1897, art. 3,933.

ANNEXE

CONTREFAÇON DES ŒUVRES PHOTOGRAPHIQUES.

—

On conçoit que la loi de 1793 n'ait pas parlé, et pour cause, des œuvres photographiques. En faut-il conclure que ces œuvres ne sont pas susceptibles d'une propriété artistique, et que leur reproduction faite sans droit ne constitue pas une contrefaçon aux termes de l'article 425 du Code pénal ? Nous ne le croyons point.

On a bien prétendu il est vrai, que le cliché n'est qu'une image brutale, une reproduction mécanique en quelque sorte, d'un objet pris dans la nature ; qu'il peut être plus ou moins bon, suivant que l'appareil qui l'a produit est plus ou moins perfectionné, mais qu'on ne saurait jamais le considérer comme autre chose que le résultat d'une série de phénomènes et de combinaisons chimiques. On en a conclu qu'une épreuve photographique n'était point un produit de l'intelligence ou de l'esprit susceptible de propriété artistique, aux termes mêmes de la loi. Cette opinion qui pouvait se soutenir à une époque où la photographie en était encore tout à fait à ses débuts (1), semble à peu près complètement abandonnée aujourd'hui (2).

La jurisprudence qui demeura longtemps avant de se ranger à notre manière de voir, admettait un système mixte que la doctrine entière critiquait d'ailleurs, avec raison. Les tribunaux en effet s'érigèrent longtemps en juges de la question de savoir si l'œuvre photographique qu'on leur présentait comme contrefaite, était ou non une œuvre d'art ; et ce point tranché, ils lui accordaient ou lui refusaient la protection de la loi. Bien qu'un tel système fût évidemment contraire, nous le savons, à la volonté du législateur de 1793 ; bien qu'il engendrât des décisions multiples, forcément opposées et inspirées par le plus fâcheux arbitraire, nous le trouvons consacré cependant par de nombreux jugements et arrêts (3). Maintes fois les tribunaux déclarèrent qu'une photographie n'est protégée par la loi de

---

(1) CCons de l'avocat général Thomas, Pat. 1853, 405. — Trib. comm. Seine, 7 mars 1861, Pat. 1862, 67 ; Trib. corr. Seine, 9 janvier 1862, D. P. 62, 3, 8 ; Trib. Seine, 12 déc. 1863, Pat. 1863, 396.

(2) Vo pourtant Laporterie, th. de doct., p. 221 et suiv.

(3) Paris, 10 avril 1862, Mayer et Pierson, Pat. 1862, 113 ; Cass. Crim. Rej. 28 novembre 1862, Mayer et Pierson c. Betbéder et Schwalb, Pat. 1862, 419 ; Paris, corr., 6 mai 1864, Masson c. Deraine, Pat. 1864, 232, et parmi les décisions les plus récentes, Trib. corr. Seine, 26 avril 1894, Boyer et Reutlinger c. Silvestre, Pat. 1894, art. 3753 ; C. d'Angers, 23 nov. 1896, Vœlcker c. Coué, Milon et Jacoulet, Pat. 1897, art. 3927 (cet arrêt fait une distinction tout à fait arbitraire entre les photographies posées et les instantanés) et Trib. civ. Seine, 22 févr. 1867, Barenne c. Humber et Cie, Pat. 1897, art. 3928.

1793 que si elle constitue une œuvre, un véritable produit artistique.

Aujourd'hui la question semble à peu près tranchée dans le sens que nous indiquions plus haut. La grande majorité des auteurs (1) s'accorde à reconnaître que la photographie constitue une production de l'esprit aux termes de la loi de 1793, et doit être protégée par elle. D'ailleurs, depuis longtemps déjà on rencontrait quelques décisions isolées rendues dans le même sens (2). Un jugement du tribunal de commerce de Saint-Étienne, en date du 7 juillet 1885, avait même nettement proclamé « que les productions photographiques sont pro- « tégées par la loi au même titre que la propriété litté- « raire et artistique ». Mais c'est un jugement tout récent du tribunal civil de la Seine (1re ch., Reutlinger c. Mariani, 20 janv. 1899, *Gaz. du Palais*, 29-30 janv. 1899, *Le Droit*, 27-28 février 1899) qui est venu poser d'une façon définitive et comme un principe certain que tous les dessins photographiques sont protégés par la loi de 1793. Ce jugement est fortement motivé et mé-

_____

(1) Vo notamment Pouillet, p. 102 et 103 ; Bigeon, la *Photographie et le Droit*, p. 109, et *Gaz. du Pal.*, 29-30 janv. 1897 ; Brédif, *Étude théorique et pratique sur la protection des œuvres photographiques*, p. 46 et suiv.

(2) Cf. not. C. de Paris, corr. 12 juin 1863, Mayer et Pierson c. Ledot, Pat. 1863, 225 ; Cass. crim. rej. 15 janvier 1864, Pat. 1864, 125 ; Trib. corr. Seine, 11e chambre, 24 avril 1880, Gobinet de Villechole et Truchelut c. Gaspari, Pat. 1894, art. 3754.

rite de faire jurisprudence. Nous en extrayons les considérants suivants :

« Attendu que la propriété artistique et notamment celle du dessinateur est protégée par la loi du 19 juillet 1793, dont les dispositions, aux termes de l'article 7, embrassent toutes les productions de l'esprit, qui appartiennent aux beaux-arts, c'est-à-dire toutes les œuvres portant en elles-mêmes la marque d'une personnalité ; que le droit de l'auteur dérive donc de la création, quel que soit du reste l'instrument matériel auquel il a eu recours pour exercer les facultés de son intelligence ;

« Attendu que le dessin étant, selon la définition qui en a été donnée, la reproduction de la nature par un peu d'ombre et de lumière, les images photographiques sont évidemment des dessins ; que s'il faut faire une large part dans le travail qui les a produites, aux instruments dont s'est servi l'opérateur, il n'est pas vrai de dire que celui-ci a été complètement asservi à ces instruments ;

« Qu'il est bien certain en effet que son intelligence a été en jeu, non seulement lors des préparatifs, mais aussi au moment même où l'œuvre s'est réalisée ; car il a dû déterminer l'aspect sous lequel il convenait de présenter son modèle devant l'appareil photographique et saisir exactement l'instant le plus propice pour obtenir certains effets de lumière ; qu'il a dû ensuite faire preuve de goût, de discernement et d'habileté pour la composition de ses épreuves ; qu'un effort intellectuel a ainsi imprimé à son œuvre le caractère d'individualité nécessaire pour qu'il y ait création, au sens juridique de ce mot ; d'où il suit que les dessins photographiques constituent une propriété artistique, protégée contre la contrefaçon par la loi de 1793 et que, dès lors, le droit de les reproduire appartient exclusivement, en principe, à celui qui les a créés ;

« Attendu que le droit de reproduction étant réglementé par la loi elle-même, s'étend aux portraits comme à *toutes les œuvres photographiques*, sauf conventions contraires expressément ou tacitement arrêtées entre le photographe et la personne représentée ; .... »

Cette citation nous dispensera d'entrer dans d'autres détails pour la justification de notre théorie. Le texte cité contient en substance tous les arguments qu'on a pu faire valoir en sa faveur. Il est impossible en effet, de ne pas considérer qu'aujourd'hui la photographie est devenue un art véritable ; que la mission du photographe ne consiste pas seulement à apporter plus ou moins de soin ou d'adresse dans les manipulations chimiques qui font apparaître l'image sur le cliché et qui la fixent sur l'épreuve, mais que, tout comme un peintre, il doit ménager les effets d'ombre et de lumière, choisir le moment le plus favorable pour saisir la physionomie de son modèle, apporter une grande délicatesse dans la retouche de ses épreuves, s'efforcer enfin, par tous les moyens possibles, de corriger ce que l'appareil dont il dispose peut avoir de brutal et d'insuffisant.

Nous ne nous dissimulons pas que beaucoup de photographes font preuve d'une ignorance complète de ces choses, et que les résultats qu'ils obtiennent sont souvent loin du but qu'ils espéraient atteindre. Il faut reconnaître aussi, que la qualité première des matières qu'ils emploient joue un rôle considérable, et que le choix d'un bon appareil est d'une importance capitale pour être certain du succès. Mais qu'importe. L'œuvre d'art n'existe-t-elle pas indépendamment des appareils qui vous ont permis de la réaliser ? Pouvez-vous songer à refuser aux photographes inhabiles la protection de la loi de 1793, alors que vous l'accordez à l'imagier qui travaille pour les fabriques d'Épinal ? Pouvez-vous nier enfin, que puisque la loi de 1793 parle « des tableaux et dessins et de toutes autres productions de l'esprit ou du génie appartenant aux Beaux-Arts », on ne doive considérer la photographie comme un dessin, comme une production de l'esprit, dans laquelle le photographe a fait et dû faire preuve, non seulement d'une certaine habileté et de connaissances professionnelles, mais encore de quelque goût et d'un certain sens esthétique ?

TITRE II

FAITS ASSIMILÉS A LA CONTREFAÇON

—

CHAPITRE PREMIER

VENTE ET MISE EN VENTE DES OBJETS CONTREFAISANTS.

—

§ Ier. — La vente d'ouvrages contrefaisants est un fait assimilé au délit de contrefaçon. — Il en est de même de l'exposition et de la mise en vente.

§ II. — Le fait de louer des ouvrages contrefaisants constitue-t-il à lui seul un délit ?

§ Ier.

La loi assimile à la contrefaçon certains faits qu'elle considère comme étant de nature à la favoriser ou à la compléter. Aux termes de l'article 426 du Code pénal ces faits consistent, d'une part dans le débit d'ouvrages contrefaisants, d'autre part dans l'introduction en France d'ouvrages qui, après avoir été imprimés en France ont été contrefaits à l'étranger. Leur étude fera l'objet des deux premiers chapitres de notre titre ; nous verrons dans un troisième chapitre s'il y a lieu d'appliquer au délit de l'article 425 les règles générales de la complicité.

Pour assurer une protection efficace aux droits des auteurs et des artistes sur leurs œuvres, le législateur devait leur permettre de poursuivre, non seulement celui qui les contrefait, mais celui-là encore qui prête son aide au contrefacteur, en lui facilitant les moyens d'écouler les produits de sa contrefaçon. Ne pas permettre à l'homme de lettres de poursuivre le libraire qui débite et met en vente des reproductions illicites de ses ouvrages, refuser à l'artiste le droit d'interdire au marchand d'objets d'arts ou de gravures l'exposition dans ses vitrines de reproductions illicites de ses œuvres, c'eût été en quelque sorte leur retirer d'une main ce qu'on leur donnait de l'autre. Celui qui contrefait les productions d'autrui est bien évidemment le principal coupable ; mais celui qui lui prête son concours est coupable également. D'ailleurs, comme les contrefacteurs sont bien souvent de pauvres hères « sans grand talent ni grandes ressources », le recouvrement des condamnations et des amendes prononcées contre eux, eût été, bien souvent aussi, manifestement illusoire. Ce sont ces considérations diverses qui ont décidé sans doute le législateur, à rendre le débitant d'objets contrefaisants passible des mêmes peines, ou à peu près, que le contrefacteur lui-même. Son intention est bien nette sur ce point et l'article 426 est formel. Les tribunaux n'ont jamais hésité à l'appliquer et à punir non seulement celui qui vend d'habitude des objets contrefaisants, mais encore celui qui en vend à titre tout à fait exceptionnel. « Un seul acte de débit, fût-il absolument isolé, fût-il « unique, constitue le délit (1). » Il importe peu également que la vente n'ait pas donné de bénéfices ; le délit existe indépendamment du profit qu'en retire le délinquant. Il faudra bien admettre toutefois, et le cas s'est présenté, que les juges devront tenir compte des circonstances de la cause et qu'ils devront se montrer plus sévères en présence d'un acte habituel de spéculation commerciale, qu'en présence d'un acte isolé inspiré par le seul désir de rendre service et d'obliger autrui (2).

On s'est demandé si l'exposition et la mise en vente suffisaient à elles seules à constituer le délit. La question n'est plus controversée aujourd'hui ; on est d'accord pour reconnaître que le seul fait de la mise en vente est puni par la loi. Le doute était venu de ce que l'article 426 ne parle que du *débit* d'ouvrages contrefaisants ; mais il est certain qu'il faut étendre ici les dispositions de la loi, car elle a eu pour but d'atteindre la contrefaçon sous toutes ses formes, et comme on l'a fort bien dit « il est évident que la fraude ne serait

_____

(1) Toulouse, 17 juillet 1835. Sir. 36, 2, 41 ; Pouillet, p. 568.
(2) Rej. 2 déc. 1808, Stapleaux, Blanc, p. 199.

presque jamais atteinte, s'il était nécessaire de constater le fait même du débit » (1). Les tribunaux d'ailleurs n'ont jamais hésité non plus à appliquer cette théorie. Une décision du tribunal de Toulouse du 3 juillet 1835 (Hacquart, Sir. 36, 2, 39), a décidé formellement, que lorsque des exemplaires d'un ouvrage contrefaisant ont été trouvés dans les magasins d'un libraire, il y a présomption légale de débit, indépendamment de toute vente effective. Il a été jugé aussi, que la seule exhibition d'un ouvrage contrefaisant dans une exposition publique, constituait le délit prévu par l'article 426. L'objet dont il s'agit était exposé sans être à la disposition des acheteurs, mais il faut reconnaître cependant, et cela tempère un peu la rigueur de la décision, que bien qu'il ne fût pas en vente, il était placé là comme spécimen, comme réclame commerciale destinée à provoquer des commandes que l'industriel, sans aucun doute, n'eût pas manqué d'exécuter (2). Les tribunaux semblent d'ailleurs, dans l'état actuel des choses, attacher une grande importance à la question de savoir si l'exposition a été faite dans l'intention de vendre les objets exposés. Un arrêt de la Cour de Paris du 20 décembre 1894 a décidé qu'il n'y avait pas un délit assimilable au délit de contrefaçon, dans le seul fait, par un marchand de meubles, d'avoir exposé des statuettes contrefaisantes

(1) Chauveau et Hélie, t. 2, p. 69; Cf. Renouard, t. 2, p. 55; Gastambide, p. 124; Blanc, p. 183; Pouillet, p. 571.
(2) Paris, 12 février 1868, Caussinus, Pat. 1868, p. 74.

sur ses étagères et sur ses consoles. Il était certain que dans la circonstance ces objets n'avaient d'autre but que d'orner les meubles mis en vente et d'expliquer leur utilité et qu'on n'en faisait point débit (1).

§ II.

Une question beaucoup plus délicate consiste à se demander s'il y a un délit, assimilé au délit de contre-façon, dans le seul fait par le tenancier d'un cabinet de lecture, de louer au public des exemplaires d'un ouvrage contrefaisant. La majorité des auteurs (2), et nous croyons que cette opinion est la bonne, se prononcent en faveur de l'affirmative, et la Cour de Paris, dans une hypothèse analogue (3), s'est prononcée dans le

(1) Boisseau c. Bernoux, Pat. 1895, art. 3791. Mais le marchand de meubles n'aurait-il pas pu être poursuivi comme complice par recel ? Sans doute, mais le tribunal n'a pas statué sur ce point.

(2) Renouard, t. 2, nᵒ 25; Pouillet, p. 572 et suiv.; Rendu et De-lorme, nᵒ 822. Il serait bien intéressant d'étudier à ce sujet jusqu'à quel point il est légitime de mettre en location des ouvrages, même parfaitement autorisés et qui ne sont nullement contrefaisants. Il est évident en effet, que le tenancier d'un cabinet de lecture, en louant à bas prix les exemplaires qu'il possède dans ses bibliothèques, porte une atteinte directe aux droits des auteurs et des éditeurs. Il réalise des bénéfices pécuniaires à leurs dépens. Beaucoup de gens qui au-raient acheté un livre se contentent parfois de le louer. Il y a là cepen-dant un usage trop entré dans nos mœurs, pour qu'on puisse espérer le faire condamner. Vᵒ pourtant Laporterie, p. 180.

(3) Paris, 13 mai 1887, Pat. 1887. 311.

même sens. Les partisans de la théorie adverse ne manquent pas, il est vrai, de nous objecter que nous sommes ici en droit pénal, où l'interprétation est de droit strict, et que le tenancier d'un cabinet de lecture. s'il *prête* des livres n'en *débite* pas. L'observation a quelque valeur; mais il nous semble qu'on pourrait la réfuter en disant que celui qui met en location un ouvrage contrefaisant est un véritable complice du contrefacteur lui-même ; il contribue à répandre dans le public un ouvrage non autorisé, et susceptible de léser les intérêts de l'auteur dont les droits ont été méconnus ; il vend en quelque sorte la jouissance du livre comme le libraire en vend la propriété matérielle ; il en tire un profit pécuniaire sensiblement identique. et comme le dit fort justement M. Renouard, louer. c'est en somme, « tout en retenant la propriété de l'exemplaire, faire débit de son usage ».

CHAPITRE II

INTRODUCTION EN FRANCE.

§ Ier. — L'introduction en France d'ouvrages contrefaisants constitue
à elle seule un délit assimilé au délit de contrefaçon.

§ II. — Loi du 6 mai 1841 sur le transit. Sont exclus du transit les
ouvrages publiés à l'étranger en contrefaçon d'ouvrages français.

§ Ier.

La loi française, impuissante à atteindre la contrefaçon faite à l'étranger et à protéger l'auteur au-delà de
nos frontières (sauf le cas de l'article 5 du Code d'instruction criminelle), a voulu cependant interdire la diffusion sur notre sol de ces reproductions multiples et
non autorisées que certains pays tolèrent, presque en les
encourageant. C'est dans ce but qu'a été conçu l'article 426 du Code pénal, qui assimile au délit de contrefaçon le fait d'introduire sur le territoire français des
ouvrages contrefaits à l'étranger.

La lecture de cet article nous suggère deux observa-
tions. En premier lieu, les mots « après avoir été im-

primés en France » que nous y rencontrons et qui
s'appliquent à l'ouvrage original contrefait, sont aujourd'hui devenus inexacts. Ils laisseraient supposer
que l'introduction en France ne constitue un délit qu'à
une double condition : il faudrait que les ouvrages contrefaits eussent été imprimés en France, et les ouvrages
contrefaisants imprimés à l'étranger. Or cela serait faux.
Il nous semble en effet, qu'en présence des articles 1 et
2 du décret du 28 mars 1852, l'introduction en France
constituera un délit, même si l'ouvrage original a été
imprimé à l'étranger (1).

En second lieu, et cette opinion est aujourd'hui universellement admise, la disposition de l'article 426 doit
être étendue à toutes les contrefaçons d'œuvres d'art
quelles qu'elles soient. Leur introduction en France constituera toujours un délit.

Quel intérêt pourra donc avoir maintenant l'auteur
ou l'artiste français à faire constater l'introduction sur
notre sol d'ouvrages contrefaisants ? Ne pourra-t-il pas,

______

(1) L'art. 1 du décret dit, que la contrefaçon sur le territoire français d'ouvrages *publiés à l'étranger* constitue un délit, et l'article 4,
que l'expédition et l'exportation de ces mêmes ouvrages en constitue
un également. Ce texte s'applique aux auteurs étrangers dont les œuvres, publiées à l'étranger, sont contrefaites en France et expédiées
ensuite dans d'autres pays. Concevrait-on qu'un auteur français fût
moins bien traité qu'eux et n'eût pas le droit de s'opposer à l'introduction en France de contrefaçons étrangères, par cela seul que son
livre est sorti des presses d'un imprimeur étranger ? Cf. Pouillet, p.
575. — Leboucq, p. 88.

si le contrefacteur est Français et si la contrefaçon est
punie par la loi du pays où elle a été commise, le poursuivre devant les tribunaux français (1)? Ne pourra-t-il
pas encore, s'il est étranger et grâce aux nombreux traités internationaux aujourd'hui conclus, le poursuivre
devant les tribunaux de son pays? Sans aucun doute. Mais
remarquons bien que d'autres hypothèses peuvent se
présenter; il peut se faire que le pays dans lequel la
contrefaçon a été commise ne soit lié à la France par
aucun traité spécial; il peut se faire que sa législation
ne punisse pas la contrefaçon; il peut se faire enfin que
l'auteur lésé ne désire point engager à l'étranger des
procès longs et coûteux. Dans ces conditions, ne pouvant ou ne voulant atteindre le contrefacteur lui-même,
il poursuivra devant nos tribunaux l'introducteur quelqu'il soit, pourvu qu'il soit de mauvaise foi, c'est-à-dire
aussi bien celui qui importe les ouvrages contrefaisants
que celui qui se les fait adresser (2).

Nous ne voulons point terminer ce paragraphe sans
signaler une question qui pourra paraître intéressante.
Supposons qu'un auteur français quelconque, un compositeur de musique par exemple, ait cédé en France à
un éditeur déterminé, le droit exclusif de reproduire
ses œuvres. Supposons en outre qu'il ait cédé le même
droit à l'étranger, pour l'Italie par exemple, à un édi-

(1) Art. 5. C. Inst. crim.
(2) V° égal^t art. 15 du tarif général des douanes, loi du 11 janvier
1892, sanctionnée par les art. 41, 42 et 43 de la loi du 28 avril 1816.

teur italien. L'éditeur italien introduit en France des éditions italiennes qui portent atteinte au droit exclusif du cessionnaire français. Se rend-il coupable du délit de l'article 426 ? La grande majorité des auteurs se prononce, et à juste raison selon nous, pour l'affirmative. Il est vrai que le texte même de la loi semble au premier abord condamner une telle opinion ; le code ne parle que *d'ouvrages contrefaits à l'étranger*, et il semble bien que dans notre hypothèse il n'y ait point eu contrefaçon, puisque la reproduction était autorisée. Il est manifeste cependant que l'introduction dont il s'agit peut causer un préjudice considérable au cessionnaire français, et la loi n'a évidemment pu permettre qu'on portât une semblable atteinte à un droit privatif légitimement acquis. Au surplus. l'édition italienne, parfaitement autorisée et licite en Italie, n'est plus ni autorisée ni permise au delà de ses frontières. Transportée en France, elle constitue une véritable reproduction faite en fraude du droit exclusif qui appartient dans ce pays à l'auteur lui-même ou à ses ayant-cause ; elle constitue une contrefaçon : son introduction doit être interdite.

La Cour de Paris, revenant un peu nous semble-t-il, sur une jurisprudence antérieure unanimement critiquée (1), a fait tout récemment une application inté-

____

(1) V° en effet le fameux procès Grus c. Ricordi et les trois décisions du tribunal civil de la Seine en date du 28 mars 1884, de la Cour

ressante de ces principes. Elle a décidé que l'introduction sur le territoire français, *sans le consentement de
l'auteur*, de reproductions *même licites* dans le pays
où elles avaient été faites, constituait le délit spécial
prévu par l'article 426 du Code pénal (1). Pour apprécier si l'introduction en France est licite, il faut toujours se référer d'ailleurs, non pas à la loi du lieu de
publication mais bien à la loi française, car c'est le
droit d'auteur, tel qu'il est réglementé par notre loi,
que le législateur français a voulu protéger en punissant l'interdiction (2). M. Darras a dit dans le même
sens : « L'ouvrage fabriqué à l'étranger, est à consi-
« dérer comme y ayant été contrefait, du moment où,
« venant par la suite à être introduit en France, il
« porte atteinte à des droits privatifs (3). »

§ II.

L'indroduction en France d'ouvrages contrefaisants
est donc interdite et punie ; faudra-t-il en dire autant

de Paris du 13 avril 1886, et de la Cour de cassation du 25 juillet
1887. Pat. 1888, 325 ; Sir. 1888, 1, 17, et la note de M. Lyon-Caen ;
Pouillet, p. 779 ; Leboucq, p. 92 et suiv.

(1) C. de Paris, 18 juin 1898, *Le Droit*, 4 et 5 juillet suivants, et
le *Droit d'auteur*, 1898, p. 117.

(2) Cf. Leboucq, p. 90 et 94, la note ; Pouillet, p. 577 et suiv. ;
Thaller, *Ann. de droit comm.*, t. 2, 1888, p. 4.

(3) Darras, *Traité de la contr.*, n° 1,461.

du transit ? Les marchandises en transit, on le sait, sont celles qui traversent un pays sans s'y arrêter, pour aller dans un autre ; elles sont réputées demeurer sur le sol étranger et ne sont pas soumises au paiement des droits de douane. La question a pu faire autrefois l'objet de quelques doutes ; elle n'est plus discutée aujourd'hui. La seule présence en France d'objets contrefaisants est assimilée au délit d'introduction. Nous avons d'ailleurs un texte sur la matière ; une loi de douane du 6 mai 1841 est venue exclure du transit, comme étant marchandises prohibées, les ouvrages publiés à l'étranger en contrefaçon d'ouvrages français par la typographie, la lithographie, la gravure. Il était inadmissible en effet, comme le fit observer M. Bozérian, que la loi française impuissante le plus souvent à protéger nos nationaux, victimes de contrefaçons commises à l'étranger, facilitât encore au délinquant le moyen d'aller commettre ce même délit ailleurs en lui permettant la traversée du sol français (1).

Remarquons bien d'ailleurs que les contrefaçons étrangères, non seulement sont exclues du transit, mais encore peuvent être saisies à la douane, lorsqu'elles tentent de pénétrer sur le sol français. Il en est de même au surplus, des contrefaçons françaises auxquelles on cherche à faire passer la frontière ; elles peuvent être

____

(1) Bozérian, *Prop. Ind.*, n° 172 ; Gastambide, p. 127 ; Pouillet, p. 580 ; Laporterie, p. 250 ; Paris, 8 mai 1863, Pat. 1863, 105, et Paris 28 novembre 1862, Pat. 1863, 61.

saisies et confisquées (1). Et la contrefaçon nous apparaît ainsi entourée d'un réseau aux mailles si fines, que l'auteur, s'il est de quelque vigilance, doit toujours parvenir à la saisir et à s'en emparer.

(1) Décret du 28 mars 1852, art. 2, et loi du 7 mai 1881, tableau B, no 581.

CHAPITRE III.

DE LA COMPLICITÉ.

—

§ Ier. — Les règles générales du droit criminel sur la complicité sont applicables en matière de délit de contrefaçon.

§ II. — Le complice ne peut échapper à la condamnation que s'il justifie de sa bonne foi.

§ Ier.

Nous avons cru devoir consacrer un chapitre à l'étude de la complicité en matière de contrefaçon littéraire et artistique, pour dissiper un doute qui pourrait naître dans l'esprit. Certains auteurs ont prétendu en effet, que le législateur ayant énuméré dans l'article 426 un certain nombre de cas de complicité, cette énumération devait être considérée comme restrictive, et que dès lors les articles 59, 60, 61 et 62 du Code pénal ne devaient pas ici trouver d'application. Une telle opinion ne saurait se soutenir ; elle ne résiste pas à l'examen. L'article 426 ne vise pas des cas de complicité ; il punit des délits spéciaux, *assimilés au délit de con-*

trefaçon ; ce sont les propres termes de la loi (1). Rien ne permet dès lors de faire du délit prévu par l'article 425 un délit d'une nature particulière ; les règles générales de la complicité devront lui être appliquées, et il faudra considérer comme complices, l'imprimeur, l'éditeur, l'acheteur lui-même, à condition qu'ils aient agi de mauvaise foi et dans un but de spéculation commerciale. L'individu, l'amateur qui ferait l'acquisition, même en connaissance de cause, d'un exemplaire unique d'une édition contrefaisante, pour son usage personnel, ne commettrait pas, croyons-nous, le délit prévu par la loi. Et la question pourtant est discutable. Ne pourrait-il pas être considéré comme complice par recel? Les acheteurs d'ouvrages contrefaisants ne se trouvent-ils pas encourager le commerce illicite du contrefacteur et du débitant ? Ne détiennent-ils pas une chose obtenue à l'aide d'un délit ? Certains auteurs l'ont prétendu (2).

(1) La distinction est d'ailleurs intéressante à faire à un autre point de vue. Les délits assimilés n'étant pas soumis à l'existence d'un délit principal, sont soumis à une prescription distincte. Leboucq, p. 83.

(2) V° Pouillet, p. 585 ; Leboucq, p. 77 et suivantes, et la jurisprudence citée.

§ II.

Nous avons dit que le complice ne pouvait être poursuivi que s'il était de mauvaise foi ; c'est qu'en effet ici encore, la bonne foi est exclusive du délit. La jurisprudence qui partage cette manière de voir, se montre cependant assez hésitante lorsqu'il s'agit d'apprécier les circonstances de la cause. La question peut en effet, être assez délicate à trancher et les hypothèses les plus diverses peuvent se présenter (1). C'est ainsi qu'il a été jugé que l'achat d'une gravure contrefaisante à l'hôtel des commissaires-priseurs n'était pas, pour le marchand qui en fait commerce, une preuve nécessaire de sa bonne foi (2) ; il a été jugé en sens inverse, que le fait par la douane d'avoir laissé entrer en France un morceau de musique contrefaisant, pouvait être considéré comme de nature à justifier la bonne foi de l'éditeur qui mettait en vente cette composition (3). Citerons-nous encore les décisions suivantes ? Un débitant fut déclaré de mauvaise foi pour n'avoir pas cherché à connaître l'origine d'épreuves photographiques contrefaisantes qu'il mettait en vente, et qui ne contenaient aucune indication d'origine. Son erreur fut déclarée

---

(1) V° Pouillet, p. 585 ; Leboucq, p. 77 et suivantes et la jurisprudence citée.

(2) Trib. corr. Seine, 2 août 1833, Gastambide, p. 308.

(3) Douai, 8 août 1865, Sannier, Pat. 69, 248.

volontaire (1). En revanche on permit à un autre débitant d'invoquer sa bonne foi, parce qu'on estima qu'il avait pu croire, en présence de la longue tolérance du véritable propriétaire, que l'éditeur auquel il achetait l'œuvre contrefaisante en avait la propriété (2).

Remarquons bien d'ailleurs, qu'ici encore, conformément aux règles générales, la bonne foi du complice, pas plus que celle de l'auteur principal, ne se présumera. C'est à lui qu'incombera la charge de prouver qu'il a agi sans intention frauduleuse, et que par conséquent il doit échapper à toute condamnation (3).

(1) Trib. corr. Seine, 8 août 1865, Scimett, Pat. 65, 316.
(2) Trib. corr. Seine, 21 mars 1865, Vieillot, Pat. 65, 198.
(3) C. de Paris, corr., 24 déc. 1896, Minot c. Bacon, Pat. 1898, art. 3972.

TITRE III

DE L'ACTION EN CONTREFAÇON

—

CHAPITRE PREMIER

A QUI APPARTIENT L'EXERCICE DE L'ACTION EN CONTREFAÇON.

—

§ Ier. — Le droit d'exercer l'action en contrefaçon appartient à tout propriétaire de l'œuvre contrefaite.

§ II. — En cas de cession partielle, le droit de poursuite appartient concurremment à l'auteur et à son cessionnaire.

§ III. — Hypothèse spéciale en matière d'œuvres photographiques. Qui est propriétaire d'un portrait ? Qui peut exercer l'action en contrefaçon ?

§ IV. — Le droit de poursuite est subordonné à l'existence d'un dépôt préalable, fait conformément à la loi. Nature et caractère de ce dépôt.

§ Ier.

Nous avons étudié jusqu'ici la contrefaçon dans ses éléments constitutifs ; il nous reste à voir maintenant quels sont les moyens accordés par la loi pour permettre la constatation et la répression du délit. Nous aurons donc à examiner successivement dans ce titre les questions suivantes : à qui appartient l'exercice de l'action en contrefaçon ; comment la fait-on constater ; quelle procédure faut-il suivre ; quels sont les tribunaux compétents.

Le droit d'intenter l'action en contrefaçon ou, en d'autres termes, le droit de poursuite, appartient en principe au propriétaire de l'œuvre contrefaite et à lui seul. Par ce terme de propriétaire que nous avons choisi à dessein, il faut entendre d'ailleurs, non pas seulement l'auteur lui-même, mais encore ses ayant-cause ou cessionnaires quels qu'ils soient (1). Le droit de poursuite appartiendra donc suivant les cas, soit à l'auteur, soit à son éditeur s'il lui a cédé, et le cas est fréquent, son droit exclusif de reproduction, soit après son décès, et suivant les hypothèses que nous avons étudiées plus haut, au conjoint survivant (2) et aux héritiers. Il est de jurisprudence constante que ce droit de poursuite, qu'on s'accorde à reconnaître à l'auteur ou à son représentant légal, ne saurait appartenir à d'au-

(1) L'article 40 du décret du 5 février 1810 dit, en effet : « Les auteurs..... peuvent céder leurs droits à un imprimeur ou à un libraire ou à tout autre personne qui est alors substituée en leur lieu et place..... »

(2) Le conjoint survivant en effet, bien qu'il n'ait qu'un droit d'usufruit, peut être directement atteint dans sa jouissance par la contrefaçon. Il se peut, au surplus, que le droit des héritiers ne s'ouvre jamais.

tres. Il a été refusé par exemple, aux élèves d'un maître et aux continuateurs de sa méthode (Paris, 8 février 1865. Guerre, Pat. 1865. 382). Une exception doit être faite toutefois en ce qui concerne le ministère public, qui a, conformément aux principes généraux, le droit de poursuivre d'office la répression du délit de contrefaçon, en l'absence même de toute plainte de la partie lésée. Rien ne permet en effet, dans le silence du Code, d'étendre au délit prévu par l'article 425 du Code pénal, la disposition de l'article 45 de la loi du 5 juillet 1844, qui décide, dans une matière qui touche un peu à la nôtre, celle des brevets d'invention « que l'action cor-« rectionnelle ne pourra être exercée par le ministère « public, que sur la plainte de la partie lésée ». Cet article constitue une dérogation au droit commun, et sans chercher à savoir si une semblable disposition aurait dû être insérée dans les lois sur la propriété littéraire (1), il est certain que dans l'état actuel des choses, cette dérogation ne saurait être étendue hors des cas prévus par la loi. *Exceptio est strictissimæ interpretationis.*

Une conséquence d'ailleurs de cette règle, intéressante à signaler, c'est que le désistement de la partie civile ne pourrait en aucun cas arrêter l'action publique, une fois qu'elle a été mise en mouvement (2).

(1) Dalloz, Prop. litt. no 429 ; Leboucq, p. 133.
(2) Renouard, t. 2, p. 368 ; Pouillet, p. 592.

§ II.

Nous avons supposé jusqu'à présent, et c'était l'hypothèse la plus simple, que nous nous trouvions en présence d'une cession totale. Mais qu'arrivera-t-il en cas de cession partielle? A qui devra appartenir le droit de poursuite? Il semble assez naturel dans ce cas de l'accorder concurremment aux deux propriétaires, qui se trouvent ainsi avoir un droit, en quelque sorte indivis, sur la même œuvre. Si le procès est intenté par le cessionnaire par exemple, l'auteur aura le droit d'intervenir et réciproquement (1). La doctrine et la jurisprudence sont en ce sens (2). Certains auteurs prétendent même que cette solution doit être étendue en cas de cession totale; pour eux le droit de l'auteur existe toujours, concurremment avec celui du cessionnaire. Bien qu'une telle opinion puisse au premier abord paraître excessive, nous n'hésiterons pas cependant à l'adopter. Elle est absolument conforme en effet à l'idée que nous nous sommes faite du droit d'auteur (Cf. *supra*, p. 80 et suiv.). Le droit moral que l'auteur acquiert sur son œuvre est en quelque sorte imprescriptible,

---

(1) Vo Trib. civ., Montluçon, 7 février 1896, Soc. des gens de lettres et Paul de Cassagnac, c. l'*Abeille de la Creuse*, Pat. 1898, art. 3973.

(2) Paris, 20 mars 1872, Pat. 72, 270 ; Trib. civ. Seine, Alexandre Dumas, 3 février 1859, Pat. 59, 90 ; Gastambide, p. 187 ; Pouillet, p. 593.

perpétuel ; il survit à toutes les cessions. L'auteur a toujours le droit de s'opposer à ce qu'on modifie son œuvre d'une façon quelconque sans son consentement, à ce qu'on en change l'harmonie et la composition, à ce qu'on porte atteinte à sa réputation par une reproduction maladroite, ou par une vulgarisation exagérée (1). La jurisprudence jusqu'à ce jour il est vrai, se prononce dans un sens opposé (2) ; mais n'est-il pas permis d'espérer, en présence des nombreuses décisions déjà citées, dans lesquelles le droit moral et incessible de l'auteur a été formellement reconnu, que les tribunaux finiront un jour par se ranger à notre avis ?

§ III.

La question que nous venons sommairement d'étudier est particulièrement intéressante lorsqu'il s'agit d'œuvres photographiques. Nous avons vu qu'aux

(1) L'intérêt moral de l'artiste n'est pas d'ailleurs le seul en jeu. M. Huard fils fait justement observer qu'il peut être atteint aussi dans ses intérêts pécuniaires. Il suffit de supposer pour cela que l'auteur ait cédé son œuvre, non pas moyennant un prix fixe, mais en se réservant une certaine somme sur chaque édition nouvelle et sur chaque exemplaire vendu. Il est certain que si des éditions contrefaisantes sont imprimées, elles seront vendues sans qu'il touche aucune rémunération.

(2) Paris, 6 avril 1850, Clesinger, Dall., 52, 2, 159 ; Trib. corr. Seine, 5 février 1891, Garnier, Pat. 1892, 202.

termes de la jurisprudence la plus récente, les œuvres photographiques pouvaient être aujourd'hui définitivement considérées comme protégées par la loi
de 1793 ; leur reproduction illicite constitue donc une
contrefaçon. Mais à qui appartiendra, dans ce cas, le
droit de poursuite ? Qui devra être considéré comme
propriétaire d'un portrait ; sera-ce le photographe lui-
même ou son client ? La question est assez subtile et il
nous semble impossible d'y répondre de prime abord
d'une façon absolue.

Une première hypothèse peut se présenter. Supposons qu'une personne quelconque se rende chez un photographe et se fasse faire son portrait moyennant un certain prix. Aucune convention spéciale n'étant intervenue
entre les deux parties en cause, il nous semble que le contrat passé entre elles peut se dédoubler de la sorte : un
contrat de vente d'une part, un louage de services de
l'autre. Vente de l'épreuve, objet matériel (1), et
louage de services, car le photographe a fait preuve de
certaines connaissances pratiques et de certaines qualités
professionnelles, qui ont pu lui conquérir une plus ou
moins grande réputation. Le prix versé sera la juste rémunération, à la fois de l'objet vendu et du travail accompli.
Cela posé, à qui appartiendra la propriété du portrait ?

_____

(1) On aurait tort, en effet, de ne pas faire entrer en jeu la valeur
marchande de l'épreuve. Les papiers qui servent au tirage sont d'un
prix très variable, suivant qu'ils sont aux sels de platine, aux sels
d'argent ou au charbon.

Il faut distinguer. D'après un usage constant, la propriété
du cliché, objet matériel, reste au photographe (1); mais
cette propriété n'est pas absolue, elle n'est pas exclusive. Le client conserve un certain droit sur lui; il
garde, si nous osons nous exprimer ainsi, la propriété
de « sa tête », de sa physionomie, de ses traits. Il est
en droit de s'opposer à ce qu'on les reproduise sans son
autorisation. Conséquence : Le photographe ne pourra
tirer aucune épreuve nouvelle sans le consentement de
son modèle ; il ne pourra pas en exposer d'exemplaires
dans ses vitrines, ni en mettre en vente, sans en avoir obtenu la permission. Quant aux épreuves livrées à qui appar-
tiennent-elles ? En tant qu'objets matériels, elles sont la
propriété de celui qui les a fait faire, indubitablement. Mais
le photographe ne conserve-t-il pas aussi sur elles un
certain droit ? Nous le croyons. Il aura le droit de s'opposer à ce qu'on en fasse aucune copie sans son autorisation ; d'abord, parce qu'aux termes de l'article 1er de la
loi de 1793 et de l'article 425 du Code pénal, une telle

---

(1) D'après l'usage le cliché reste entre les mains du photographe,
mais en est-il bien pour cela propriétaire ? Nous ne le croyons point.
Au fond nous estimons que le client pourrait en exiger la remise
moyennant une juste et préalable indemnité, qui représenterait l'ensemble des bénéfices que le photographe peut espérer normalement
obtenir de son cliché par des tirages successifs. Sauf convention contraire le photographe nous apparaît plutôt comme un dépositaire. Sa
possession, à titre précaire, du cliché est une garantie pour lui de
l'exercice de son droit exclusif de reproduction. On sera obligé d'avoir
recours à ses offices pour obtenir de nouvelles épreuves.

copie, faite en violation du droit exclusif de reproduction qu'en tant qu'artiste il a acquis sur son œuvre, constituerait une véritable contrefaçon (1), et en outre parce que, en vertu de ce droit moral, imprescrisptible, que nous reconnaissons à tout auteur, il est directement intéressé à ce qu'on ne reproduise pas son œuvre sans son contrôle et sa permission. Conséquence : Dans notre hypothèse, une reproduction quelconque. pour être licite, devra être faite avec le consentement préalable du photographe lui-même et de son client. Si donc nous supposons qu'un individu en possession d'une épreuve photographique en fasse des tirages, des photocopies non autorisés, le modèle sera en droit de le poursuivre parce que ses traits n'appartiennent qu'à lui (2) et le photographe pourra le poursuivre également comme contrefacteur, d'abord parce qu'il a violé son droit exclusif de reproduction et ensuite parce qu'il a pu porter atteinte à sa réputation d'artiste par une reproduction maladroite, inhabile ou grossière. Les efforts qu'il a pu faire, le talent dont il a pu donner des preuves dans la façon de régler l'éclairage, dans la disposition des accessoires, et dans la retouche même du cliché, sont des marques distinctives de sa person-

____

(1) Il est incontestable, en effet que dans la circonstance le photographe ne peut être considéré comme ayant cédé son droit de reproduction.

(2) C. de Paris, 4 août 1896, v° Guenon c. Daireaux, Pat. 1897, art. 3922.

nalité, de son sens esthétique. Il n'est pas juste qu'un autre puisse en tirer profit à ses dépens.

Supposons maintenant, et ce sera la seconde hypothèse, que le photographe, dans un but de spéculation commerciale, ait acheté en quelque sorte « la tête » d'un personnage célèbre. Il peut arriver en effet, et le cas est fréquent de nos jours, qu'un photographe propose à une personne jouissant d'une certaine notoriété, une actrice ou un savant, un académicien ou une danseuse, peu importe, de lui faire son portrait gratuitement ; et la « célébrité contemporaine » en échange de certains avantages, tels que la remise de quelques épreuves à titre gracieux et de la réclame faite autour de son nom, s'engage en retour à abandonner au photographe le droit exclusif de reproduire ses traits. Cette convention qui peut selon nous, sans inconvénient, être tacite, car on ne saurait avoir aucun doute sur son existence, engendre les conséquences suivantes. Le modèle devra être considéré, non seulement comme ayant renoncé, jusqu'à un certain point, au droit de se faire portraicturer par un autre artiste, dont les productions causeraient un préjudice évident au premier photographe ; mais nous estimons encore qu'il n'aurait pas le droit d'interdire à ce dernier d'exposer et de mettre en vente les épreuves qu'il a obtenues. On objecterait en vain, croyons-nous en effet, que la renonciation à un droit ne se présume point et qu'elle doit être expresse ; il est de toute évidence que les personnes qui consentent à se faire photographier gratuitement et à recevoir un certain nombre d'épreuves, « n'ignorent pas qu'en agissant de la sorte, le photographe vise un but de réclame, et qu'en faisant des portraits gratuits, il entend acquérir un droit qui favorisera l'exploitation de son commerce ». La conséquence de tout ceci d'ailleurs, c'est qu'ici encore, aux termes de la loi de 1793 et de l'article 425 du Code pénal, le photographe aura le droit de poursuivre les contrefacteurs en vertu du droit exclusif de reproduction dont il est titulaire. Pour pouvoir faire une reproduction licite de ces photographies, il faudra donc obtenir non seulement l'autorisation du modèle, mais encore celle du photographe lui-même. Toute reproduction faite dans d'autres conditions constituera une contrefaçon (1).

§ IV.

Nous ne pouvons terminer ce chapitre sur le droit de poursuite, sans rappeler qu'il est une condition absolu-

---

(1) On verra des applications diverses et fort intéressantes de ces principes dans les affaires suivantes :

C. de Paris, 6 mai 1897, Barenne c. Watson, Pat. 1897, art. 3932 ; Trib. civ. Seine, Rouff c. *La Publicité artistique*, 30 avril 1896, Pat. 1897, art. 3929 ; Trib. civ. Seine, 31 décembre 1896, Level c. Hachette et Reutlinger, Pat. 1897, art. 3930 ; C. de Paris, 4 août 1896, veuve Guenon c. Daireaux, Pat. 1897, art. 3922, et surtout Trib. civ. Seine, 20 janvier 1899, Reutlinger c. Mariani, *Gaz. du Palais*, 29-30 janvier et 31 janvier 1899 (et l'article de M. Bigeon), et *La Loi*, 27 janvier 1899.

ment nécessaire, indispensable à son exercice. Nous voulons parler de la formalité du dépôt. Le dépôt est obligatoire ; aucune action civile ou correctionnelle ne saurait être recevable s'il n'a été précédemment effectué. Nous allons dire ici d'ailleurs, en quelques mots, en quoi il consiste et à quelles règles il est soumis.

Aux termes de l'article 6 de la loi du 19 juillet 1793, qui décide formellement « qu'en l'absence de dépôt nul ne pourra être admis en justice pour la poursuite des contrefacteurs » et aux termes des articles 3 et 4 de la loi du 29 juillet 1881 sur la presse, actuellement encore en vigueur, toute publication imprimée doit être déposée de la façon suivante. S'il s'agit d'un livre il faudra, à Paris tout au moins, effectuer le dépôt de deux exemplaires au ministère de l'Intérieur (1). S'il s'agit d'œuvres musicales, d'estampes ou de gravures, le nombre des exemplaires à déposer sera porté à trois. Les exemplaires déposés seront répartis de la façon suivante. Un des exemplaires de chaque livre restera au ministère de l'Intérieur, un autre ira à la Bibliothèque Nationale ; le premier exemplaire de chaque gravure reviendra encore au ministère de l'Intérieur, les deux autres seront envoyés à la Bibliothèque Nationale : le premier exemplaire de chaque œuvre musicale en-

____

(1) Si le livre paraît dans un chef-lieu de département le dépôt sera effectué à la préfecture ; s'il paraît dans un chef-lieu d'arrondissement à la sous-préfecture ; s'il paraît dans une autre ville à la mairie. (Loi de 1881, art. 3).

fin, reviendra comme toujours au ministère de l'Intérieur, le second à la Bibliothèque Nationale, mais le troisième sera envoyé au Conservatoire (1).

En ce qui concerne les journaux ils sont soumis à un double dépôt. Deux exemplaires devront être déposés au Parquet, deux autres exemplaires devront être remis au ministère de l'Intérieur. La sanction de cette prescription est double. Non seulement, si cette formalité n'a pas été accomplie le journaliste ne pourra pas agir pour faire respecter son droit de propriété littéraire, mais encore le gérant sera passible d'une amende de 50 francs (art. 10 de la loi de 1881).

Il importe peu d'ailleurs que le dépôt soit effectué par l'auteur lui-même ou par quelqu'autre personne en son nom. En fait, dans la pratique, ce dépôt est presque toujours effectué par l'imprimeur, et il est parfaitement valable; c'est un point qui n'est plus contesté depuis longtemps (2). Il est assez intéressant toutefois de remarquer que cet unique dépôt, s'il est suffisant, n'est pas cependant imposé à l'imprimeur pour le compte d'autrui. Il s'y soumettra il est vrai, le plus souvent, parce qu'il y est directement obligé sous peine

(1) La loi du 29 juillet 1881 s'applique également dans son article 4 aux photographies, comme « à tous les genres d'imprimés ou de reproductions destinés à être publiés », mais les « ouvrages dits de ville ou bilboquets » sont dispensés de la formalité du dépôt (art. 3).

(2) Rej., 6 nov. 1872, Garnier, Pat. 73, 43 ; Besançon, 13 juillet 1892, Boussion, Pat. 94, 117.

d'une amende de 16 à 300 francs (loi de 1881, art. 3),
mais l'auteur agira prudemment en s'assurant avant
toute action en contrefaçon que ce dépôt a été effectué ;
au cas où il ne l'aurait pas été, il n'aurait aucun recours
contre lui (1).

Lors de chaque dépôt, on délivre au déposant un
récépissé. Mais remarquons-le bien, l'acte important
c'est le dépôt lui-même et non le certificat qu'on en
délivre ; il s'ensuit que la perte du récépissé ne saurait
être opposée comme une fin de non-recevoir à celui qui
agit en contrefaçon. alors du moins que le fait du dépot
est constant. L'auteur serait admis à le prouver par
tous les moyens possibles, notamment par l'insertion
de l'annonce de l'ouvrage dans le *Journal de l'Imprimerie et de la Librairie* (Rej., 6 nov. 1872, Garnier,
Pat. 73, 43). La volonté de la loi sur ces divers points
est bien nette. Elle considère le dépôt comme une formalité, dont le but a été sans doute d'enrichir nos col-
lections nationales, et à l'accomplissement de laquelle
toute action en justice est subordonnée. Mais il est évident que du dépôt dépend, non pas la propriété de l'ouvrage, mais seulement la recevabilité de l'action en

(1) Jurisprudence constante ; Pouillet, p. 428. et C. de Paris, 7 mai
1896, Girard et Boitte c. Schwartz, Pat. 1898, art. 3975. On est d'accord d'ailleurs pour décider que le dépôt n'est pas nécessaire lors de
chaque édition. Il n'en est ainsi, que lorsque la seconde se distingue
de la précédente par des changements assez considérables pour qu'on
puisse la considérer comme une œuvre nouvelle.

contrefaçon. On comprend difficilement que M. Gastambide ait pu soutenir le contraire, et son opinion est aujourd'hui complètement abandonnée (1). L'auteur qui néglige de se soumettre à la formalité prévue par l'article 6 de la loi de 1793 est privé du droit de poursuivre ses contrefacteurs, soit devant les tribunaux civils, soit devant les tribunaux correctionnels, car la loi ne fait pas de distinction; mais il n'en reste pas moins propriétaire de son œuvre. L'absence de dépôt ne saurait pas plus faire présumer un abandon volontaire de son droit, que le dépôt ne saurait constituer une preuve de sa propriété (2). Et cela est si vrai que tout le monde s'accorde aujourd'hui à reconnaitre qu'il est certaines œuvres qui, tout en étant parfaitement susceptibles de propriété littéraire ou artistique, ne sont susceptibles d'aucun dépôt. Il en est ainsi des productions orales, des tableaux, des statues. Comme il serait tout à fait impossible de se soumettre, en ce qui les concerne, aux exigences de la loi, et qu'à l'impossible nul n'est tenu, on permet à leurs propriétaires d'agir en justice, sans exiger d'eux aucune formalité préalable. La loi d'ailleurs autorise pleinement cette façon de procéder; elle n'exige le dépôt que des œuvres *imprimées ou gravées*, et la jurisprudence tout entière se

(1) Gastambide, p. 151 ; Renouard, t. 2, nᵒ 218 ; Pouillet, p. 433.
(2) M. Lyon-Caen a très justement dit à ce propos, qu'aujourd'hui le dépôt était *déclaratif* et non *attributif* de propriété (Lyon-Caen et Delalain, prop. litt. et art., tome I, p. LVIII).

prononce dans le sens que nous venons d'indiquer (1).

Une dernière question se présente à notre esprit. Quand faut-il que le dépôt soit effectué? Nous n'hésitons pas à répondre, que le dépôt étant un préliminaire obligatoire de l'action en contrefaçon, il doit être effectué avant toute action en justice. Nous croyons donc, qu'une fois cette formalité remplie, on pourra poursuivre tous les contrefacteurs, même ceux qui se sont rendus coupables d'une contrefaçon antérieure au dépôt (2); mais nous croyons aussi que le dépôt effectué au cours d'une poursuite serait tardif et de nul effet. La jurisprudence nous paraît être en sens contraire (Cour de Pau, 31 mai 1878); il faut reconnaître toutefois que la majorité des auteurs la condamne et repousse cette solution (3).

(1) Paris, 27 août 1828, Pouillet, *Gaz. Trib.*, 28 août; Trib. comm. Rouen, 12 nov. 1875, Paul, Pat. 1877, 211; Paris, 26 février 1868, Carpeaux, Pat. 1868, 195. La jurisprudence fait ici encore cette distinction que nous ne saurions approuver, entre la sculpture d'art proprement dite et la sculpture industrielle. Cette dernière serait soumise à la formalité du dépôt au conseil des prud'hommes. Cf. Pouillet, p. 448, et la jurisprudence citée.

(2) Pouillet, p. 438 et Trib. corr. Seine, 18 mai 1836, Bohain, *Le Droit*, 19 mai.

(3) Leboucq, th. de doct., p. 123, et Pouillet, p. 639.

CHAPITRE II

DE LA CONSTATATION DU DÉLIT ET DE LA SAISIE DES ŒUVRES
CONTREFAISANTES.

—

§ Ier. — L'auteur ou l'artiste victime d'une contrefaçon, peut faire saisir les ouvrages contrefaisants. Formes de cette saisie.

§ II. — Entre les mains de qui la saisie peut-elle être pratiquée ?

§ III. — La saisie n'est pas un préliminaire obligé de l'action en contrefaçon ; le moment où elle est effectuée est sans influence sur la prescription de l'action.

§ Ier.

Que va faire maintenant un auteur ou un artiste, victime d'une contrefaçon, pour faire constater le délit et pour se procurer des exemplaires destinés à permettre la comparaison de l'œuvre originale avec celle qu'il prétend contrefaisante ? Il procèdera à une saisie. Cette saisie-contrefaçon aura un double avantage. Elle permettra tout d'abord, de rendre la continuation du délit de contrefaçon impossible ; et en outre, le corps du délit étant placé sous scellés, la preuve en sera par la suite beaucoup plus facile à administrer (1).

(1) Leboucq, th. de doct., p. 135.

La procédure de la saisie-contrefaçon est très simple. Elle a été réglée par l'article 3 de la loi de 1793, par l'article 1 de la loi du 25 Prairial an III, et pour Paris, par une circulaire du Parquet de la Seine du 29 avril 1842. Tout auteur a le droit de faire saisir les exemplaires, les éditions, les reproductions quelconques de ses œuvres, qu'il prétend imprimées ou gravées en fraude de ses droits. Les magistrats auxquels est confié le soin de procéder à cette saisie sont les commissaires de police, et à leur défaut les juges de paix. A Paris il existe même au ministère de l'Intérieur (service de la librairie), un commissaire spécial auquel on s'adresse le plus généralement. Une simple réquisition, écrite et signée de l'auteur (ou de ses ayants-cause), qui désire faire procéder à une saisie-contrefaçon et adressée aux magistrats compétents, est d'ailleurs à la fois nécessaire et suffisante. Il serait tout à fait excessif d'exiger, ainsi qu'on a voulu le faire, une ordonnance du Président. Nulle part on ne trouve trace dans les textes d'une semblable disposition (1). Il est bien entendu seulement que l'auteur agit sous sa propre responsabilité et à ses ris-

_____

(1) Il est assez curieux de constater que les dispositions législatives qui règlent cette procédure sont le plus souvent ignorées, tant des intéressés eux-mêmes que des agents de la loi. De nombreuses circulaires ministérielles ont dû rappeler aux divers magistrats en cause les fonctions qui leur revenaient. On a vu souvent en effet des commissaires de police refuser de procéder à une saisie requise, et de simples gardes champêtres ou brigadiers de gendarmerie prêter leur concours sans la moindre difficulté.

ques et périls ; s'il succombe dans sa demande, et si sa saisie-contrefaçon est déclarée mal fondée, il pourra se voir l'objet d'une demande en dommages et intérêts en réparation du préjudice causé. La seule chose dont le magistrat requis de procéder à la saisie, commissaire de police ou juge de paix, doive s'assurer selon nous, est « l'identité et la qualité de celui qui requiert son assistance ». Le requérant devra justifier de l'intérêt qu'il peut avoir à l'exécution de la mesure qu'il sollicite ; et le magistrat, qui n'a pas à se faire juge de la question, souvent très délicate, de savoir qui est véritablement propriétaire, mais qui peut demander cependant à s'entourer de certaines garanties, pourra exiger la reproduction de l'acte de dépôt ou le récépissé délivré par le ministère (1). Au surplus, pour mettre sa responsabilité à l'abri, le fonctionnaire qui a procédé à la saisie agira toujours avec prudence en faisant un procès-verbal sur papier timbré, dans lequel il relatera toutes les circonstances de la cause, la comparution, la plainte et la réquisition et qu'il fera signer par la partie requérante (2). C'est d'ailleurs ce qui se fait toujours dans la pratique. Le procès-verbal est transmis au Parquet le plus généralement, et le saisissant s'en fait délivrer une copie. Quelques auteurs estiment bien il est vrai, qu'il

(1) Contra Pouillet, p. 608. Il est bien évident toutefois que ce certificat ne saurait être exigé lorsqu'il s'agit d'œuvres qui ne sont pas soumises à la formalité du dépôt.

(2) Pataille 1877. 165.

serait plus conforme aux règles sur la procédure de
rédiger immédiatement le procès-verbal en double
exemplaire ; l'original serait remis au saisissant et la
copie serait remise au saisi. Mais l'absence complète de
détails fournis par les textes sur la marche à suivre,
permet difficilement d'attaquer une procédure de saisie-
contrefaçon comme entachée de nullité ; la plus grande
liberté d'action est laissée aux agents de la loi.

Quant aux objets saisis, ils sont placés sous scellés et
généralement déposés au Parquet ou au Greffe correctionnel. Rien ne s'opposerait d'ailleurs à ce qu'on les
laissât à la garde du saisi, à charge par lui de les représenter à première réquisition. Cela se comprendrait
d'autant mieux que le plus souvent dans la pratique, et
malgré les termes de l'article 3 de la loi de 1793 qui
déclare que le magistrat procédant à la saisie est tenu
de confisquer *tous* les exemplaires argués de contrefaçon, on se contente de saisir un ou plusieurs exemplaires à titre d'échantillons, sauf à faire l'énumération
exacte du surplus (1). On s'accorde généralement aussi
à décider, que la saisie pourrait porter également sur
les objets qui, aux termes de l'article 429 sont sujets à
confiscation, c'est-à-dire sur les divers instruments qui
ont permis la perpétration du délit ; mais qu'elle ne saurait être étendue aux livres de commerce, aux regis-
tres et à la correspondance (2).

(1) Pouillet, p. 610 et suiv. ; Gastambide, p. 181 ; Blanc, p. 193.
(2) Nous avons supposé jusqu'ici que la saisie avait pu être effectuée

§ II.

Où et chez qui, maintenant peut-on saisir? Peut-on saisir chez un particulier? Peut-on saisir à la Bibliothèque Nationale? Pour nous la saisie chez un particulier est parfaitement autorisée et parfaitement légale. Il peut se faire en effet que l'édition contrefaisante ait été tirée à un très petit nombre d'exemplaires et qu'elle ait été rapidement épuisée. Si les seuls ouvrages contrefaisants se trouvent aujourd'hui entre les mains de bibliophiles ou d'amateurs, de quel droit priverait-on l'auteur de faire pratiquer une saisie entre leurs mains? N'est-ce pas là une conséquence de son droit exclusif de propriétaire? Il en serait de même, croyons-nous en ce qui concerne la saisie dans l'enceinte d'une exposition nationale (1); mais la solution nous paraîtrait beaucoup plus douteuse s'il s'agissait de pratiquer une saisie à la Bibliothèque Nationale ou au Conservatoire. Il nous semble en effet que les ouvrages qui ont fait l'ojet du dépôt doivent rester dans les archives sans qu'on

sans incidents ni difficultés. M. Pouillet estime qu'en cas de refus du commissaire de police ou du juge de paix d'obtempérer à la réquisition dont ils sont l'objet, on pourrait s'adresser au procureur de la République qui a le devoir d'assurer l'exécution de la loi. On a toujours d'ailleurs la ressource de la voie ordinaire, c'est-à-dire la description, avec ou sans saisie, faite par ministère d'huissier après une ordonnance rendue sur requête.

(1) Pouillet, p. 616 et Trib. corr. Seine, 19 août 1858, Ledot. Pat. 68, 404.

ait le droit d'y toucher. Le dépôt doit être définitif et inviolable.

§ III.

Il nous reste dans ce chapitre à insister sur un dernier point. La saisie-contrefaçon, dont le principal but nous le savons, est de permettre la constatation du délit, tout en étant le plus souvent une mesure fort utile, n'est cependant point un préliminaire obligé de l'action en contrefaçon. Si l'auteur, le propriétaire de l'œuvre indûment reproduite, juge inutile d'y faire procéder ; s'il préfère produire au tribunal un exemplaire de l'ouvrage contrefaisant qu'il s'est procuré par un autre moyen, il en est parfaitement libre. La nullité de la saisie ne pourra donc pas être proposée comme une fin de non recevoir à l'exercice de l'action ; la jurisprudence a eu plusieurs fois l'occasion de s'affirmer dans ce sens (1).

Quant à la question de savoir quelle est l'influence que peut avoir le fait même de la saisie sur la prescription de l'action, il est incontestable qu'il n'en a aucune. Une fois le délit constaté et les exemplaires saisis placés sous scellés, le saisissant peut porter son action devant les tribunaux civils ou correctionnels, sans qu'aucun délai de rigueur lui soit imparti. Il ne devra

____

(1) Rej. 15 janvier 1864, Mayer et Pierson, **Pat.** 64, 125 ; Paris, 20 mars 1872, Taride, **Pat.** 72, 265 et Pouillet p. 617.

se préoccuper que d'une chose, c'est d'agir avant que le délit ne soit couvert par la prescription. Or la prescription en matière de délits étant de trois ans à dater du jour où l'infraction a été commise, il importera peu que la saisie ait été faite le lendemain du jour où la contrefaçon a eu lieu, et que l'action en contrefaçon soit intentée la veille même du jour où le délai de trois ans va expirer. Il appartiendrait toutefois au saisi d'introduire une demande en main-levée, et même de conclure à des dommages et intérêts, si la saisie avait été faite sans droit et dans un but purement vexatoire.

CHAPITRE III

§ Ier.

La victime de l'action en contrefaçon aura le droit
d'après les principes généraux, d'agir, soit devant les
tribunaux civils, soit devant les tribunaux correctionnels. Son choix sera absolument libre. C'est un principe fondamental en effet de notre droit criminel, que
l'action civile qui naît d'un délit, peut être portée, ac-
cessoirement à l'action publique devant les tribunaux
correctionnels ou séparément et à titre principal devant
les tribunaux civils.

Si l'auteur lésé porte son action devant les tribunaux répressifs, ce sera pour faire appliquer au contrefacteur les peines visées par les articles 425 et 427 du Code pénal ; il pourra bien réclamer il est vrai, en se constituant partie civile, des dommages et intérêts, mais ce ne sera, nous le répétons, qu'à titre purement accessoire. S'il choisit la voie criminelle, c'est dans le but évident de faire appliquer au délinquant les peines prévues par la loi. Si l'auteur lésé agit au contraire devant les tribunaux civils, ce sera dans le seul but d'obtenir réparation du préjudice causé ; il pourra donc agir en ce cas, soit en vertu de l'article 1382 du Code civil, soit en vertu de la loi de 1793. Les tribunaux civils en effet se montreront plus disposés peut-être à admettre la contrefaçon et à reconnaître, dans les cas où la question est controversée, un droit de propriété artistique ou littéraire sur certaines œuvres, que les tribunaux correctionnels. La rigueur relative des peines prononcées contre le contrefacteur conduira souvent ces derniers à se montrer plus réservés, sur la reconnaissance même du droit dont l'existence est en jeu.

Nous n'aurons rien de spécial d'ailleurs à dire au point de vue de la compétence. Aux termes de l'article 59 du Code de procédure civile, l'action civile devra être portée devant le tribunal du domicile du défendeur. Aux termes de l'article 23 du Code d'instruction criminelle, l'action correctionnelle pourra être portée, soit devant le tribunal du lieu où le délit a été commis, soit devant le tribunal du lieu où le prévenu a sa résidence. Elle pourrait même être intentée devant le tribunal du lieu où le prévenu pourra être trouvé ; mais on conçoit qu'en notre matière cette dernière hypothèse ne soit pas de nature à se présenter fréquemment.

§ II.

Sans insister ici sur la compétence spéciale qui peut appartenir, dans certains cas, aux juridictions d'exception (1), nous rappellerons que conformément aux principes généraux, les tribunaux de commerce seront compétents dans deux cas. Ils pourront être saisis par le demandeur lorsque le défendeur sera commerçant ; ils pourront être saisis encore, et à plus forte raison, par le demandeur, lorsque le demandeur et le défendeur seront tous les deux commerçants (2). Mais la question de savoir, si, dans ce dernier cas, leur compétence serait exclusive, est aujourd'hui encore controversée (3). Les tribunaux s'accordent d'ailleurs en général à déci-

---

(1) Un militaire coupable de contrefaçon pourrait être traduit devant les tribunaux militaires. Cass., 9 février 1827, Müller, Gastambide, p. 185.

(2) Ce cas pourrait se présenter lorsque l'auteur a cédé, et cela est fréquent, tous ses droits à son éditeur et que la contrefaçon est l'œuvre d'un éditeur rival, également commerçant.

(3) Contrà Pouillet, p. 623 et les décisions citées ; V° pourtant en sens contraire, Trib. com. Seine, 24 novembre 1892, Pat. 1898, art. 3981.

der, que l'auteur ne fait pas acte de commerce en exploitant sa propriété littéraire.

§ III.

Nous aurons fort peu de chose à ajouter sur la procédure à suivre devant les tribunaux civils; elle sera soumise aux règles du droit commun que nous supposons connues. L'assignation sera délivrée, comme toujours, par ministère d'huissier, soit à la personne même, soit à domicile, avec constitution d'avoué. Il importe seulement de remarquer que les formes prescrites par l'article 61 du Code de procédure civile sont les seules prescrites à peine de nullité, et il n'est nullement nécessaire que l'exploit contienne copie des passages incriminés. Nulle part cette exigence n'existe dans la loi ; on ne saurait donc demander qu'on s'y soumette.

En correctionnelle, le tribunal pourra être saisi, soit par le ministère public, soit par citation directe entre parties. Le procureur de la République d'ailleurs pourra agir, soit d'office (ce qui, dans notre matière, sera très rare) sur procès-verbal ou rapport d'agent et directement ou après renvoi devant le juge d'instruction s'il le juge nécessaire (1), soit sur une plainte au Parquet avec

---

(1) Dans ce dernier cas il y a bien renvoi devant le tribunal correctionnel par le juge d'instruction, mais le prévenu est toujours assigné à la requête du procureur de la République. Garraud, p. 691.

consignation par la partie civile d'une certaine somme pour les frais de l'affaire. Quant à le citation directe entre parties elle demeurera soumise également aux règles du droit commun. Il importe seulement de remarquer qu'à Paris, l'usage s'est introduit en notre matière, de permettre au demandeur de choisir celle des quatre Chambres correctionnelles devant laquelle il veut porter son action (1).

Le plaignant, partie civile, et le demandeur par voie de citation directe, s'ils n'assistent pas en personne à l'audience (dans quel cas ils peuvent poser des conclusions signées d'eux-mêmes), se feront représenter par un avoué, avec conclusions sur feuille d'audience signées de ce dernier. Quant au prévenu, comme le délit de contrefaçon n'est pas puni des peines de l'emprisonnement, il pourra, s'il ne se présente pas lui-même, comparaître également par ministère d'avoué, bien que le tribunal conserve le droit d'ordonner sa comparution en personne (art. 185, C. inst. crim.) (2). Toutes les règles auxquelles sont soumis les débats correctionnels s'appliqueront d'ailleurs en notre matière ; c'est ainsi que les conclusions seront recevables jusqu'au prononcé du jugement et que les recours en garantie ne seront pas admis (3).

---

(1) Vo pour les détails Isaure Toulouse. Traité de procédure pratique 1895, p. 306 et suiv.

(2) Garraud, p. 695 et Isaure Toulouse, p, 340.

(3) Pouillet, pp. 626 et 629.

§ IV.

Il nous reste dans ce chapitre un dernier point à étudier ; qu'elle va être l'influence de la chose jugée au criminel sur l'action civile, et réciproquement ? Tout d'abord, en vertu de la règle *unà electà vià non datur recursus ad alterum*, lorsque la partie lésée par le délit de contrefaçon aura fait choix de l'une ou l'autre juridiction, elle ne pourra plus abandonner celle qu'elle a d'abord saisie pour recourir à l'autre ; mais, aura-t-elle le droit, une fois l'instance terminée devant les tribunaux correctionnels, de porter son action devant les tribunaux civils, ou à l'inverse de porter son action devant les tribunaux correctionnels après que les tribunaux civils auront statué ? Il y a lieu de faire une distinction. Si le premier jugement a été rendu par les tribunaux répressifs, et que ceux-ci aient déclaré qu'il n'y avait point délit, soit par ce que le fait délictueux n'existait pas, soit parce que le prévenu n'en était pas l'auteur, il ne sera pas permis au demandeur d'agir à nouveau devant les tribunaux civils. Les juges civils devront tenir les deux propositions ci-dessus pour constantes et rejeter la demande en dommages et intérêts qui ne saurait dès lors avoir aucun fondement (1). Si les juges correctionnels au contraire ont décidé qu'il y avait bien

---

(1) Garraud, p. 487 ; Pouillet, p. 627.

délit, que le prévenu s'était bien rendu coupable d'une infraction à la loi pénale, mais l'ont acquitté par ce qu'il avait agi sans intention frauduleuse, c'est-à-dire par ce qu'il était de bonne foi, nous croyons au contraire que le demandeur pourra parfaitement agir à nouveau devant les tribunaux civils. La bonne foi, exclusive du délit en matière pénale, ne devra pas entrer en ligne de compte pour l'appréciation du préjudice causé (1).

Si le premier jugement a été rendu par les tribunaux civils, il n'y a pas de distinction à faire. La décision rendue aura l'autorité de la chose jugée entre les parties en cause ; les points tranchés une première fois, ne pourront plus être remis en question. Si donc il a été jugé qu'il n'y avait point de contrefaçon, par ce que l'œuvre prétendue contrefaite, par exemple, n'était pas susceptible de propriété littéraire, le demandeur débouté de sa demande, ne pourra pas intenter une nouvelle action devant les tribunaux correctionnels. C'est un point qui n'est pas controversé.

(1) Garraud, pp. 804 et 805 ; Pouillet, p. 466.

TITRE IV

DE LA RÉPRESSION DU DÉLIT DE CONTREFAÇON

—

CHAPITRE PREMIER

PÉNALITÉS.

—

§ Ier. — Peines édictées par l'article 427 du Code pénal et propres au délit de contrefaçon.

§ II. — Peines édictées par l'article 427 du Code pénal et propres aux délits assimilés au délit de contrefaçon.

§ III. — Renvoi aux principes généraux du droit criminel relatifs aux circonstances atténuantes et au non cumul des peines.

§ Ier.

Les peines prononcées par l'article 427 du Code pénal contre le contrefacteur proprement dit, sont, indépendamment de la confiscation que nous étudierons plus loin, une amende de 100 francs au moins et de 2,000 francs au plus. Le délit de contrefaçon n'est pas puni d'emprisonnement.

Nous n'avons pas à examiner ici si ces peines sont trop faibles; d'excellents auteurs l'ont prétendu. Il est certain que la contrefaçon est souvent, pour le contrefacteur, la source d'un très grand profit, et qu'il risque une amende bien faible en proportion des bénéfices qu'il peut réaliser. Dès 1836, M. Victor Foucher proposait d'élever le taux de l'amende prononcée contre le contrefacteur, dans une forte proportion; de nos jours, on a été plus loin et on a voulu ajouter à cette amende les peines de l'emprisonnement. Nous ne pouvons que voir, dans cette proposition, le désir très louable de punir sévèrement un fait auquel on n'a peut-être pas attaché autrefois assez d'importance, et nous ne pouvons qu'approuver les diverses mesures par lesquelles on tentera d'assimiler de plus en plus la propriété littéraire à une véritable propriété, en punissant de peines à peu près identiques tous ceux qui cherchent, par des procédés quelconques, à s'emparer indûment du bien d'autrui (1).

Nous rappellerons également ici que s'il y a plusieurs prévenus, il pourra y avoir lieu de prononcer contre eux des peines distinctes et la solidarité légale prévue par la loi (article 55 du Code pénal).

______

(1) V° sur la question, Leboucq, th. de doct., p. 139 et suiv.

§ II.

En ce qui concerne les délits assimilés au délit de contrefaçon par l'article 426 du Code pénal, les peines prononcées sont, sauf pour l'introduction en France, un peu différentes et plus adoucies. En effet, aux termes de l'article 427, le débit d'ouvrages contrefaisants ne sera passible que d'une amende de 25 à 500 francs. Il y aurait lieu d'appliquer la même peine à celui qui expose des objets contrefaisants, bien que d'après la jurisprudence la plus récente, nous le savons, il n'y ait réellement délit à exposer des objets de cette nature qu'autant qu'on a l'intention de les vendre, et qu'ainsi les deux délits se trouvent en quelque sorte confondus.

§ III.

L'article 463 du Code pénal relatif au système des circonstances atténuantes, sera applicable au prévenu comme à tous ses complices, s'il en a. Il en sera de même de l'article 365 du Code d'instruction criminelle relatif au non cumul des peines. L'amende la plus forte devra donc seule être prononcée (1). Nous ne

(1) Trib. corr. Épernay, 30 janvier 1864, Pat. 64, 40 ; Rendu et Delorme, n° 835 ; Pouillet, p. 632.

pouvons d'ailleurs que renvoyer sur tous ces points aux principes généraux du droit criminel. De longs développements sur cette matière seraient hors de notre sujet.

CHAPITRE II

DE LA CONFISCATION ET DES DOMMAGES ET INTÉRÊTS.

—

§ Ier. — La confiscation des objets contrefaisants est une seconde
peine qui vient s'ajouter à la première, l'amende, prononcée contre
le contrefacteur. Nature de cette confiscation.

§ II. — Des dommages et intérêts.

§ III. — Que faut-il décider en ce qui concerne la confiscation, en cas
de contrefaçon partielle ?

§ Ier.

Nous avons vu qu'un procès en contrefaçon pouvait
être précédé d'une saisie, pratiquée par le commissaire de police ou le juge de paix. Que deviendront
les objets saisis et mis sous scellés ? L'article 427 du
Code pénal en prononce la confiscation dans les termes
suivants : « La confiscation de l'édition *contrefaisante*
sera prononcée tant contre le contrefacteur que contre
l'introducteur et le débitant. Les planches, moules ou
matrices des objets *contrefaisants*, seront aussi confisqués. » Que fera-t-on maintenant du produit de cette
confiscation ? L'article 429 nous le dit, en décidant que
« Le produit des confiscations ou les recettes confisquées

seront remis au propriétaire pour l'indemniser d'autant du préjudice qu'il aura souffert ; le surplus de l'indemnité ou l'entière indemnité, s'il n'y a eu ni vente d'objets confisqués ni saisie de recettes, sera réglé par les voies ordinaires. »

La confiscation nous apparaît ainsi comme revêtue d'un double caractère ; elle a pour but, d'abord, d'empêcher la continuation du délit et en second lieu, d'indemniser la partie lésée (1). Sur ces deux premiers points tout le monde est d'accord, mais on ne s'entend pas sur un troisième. Quelle est la nature de cette confiscation ? Est-ce une peine proprement dite ? A-t-elle au contraire un caractère civil ? Et l'on conçoit immédiatement tout l'intérêt de la question. Si la confiscation est une peine, elle ne pourra être prononcée que par le tribunal correctionnel et en cas de condamnation seulement ; si la confiscation n'est pas une peine, mais simplement une mesure d'ordre public, elle pourra être prononcée par tout tribunal civil et par un tribunal correctionnel, même en cas d'acquittement (2). M. Pouillet, qui soutient cette dernière doctrine, prétend que les objets contrefaisants sont prohibés par eux-mêmes, en

(1) Pouillet, p. 634.

(2) En certains cas d'acquittement seulement, bien entendu ; par exemple en cas d'acquittement pour cause de bonne foi. Si le tribunal a jugé qu'il n'y a pas violation d'un droit de propriété, ni par conséquent délit, il ne pourrait évidemment pas ordonner la confiscation d'objets qui ne sont pas délictueux.

raison de leur nature, tout comme « des boissons cor-
rompues, des faux-poids, des produits falsifiés ». La
société entière, et non seulement l'auteur lésé, dit-il,
est intéressée à ce que les produits contrefaisants, qui
constituent une violation flagrante, manifeste, d'un droit
reconnu et protégé, ne puissent pas circuler librement ;
et il en conclut que la confiscation est une mesure d'ordre
public et qu'elle a un caractère civil, ce qui entraîne les
conséquences que nous venons de signaler (1). Nous
croyons que cette conception est juste, et nous parta-
geons l'opinion de l'éminent auteur. Mais il faut bien
reconnaître que presque tous les autres repoussent cette
manière de voir (2), et que la jurisprudence, sauf quelques décisions isolées (3), semble aujourd'hui définitivement fixée en sens contraire (4).

§ II.

Les termes de l'article 427 du Code pénal étant formels, on est en général d'accord pour décider que la

(1) Pouillet, p. 634.
(2) Gastambide, no 175 ; Renouard. t. 2, p. 254 ; Leboucq, Th. de
doct., p. 149 et suivantes.
(3) Paris, 24 janvier 1845, Demy-Doisneau, Pal. 68, 321 : Trib.
civ. Niort, 17 février 1891, d'Autichamp, Pal. 92, 205.
(4) Trib. Besançon, 20 nov. 1890. *La Loi*, 1891. p. 346 ; Paris, 29
juin 1878, aff. Lepse, D. P. 80, 2, 71 ; Cass. crim. Rej. 29 décembre

la confiscation est obligatoire pour le juge et qu'il doit la prononcer par conséquent, même lorsqu'elle n'a pas été demandée (Pouillet. p. 652). Quant au produit de la confiscation (et par *produit* il faut entendre ici, non pas seulement *le produit résultant de la vente des ouvrages contrefaisants*, mais bien *le produit de la confiscation*, c'est-à-dire les ouvrages contrefaisants euxmêmes) (1), on reconnaît enfin, en présence de l'article 429 du Code pénal, qu'il doit toujours être remis au propriétaire pour l'indemniser du préjudice qu'il aura souffert. Le propriétaire d'ailleurs pourra en faire ce que bon lui semblera ; et comme il est douteux que son intérêt lui commande de laisser les ouvrages confisqués dans la circulation, il se bornera le plus souvent à en demander au tribunal la suppression.

Conformément au droit commun les tribunaux pourront condamner le contrefacteur à une astreinte pour chaque jour de retard apporté dans la destruction ou dans la remise des objets contrefaisants, et à une certaine somme pour chaque ouvrage postérieurement vendu et pour chaque contravention dûment constatée. Mais qu'arrivera-t-il s'il n'y a pas eu de saisie, ou si la saisie n'a pu avoir lieu parce que tous les ouvrages contrefaisants avaient disparu, ou enfin si le produit de

1882, Sicard, Pat. 84, 359 ; C. de Paris, 24 déc. 1896. Minot c. Bacon, Pat. 1898, art. 3972.

(1) Cass., 30 janvier 1818 ; Gastambide, p. 205.

la confiscation a été insuffisant pour dédommager le propriétaire ? Qu'arrivera-il encore si le demandeur, ayant porté son action devant les tribunaux civils, n'a pas conclu à la confiscation, ou que les tribunaux n'aient pas voulu la prononcer ? (1). Il pourra demander des dommages et intérêts. La loi de 1793 avait stipulé dans son article 4 que des dommages et intérêts seraient toujours d'une somme équivalente au prix de 3,000 exemplaires de l'édition originale. Cette disposition ayant été abrogée par le Code pénal, les tribunaux auront aujourd'hui le plus large pouvoir d'appréciation (2). Ils s'appuieront pour les évaluer sur la théorie classique du *damnum emergens* et du *lucrum cessans*. Aucun doute ne s'aurait s'élever sur ce point.

§ III.

Une dernière difficulté peut se présenter lorsqu'on se trouve en présence d'une contrefaçon partielle. Que se passera-t-il si une partie seulement d'un ouvrage important est déclarée contrefaisante ? Pourra-t-on de-

---

(1) Pour les tribunaux civils en effet, nous venons de le dire, la confiscation non seulement n'est pas obligatoire mais encore, d'après la jurisprudence actuelle, ils n'auraient même pas le droit de la prononcer sur la demande de l'auteur lésé.

(2) Jurisprudence conforme. Rej., 18 déc. 1857, Baudoin, Pat. 1858, 72 ; Orléans, 7 février 1855. Thoinier Desplaces, Dall., 55, 2, 159.

mander la confiscation de tout l'ouvrage ? Les tribunaux devront-ils l'ordonner ? Incontestablement oui. La
solution peut paraître rigoureuse, mais elle est conforme aux principes ; toute autre serait manifestement
arbitraire. La Cour de Cassation, revenant d'ailleurs sur
une jurisprudence antérieure (1), n'a pas hésité, le
19 mars 1858, dans une affaire Hache et Pépin Lehal-
leur contre Goupil (2), à prononcer la confiscation totale de vases, sur lesquels étaient apposés des dessins
contrefaisants, « parce que, dit-elle, la séparation était
impossible... et qu'aux termes de l'article 427 du Code
pénal, la confiscation est la conséquence légale et
nécessaire du délit de contrefaçon reconnu constant ».

Il importe cependant de remarquer que les tribunaux
ne prononcent généralement point la confiscation totale,
lorsque les parties contrefaisantes sont nettement distinctes du reste de l'ouvrage et peuvent en être aisément séparées (3). Souvent même, dans ce cas, l'auteur lésé, renonçant de lui-même à demander un châ-
timent qui serait hors de proportion avec le délit dont
il a été victime, se contentera de réclamer « une cer-
« taine remise par chaque exemplaire vendu, avec
« défense de faire, soit une nouvelle édition, soit même
« un nouveau tirage de l'ouvrage contrefaisant » (4).

---

(1) Aff. Dentu c. Guillaume, Dalloz, *Prop. litt.*, n° 488, la note.
(2) Cass. Crim. Rej., 19 mars 1858, Pat. 1858, 257.
(3) Trib. corr. Seine, 16 août 1864. — Consolin, Pat. 65, 14.
(4) Pouillet, p. 645.

Cette dernière observation nous permettra de conclure ce chapitre de la façon suivante. Si dans l'œuvre arguée de contrefaçon, la contrefaçon est totale, ou bien, si les parties contrefaisantes et celles qui ne le sont point forment un tout indivisible, le demandeur pourra conclure, au cas où il porterait son action devant les tribunaux correctionnels, tout à la fois à l'application des peines de l'article 427 du Code pénal, à la confiscation des ouvrages contrefaisants (et même s'il y a lieu à la confiscation des planches, moules et matrices), à l'interdiction d'en faire à l'avenir de nouvelles éditions, et en outre à des dommages et intérêts. S'il porte son action devant les tribunaux civils, ses conclusions pourront être les mêmes, sauf en ce qui concerne l'application des peines de l'article 427, bien entendu ; et pour le cas où le tribunal ne voudrait pas prononcer la confiscation, il pourra demander à ce qu'on interdise au contrefacteur d'écouler les exemplaires entachés de contrefaçon et d'en publier d'autres à l'avenir, sous peine de payer une certaine somme pour chaque exemplaire vendu.

Si la contrefaçon est partielle et que, les parties contrefaisantes étant distinctes, la suppression puisse en être facilement ordonnée, l'auteur agira sagement, croyons-nous, afin de ne pas indisposer le tribunal par des prétentions excessives, en renonçant à la confiscation. Il pourra se contenter de demander des dommages et intérêts, la suppression à l'avenir dans toute nouvelle édition des passages incriminés, sous peine d'une certaine somme par chaque contravention dûment constatée, et en ce qui concerne les éditions déjà parues, la suppression immédiate des parties contrefaisantes (si elle peut être aisément effectuée), ou une certaine remise par chaque exemplaire vendu (1).

(1) Cf. Aff. Reutlinger c. Mariani, *Le Droit*, 27-28 février 1899.

TITRE V

PRESCRIPTION DE L'ACTION EN CONTREFAÇON ET PRESCRIPTION DE LA PEINE

—

CHAPITRE PREMIER

PRESCRIPTION DE L'ACTION.

—

§ Ier. — Le délit de contrefaçon est soumis à la prescription ordinaire en matière de délits, c'est-à-dire à la prescription de trois ans.

§ II. — Quel est le point de départ de ce délai de prescription? Distinction à faire entre le délit de contrefaçon proprement dit et les délits y assimilés.

§ III. — Les règles ordinaires à toutes les prescriptions sont applicables à la prescription du délit de contrefaçon.

§ Ier.

Nous avons déjà eu l'occasion de dire que l'auteur, victime d'une contrefaçon, pouvait agir soit devant les tribunaux correctionnels, en vertu des articles 425 et suivants du Code pénal, soit devant les tribunaux civils. Dans ce dernier cas, il invoquera soit la loi de 1793 (il prétendra alors qu'on a porté atteinte à son droit exclusif de reproduction, et à son droit de propriété littéraire et artistique), soit l'article 1382 du Code civil, en réparation du préjudice causé. Quel sera donc le délai dans lequel il devra agir? Quel sera le délai de prescription de son action?

Si le demandeur agit devant les tribunaux correctionnels la réponse sera bien simple. La contrefaçon étant un délit, elle se prescrira d'après les règles ordinaires, c'est-à-dire par trois ans. Au bout de ce délai l'action publique sera éteinte (Code inst. crim., art. 638).

S'il agit devant les tribunaux civils, en vertu de la loi de 1793, le délai sera le même, car en somme dans ce cas que prétendra-t-il? Il prétendra qu'il a un droit de propriété sur une œuvre et que cette œuvre ayant été reproduite sans autorisation, il y a eu une atteinte manifeste portée à son droit. Cela revient à dire que, se trouvant en présence d'un véritable délit de contrefaçon, prévu par le Code pénal, il a préféré agir, non pas devant les tribunaux correctionnels pour faire appliquer une peine au délinquant et pour réclamer, à titre accessoire, une condamnation à des dommages-intérêts, mais directement et à titre principal devant les tribunaux civils, en réparation du préjudice que ce délit lui a causé. Il renonce à demander l'application d'une peine, mais il tient cependant à faire respecter ses droits. Dès lors et conformément aux principes généraux, cette action en dommages et intérêts née d'un délit, sera soumise à la prescription pénale et se prescrira par trois ans (1).

Si le demandeur agit au contraire exclusivement en vertu de l'article 1382, en réparation du dommage que lui cause une concurrence déloyale, illicite. nous croyons qu'il devrait pouvoir alors bénéficier de la prescription ordinaire, c'est-à-dire de la prescription de trente ans.

§ II.

Il importe de remarquer que la prescription, en notre matière, ne sera jamais que libératoire ; elle ne sera point acquisitive. En d'autres termes, au bout de trois ans à dater de la publication d'une œuvre contrefaisante, le contrefacteur ne pourra plus être poursuivi ; toutefois s'il en fait une nouvelle édition, il est évident qu'il tombera sous le coup de la loi. Cela ne saurait être discuté. Ce qui est plus discutable c'est de savoir quel est au juste le point de départ du délai de prescription. En ce qui concerne le fait même de l'édition, nous croyons que le délai doit courir à dater du jour où la publication a eu lieu, c'est-à-dire du jour où l'éditeur a lancé dans la circulation les ouvrages contrefaisants. Si donc un individu s'est contenté de faire imprimer des écrits

(1) Garraud, p. 441.

par exemple, en fraude du droit exclusif d'un auteur, et
de les répandre en une seule fois dans le public, une .
fois le délai de trois ans écoulé, à dater de ce jour, il ne
pourra plus être poursuivi. L'imprimeur par conséquent
qui peut parfois être complice, pourra rarement être
poursuivi trois ans après qu'un ouvrage est sorti de ses
presses. Quant au délit de vente, au contraire, assimilé
nous le savons au délit de contrefaçon, il constitue à
notre avis, un délit successif. Chaque acte de débit
constituera un délit spécial, qui aura besoin d'être couvert par une prescription particulière (1).

§ III.

Toutes les règles relatives à la prescription en général, sont d'ailleurs applicables en ce qui concerne le délit de l'article 425. Conformément au droit commun, la
prescription sera interrompue s'il intervient dans le
cours des trois années un acte quelconque d'instruction
ou de poursuite, tel qu'une saisie (2). La prescription
ne recommencera à courir que du jour où le dernier
de ces actes aura été fait.

(1) Aix, 5 nov. 1857, Vieillot, Pat. 57, 129 ; Garraud, p. 65.
(2) Paris, 15 novembre 1856, Pat. 57. 163.

CHAPITRE II

———

Nous ne pouvons que rappeler ici les dispositions de l'article 636 du Code d'instruction criminelle, qui est ainsi conçu : « Les peines portées par les arrêts ou « jugements rendus en matière correctionnelle se pres- « crivent par cinq années révolues, à partir de la date « de l'arrêt ou du jugement rendu en dernier ressort ; « et, à l'égard des peines prononcées par les jugements « de première instance, à compter du jour où ils ne « pourront plus être attaqués par voie de l'appel. »

Cette disposition, bien entendu, ne s'applique qu'à l'amende, la peine proprement dite ; quant aux con-damnations relatives aux réparations civiles, aux dom-mages et intérêts, elles se prescrivent toujours par trente ans, quelque soit la juridiction qui les ait pro-noncées (1).

(1) Pouillet, p. 670.

LIVRE III

—

DE LA CONTREFAÇON DES ŒUVRES LITTÉRAIRES ET ARTISTIQUES EN DROIT INTERNATIONAL PRIVÉ

———

PRÉLIMINAIRES

—

Nous n'avons étudié jusqu'à présent que la contrefaçon littéraire et artistique telle qu'elle était réglée par les lois françaises; on conçoit cependant, que la facilité des moyens de transport et de communication ayant considérablement développé de nos jours les rapports internationaux, il était indispensable de consacrer quelques chapitres de cet ouvrage à l'étude de la contrefaçon en droit international privé.

Il arrive souvent en effet de nos jours, qu'un ouvrage quelconque, de prose ou de vers, soit envoyé au lendemain même de sa publication, dans les cinq parties du monde ; et il est assez curieux de constater parfois, en feuilletant les revues étrangères, que tel livre qui a passé chez nous presque complètement inaperçu, a fait l'objet chez nos voisins d'analyses subtiles et de critiques élogieuses. On pourrait citer tel de nos romanciers contemporains ou de nos artistes modernes, qui ne jouit pas en France d'une grande réputation et qui trouve à l'étranger un accueil favorable et des admirateurs convaincus. Une question se présente alors immédiatement à notre esprit. Quelle va donc être la situation de nos nationaux, hommes de lettres, peintres, poëtes ou sculpteurs, en dehors de nos frontières? La loi de 1793 les protège bien en France, mais ailleurs, quels vont pouvoir être leurs droits? Ce sera là un premier problème à examiner. Et nous serons immédiatement amenés à nous demander ensuite quelle est, à l'inverse, la situation des auteurs étrangers en France, quelle protection on leur accorde, quels droits on leur reconnaît.

Ce livre sera divisé en deux titres distincts. Dans le premier, nous étudierons la condition juridique des auteurs français à l'étranger; dans le second, la condition juridique des auteurs étrangers en France. C'est une division qui s'impose.

TITRE I

DE LA CONDITION JURIDIQUE DES AUTEURS FRANÇAIS A L'ÉTRANGER

—

CHAPITRE UNIQUE

—

Ce titre, quoiqu'il paraisse devoir être très large, ne comprendra qu'un seul chapitre et voici pourquoi.

Deux hypothèses peuvent seules se présenter. Ou bien le pays dans lequel l'auteur français, lésé dans ses intérêts et victime d'une contrefaçon, demande protection, est tout à fait en dehors du nôtre et n'est lié à la France par aucune convention. Dans cette hypothèse il faudra se reporter à la législation intérieure du pays même, pour voir de quels droits nos nationaux pourront se prévaloir, de quels avantages ils pourront bénéficier. On conçoit qu'il nous soit tout à fait impossible, d'aborder ici l'étude de tous les cas qui peuvent se présenter. Il est encore à l'heure actuelle une vingtaine de pays, parmi les plus importants, qui n'ont signé avec la France aucun traité relatif à notre matière (1). Chaque question devra donc faire l'objet d'un examen spécial, et nous ne pouvons que renvoyer ici aux ouvrages spéciaux dans lesquels ces multiples législations se trouvent exposées (2).

Ou bien au contraire, et c'est ici la seconde hypothèse, le pays dans lequel l'auteur français demande protection, se trouve lié à la France par des conventions diplomatiques. Il peut en être ainsi d'ailleurs, soit qu'un traité spécial à notre sujet, ait été directement conclu entre les deux pays en cause, soit qu'ils aient adhéré l'un et l'autre à la convention d'Union signée à Berne en 1886, et modifiée par la conférence de Paris du 4 mai 1896. Une dizaine de pays environ rentrent dans la première classe (3), douze dans la seconde. Dans ces

(1) C'est ainsi qu'en Europe même, le Danemarck, la Roumanie, la Suède, la Grèce, la Serbie, la Russie et la Turquie n'ont conclu avec la France aucune convention relative à la protection de la propriété littéraire et artistique. Nos nationaux y sont livrés sans recours aux entreprises de tous les contrefacteurs, quels qu'ils soient (V° pourtant en Danemarck, les ordonnances royales du 6 novembre 1858 et du 5 mai 1866).

(2) V° notamment, Lyon-Caen et Delalain, Lois françaises et étrangères sur la propriété artistique, 1889, 2 vol. Suppl. 1896. Nous rappellerons d'ailleurs ici la disposition de l'article 5 du Code d'instruction criminelle (modifié par la loi du 27 juin 1866), qui permet de poursuivre le contrefacteur devant les tribunaux français, même si la contrefaçon a été commise à l'étranger, à la double condition : que ce contrefacteur soit français, et que la contrefaçon dont il s'est rendu coupable soit punie comme un délit dans le pays même où elle a eu lieu.

(3) Nous citerons notamment les traités conclus avec l'Autriche-Hongrie, la Bolivie, le Mexique, les Pays-Bas et le Portugal.

deux cas au surplus, les traités dont nous parlons ayant réglé en même temps la condition respective, tant en France qu'à l'étranger, des nationaux des divers pays qui les ont conclus, nous renverrons dans un intérêt de méthode et pour plus de clarté, aux études qui en seront faites dans le titre suivant, et ce afin de ne pas revenir deux fois sur le même sujet.

Ce titre qui aurait pu être fort long, se trouve donc ainsi très réduit, puisque nous nous sommes contentés de poser les différentes questions auxquelles la théorie de la condition juridique des auteurs français à l'étran- ger, pouvait donner naissance, sans en donner, ici du moins, et pour les raisons que nous avons exposées, la solution immédiate. Cette façon de procéder se justifiera suffisamment, croyons-nous, par le désir que nous avons eu, malgré le cadre restreint que nous avions assigné à cette étude, de donner une idée d'ensemble du sujet que nous avions abordé, en signalant les divers pro- blèmes qu'on soulève le plus fréquemment et les divers cas qui peuvent se présenter.

TITRE II

DE LA CONDITION JURIDIQUE DES AUTEURS ÉTRANGERS EN FRANCE

—

CHAPITRE PREMIER

DE LA DISTINCTION QU'IL FAUT FAIRE ENTRE LES PAYS QUI N'ONT PAS CONCLU DE CONVENTIONS DIPLOMATIQUES AVEC LA FRANCE ET CEUX QUI EN ONT CONCLU.

—

§ Ier. — Vue d'ensemble sur la matière. — Il y a lieu de distinguer entre les pays qui sont liés avec la France par des traités et ceux qui sont restés en dehors de toute convention diplomatique.

§ II. — Les nationaux des divers pays qui ne sont liés à la France par aucun traité sont soumis au régime de droit commun créé par le décret de 1852 ; la condition juridique des autres est régie par les traités spéciaux et par la Convention d'Union.

§ Ier.

Nous avons dit au titre précédent, qu'un certain nombre de traités avaient réglé la situation respective, en France et à l'étranger, des nationaux des divers pays

qui les avaient conclus. Une double question, absolument
identique d'ailleurs à celle que nous venons de nous
poser, va donc ici encore se présenter à notre esprit.
Quelle va être la condition juridique en France des auteurs étrangers dont le pays n'est lié au nôtre par aucune
convention ? Quelle va être la condition juridique en
France des auteurs étrangers dont le pays est lié au
nôtre par des accords spéciaux ?

On remarquera que la réponse donnée à la première
de ces deux questions sera spéciale à notre titre ; que la
réponse donnée à la seconde sera commune à notre
titre et au titre précédent. Le propre des traités internationaux est en effet de régler la situation des parties
contractantes d'après des principes identiques.

§ II.

Le problème étant ainsi posé, nous aborderons l'étude
des diverses difficultés qu'il soulève. Le chapitre suivant sera consacré à l'étude du régime de droit commun des auteurs étrangers en France, tel qu'il est établi
par le décret-loi de 1852. Ce décret fut signé par Louis-
Napoléon, président de la République Française, sur le
rapport du garde des sceaux Abbattucci, « *ministre,
secrétaire d'Etat au département de la justice* » (1).

____

(1) *Bulletin des Lois*, 10e série, tome 9, 1852,

Les chapitres qui viendront ensuite seront consacrés à l'étude des traités internationaux, de la convention d'Union signée à Berne en 1886 et de la Conférence de Paris (4 mai 1896).

Il était indispensable nous semble-t-il en effet, d'examiner avant toute chose quel est le sort fait en France aux nationaux des divers pays, quels qu'ils soient, et de voir quels droits on leur reconnaît sur leurs œuvres, quelles garanties on leur accorde contre les contrefaçons dont ils pourraient être victimes. Une nation civilisée doit tenir à honneur de protéger sur son territoire les auteurs et les artistes étrangers, sans même exiger de réciprocité légale. Il faut reconnaître d'ailleurs que sur ce point la France a toujours fait preuve d'une généreuse initiative et qu'aujourd'hui encore, elle se trouve protéger des auteurs et des artistes, originaires de certains pays, dans lesquels nos nationaux sont exposés sans recours aux contrefaçons les plus viles et les plus éhontées. Ce premier point acquis nous serons plus à même de bien comprendre les diverses modifications que les traités postérieurs ont pu apporter à ce régime de droit commun et de saisir l'importance des divers perfectionnements qui ont été réalisés. Nous aurons cependant maintes fois l'occasion d'observer, que malgré la bonne volonté dont les divers gouvernements font preuve pour protéger d'une façon efficace la propriété artistique et littéraire, les divergences considérables qui existent encore actuellement entre les différentes légis-

lations en vigueur, apportent une entrave constante à
la rédaction des traités internationaux. Les pays les plus
libéraux sont obligés de faire des concessions inces-
santes à ceux dont la civilisation est moins avancée, pour
entraîner leur adhésion ; quelques-uns même, donnent
une interprétation volontairement erronée aux conventions conclues, de telle sorte que les auteurs ne jouissent
pas encore partout d'une protection parfaite et n'ont pas,
au point de vue international, la situation privilégiée
qu'on paraît leur avoir accordée. Nous ne doutons point
cependant, en présence des progrès considérables qui
ont été réalisés dans ces dernières années, que le jour
ne soit proche, où les « productions de l'esprit » jouiront universellement dans tous les pays du monde ci-
vilisé, de la protection sage, impartiale et éclairée qui
leur est due.

CHAPITRE II

DU RÉGIME DU DROIT COMMUN TEL QU'IL EST ÉTABLI PAR LE DÉCRET DE 1852.

—

§ Ier. — De la condition juridique des auteurs étrangers en France avant le décret de 1852.

§ II. — Système admis par le décret de 1852 ; assimilation presque complète des étrangers aux nationaux. Le décret de 1852 est aujourd'hui encore le texte de droit commun auquel on doit se reférer en l'absence de traités spéciaux.

§ III. — Le décret de 1852 protège-t-il les étrangers en France contre les traductions non autorisées ? Que décide-t-il à l'égard de la caution *judicatum solvi ?*

§ Ier.

Nous n'entrerons pas ici dans de longs détails, qui ne présenteraient plus d'ailleurs qu'un intérêt purement rétrospectif, sur la condition juridique des auteurs étrangers en France avant 1852. Ce qu'il y a de certain c'est qu'elle demeura longtemps peu brillante. La contrefaçon des œuvres étrangères était considérée jadis comme parfaitement licite. « Prendre à ceux de sa nation, c'est larcin, mais prendre sur les étrangers, c'est conquète », disait un comporain de Scudéri ; et ses amis n'étaient pas éloignés de croire, qu'il avait pleinement raison. Les peuples étrangers suivaient d'ailleurs notre exemple, et comme on l'a fait observer (1), certains pays, la Hollande entre autres et surtout la Belgique, avaient réellement élevé la contrefaçon étrangère à la hauteur d'une institution.

Lorsque fut votée la loi de 1793 par la Convention, il s'éleva une grave controverse sur la question de savoir si elle devait s'appliquer à tous indifféremment, étrangers ou nationaux, ou bien si elle ne devait protéger au contraire que les seuls auteurs français. Les uns, s'appuyant sur les termes généraux dans lesquels est rédigée la loi, voulaient lui accorder la plus large portée d'application. « Fille de la Révolution » disaient-ils, la loi de 1793, conçue dans un esprit supérieur, d'équité et de justice, doit s'appliquer à tous les auteurs sans distinction de nationalité et sans aucune réserve, quelle qu'elle soit. D'autres, moins libéraux, soutenaient la théorie contraire. D'autres enfin, séduits par un système mixte, consentaient à admettre l'étranger au bénéfice de notre loi, à condition que la première publication de ses œuvres ait eu lieu sur le territoire français. Cette opinion, qui était peut-être la plus communément répandue, fut consacrée par de nombreuses décisions de jurisprudence (2).

(1) V° Rivière, Th. de doct., p. 67.
(2) V° Leboucq, Th. de doct., p. 101 ; Pouillet, p. 755 et suiv. et la jurisprudence citée.

La question en était là lorsque fut voté le décret du
5 février 1810, « contenant règlement sur l'imprimerie et
la librairie », et qui décidait dans son article 40 « Les auteurs, soit nationaux, soit étrangers... peuvent céder
leurs droits... ». Cette simple disposition, semble-t-il,
aurait dû trancher définitivement la question, car en
somme, accorder aux étrangers la faculté de céder leurs
droits, c'était bien leur en reconnaître, par cela même.
*Nemo plus juris ad alium transferre potest quam
ipse habet,* disent les textes. Il n'en fut rien cependant.
Les controverses ne cessèrent point. La jurisprudence
continua à se montrer sévère à l'égard des étrangers, en
exigeant d'eux que leur œuvre eût été publiée en France
pour la première fois (1). C'était là une rigueur sans doute
excessive, que rien au surplus ne pouvait justifier.

§ II.

On demeura ainsi dans l'incertitude pendant quelque
temps encore, jusqu'au jour où fut signé, à la date du
28 mars, le décret-loi de 1852. Ce décret, préparé
sur le rapport du garde des sceaux Abbattuci (2), mit
fin définitivement à toutes les controverses. Il décida
de la façon la plus absolue, que les auteurs étrangers

(1) Cour de Paris, Escriche de Ortega, 22 nov. 1853. D. 94, 2, 162.
(2) Ce rapport est des plus intéressants à consulter, v° *Moniteur
officiel*, 30 mars 1852, p. 517.

seraient protégés sans distinction d'aucune sorte, et sans qu'il y ait lieu de savoir si l'ouvrage contrefait avait été publié ou non en France, pour la première fois. Ce décret, qui a force de loi puisqu'il a été signé dans une période dictatoriale, est d'une importance capitale et cela pour deux raisons.

Il a tranché tout d'abord, d'une façon définitive et dans le sens le plus profitable aux étrangers, une question jusqu'alors vivement controversée et rarement résolue en leur faveur. Il a donné par là un généreux exemple qui malheureusement n'a guère été suivi (1). Il a marqué une première étape franchie dans la voie du progrès, un premier pas fait vers le but auquel doivent tendre tous les efforts : la propriété littéraire et artistique reconnue et protégée dans tous les états, sans distinction ni réserve, au même titre que toute autre propriété.

Ce décret fut en second lieu, et demeura pendant longtemps, le seul texte qui réglàt la condition juridique des auteurs étrangers en France ; et bien que, depuis le jour où il fut signé, sa sphère d'application ait un peu diminué d'étendue par suite des nombreuses conventions qui ont été signées avec les pays étrangers, c'est aujourd'hui encore le texte de droit commun, le seul auquel on doive se référer en l'absence de traités spéciaux. Nous allons d'ailleurs le citer ici dans son intégralité :

----

(1) V° pourtant l'art. 38 de la loi belge du 22 mars 1886.

Article premier. — La contrefaçon sur le territoire français d'ouvrages publiés à l'étranger, et mentionnés en l'article 425 du Code pénal, constitue un délit.

Art. 2. — Il en est de même du débit, de l'exportation et de l'expédition de ces ouvrages contrefaits. L'exportation et l'expédition de ces ouvrages, sont un délit de la même espèce que l'introduction sur le territoire français d'ouvrages qui, après avoir été imprimés en France, ont été contrefaits à l'étranger.

Art. 3. — Les délits prévus par les articles précédents seront reprimés conformément aux articles 427 et 429 du Code pénal. L'article 463 du même Code pourra être appliqué.

Art. 4. — Néanmoins, la poursuite ne sera admise que sous l'accomplissement des conditions exigées relativement aux ouvrages publiés en France, notamment par l'article 6 de la loi du 19 juillet 1793 (1).

D'une lecture attentive de ce document législatif semblent résulter, pour nous, les faits suivants. Les auteurs étrangers tout d'abord, sont protégés en France, quelque soit le lieu où la publication de leurs œuvres ait été faite. Un romancier étranger par conséquent, qui aura publié ses œuvres ailleurs que dans notre pays, pourra agir en France contre un contrefacteur quel qu'il soit (art. 1). La seule condition à laquelle sera subordonné l'exercice de son action, c'est l'accomplissement préa-

____

(1) Cet article exige, nous le savons, la formalité du dépôt.

lable des formalités voulues par la loi française et notamment de la formalité du dépôt (art. 4). Le décret ne
vise point d'ailleurs le seul fait de la contrefaçon d'une
œuvre étrangère en France, il vise encore le cas où les
exemplaires contrefaisants seraient vendus, exportés ou
expédiés (art. 2), et il prononce contre tous ces délits
les pénalités édictées dans les articles 425 et 429 du
Code pénal (art. 3). Ce sont là des points qui, selon
nous, ne sauraient faire de difficultés, et si nous nous
résumons en un mot, nous dirons, que tout auteur étranger aura le droit, quelqu'ait été le lieu de publication
de ses œuvres, et à la seule condition de s'être soumis
à la formalité du dépôt exigé par nos lois, de poursuivre
en France tous ceux qui les auront contrefaites et tous
ceux qui auront vendu ou mis en vente, exporté ou ex-
pédié, des exemplaires entachés de contrefaçon.

Une question, très grave cependant et très controversée, vient mettre la discorde parmi tous les auteurs
qui, jusqu'à présent, étaient unanimes à admettre les
idées que nous venons d'exposer. Cette assimilation
presque complète qui paraît exister entre les Français
et les étrangers, existe-t-elle réellement ? La question
peut présenter un grand intérêt pratique ; nous allons
rapidement le montrer. Trois hypothèses peuvent, en
effet, se présenter. Ou bien la loi étrangère est complètement assimilable à la loi française, et l'auteur étranger est aussi protégé dans son pays qu'en France ; ou
bien elle est plus favorable, et l'auteur étranger jouit

d'une situation plus avantageuse dans son pays qu'en France ; ou bien enfin notre législation est la plus généreuse, et l'étranger trouve chez nous des avantages qu'il ne rencontre pas chez lui.

La première hypothèse n'est pas de nature à se présenter fréquemment, et elle ne donne d'ailleurs naissance à aucune difficulté. L'assimilation étant complète, nos lois seront seules applicables. Il en est de même de la seconde. Un auteur étranger ne saurait émettre la prétention d'avoir en France plus de droits que nos nationaux. Nos lois ici encore devront seules être appliquées. Mais que faudra-t-il décider dans le troisième cas ? Nos lois étant plus favorables pour l'étranger que celles de son pays d'origine, pourra-t-il en demander le bénéfice ? Un seul exemple fera comprendre toute l'importance du problème. Supposons que les droits d'un auteur, ne soient protégés que pendant trente ans après la publication de ses œuvres, dans son pays d'origine. En France, ses droits, nous le savons, sont protégés pendant toute sa vie et cinquante ans après sa mort. Ses œuvres sont contrefaites en France, quarante ans après leur publication. Quelle loi sera applicable ? Si c'est la loi étrangère, le contrefacteur ne sera pas punissable ; si c'est la loi française, il pourra être poursuivi. Les avis sont très partagés.

Nous croyons, quant à nous, que le décret de 1852, en étendant la protection de la loi de 1793 à tous les auteurs étrangers sans distinction, a montré d'une façon très nette, que l'intention du législateur était à cette époque, de protéger de la façon la plus large la propriété littéraire et artistique en France, à l'égal de toute autre propriété. On a considéré qu'il y avait pour un pays, arrivé à un certain degré de développement intellectuel, une nécessité sociale en quelque sorte, à entourer le droit d'auteur de toutes les garanties possibles. On n'a exigé en retour, des pays voisins, aucune protection pour nos nationaux ; on est sorti de « cette ornière de la réciprocité » comme dit Darras, où s'échouent tant de projets de lois dignes d'être pris en considération, et nous croyons donner une solution conforme à l'esprit de la loi, et que son texte en somme ne contredit point, en décidant que tout auteur étranger doit être protégé en France pendant toute son existence et cinquante ans après sa mort, tout comme un auteur français (1). La jurisprudence a fait une application des principes contraires dans une espèce célèbre que nous avons déjà citée, Grus contre Ricordi (2). On sait que Donizetti avait cédé en France à l'éditeur Grus, son droit exclusif de reproduction sur deux de ses opéras, *Lucrèce Borgia* et *Lucie de Lammermoor*. Donizetti mourut. Au bout d'un certain temps, d'après la loi italienne, ses œuvres tombèrent en Italie dans le domaine public payant. Un éditeur italien, Ricordi, en

____

(1) Dans le même sens : Pouillet, p. 782 ; Contra, Pat. 1856, p. 70 ; Rivière, th. de doct., p. 96.

(2) V° Rivière, th. de doct., p. 97 et suiv.

introduisit divers exemplaires en France ; mais Grus, prétendant que le délai de 50 ans, prévu par la loi française, ne s'était pas encore écoulé depuis le décès de son auteur ; que dès lors il avait encore un droit privatif sur ses œuvres ; que les éditions italiennes étaient introduites en France en fraude de ses droits, assigna Ricordi comme coupable du délit de l'article 426 du Code pénal. Nous n'avons examiné plus haut, sur ce même sujet, que la question de savoir si l'introduction en France d'œuvres, licites dans le pays où elles ont paru, mais contrefaisantes en France, devait être considérée comme un délit. Nous l'avons résolue par l'affirmative. En répondant de la sorte nous avions supposé que ces œuvres étaient contrefaisantes ; or l'étaient-elles réellement ? C'est cette face de la question qui nous intéresse ici. Elles étaient contrefaisantes si Donizetti, auteur étranger, jouissait en France d'une protection d'une durée égale à celle des auteurs français. Il avait alors transmis tous ses droits à son cessionnaire. C'est notre opinion. Elles n'étaient point contrefaisantes au contraire, si Donizetti ne devait jouir en France que des droits dont il jouissait en Italie. Il n'avait pu en transmettre d'autres plus étendus à son cessionnaire, *nemo plus juris*, etc. Ce fut, nous le savons, cette dernière opinion qui triompha.

§ III.

Le décret de 1852 doit s'appliquer selon nous, et c'est l'opinion la plus généralement admise, à toutes les productions de l'esprit, aux œuvres littéraires comme aux œuvres de peinture, de sculpture, de musique et d'architecture. Il est en effet conçu dans les termes les plus généraux. Consacre-t-il cependant le droit de traduction ? Nous le croyons.

La traduction non autorisée constitue en effet, d'après la théorie que nous avons admise, une véritable contrefaçon. Les auteurs étrangers pourront donc se prévaloir de nos lois, pour assurer en France leur droit exclusif de traduction ; il ne serait même nullement nécessaire, croyons-nous, conformément aux principes que nous avons développés au paragraphe précédent, que ce droit leur fût reconnu dans leur pays d'origine. La loi russe, par exemple, estime que traduire n'est pas contrefaire ; cela n'empêcherait pas un Russe de poursuivre en France des traductions non autorisées. Puisque nous avons admis qu'un auteur étranger peut jouir en France d'une situation préférable à celle dont il jouit dans sa propre patrie, nous sommes logique avec nous-mêmes en décidant, qu'il serait excessif de soutenir, ainsi que certains auteurs l'ont prétendu, « que celui dont les lois nationales estiment que tra-

« duire n'est pas contrefaire ne serait pas protégé de
« ce chef dans notre pays » (1).

En ce qui concerne enfin la caution *judicatum solvi*,
nous sommes d'avis que l'auteur étranger qui veut agir
en France, ne serait pas, même en notre matière, dis-
pensé de s'y soumettre, et qu'il ne saurait en aucun cas
l'exiger en France de prévenus étrangers (2).

(1) Rivière, p. 106.
(2) Trib. corr. Seine, 18 juillet 1873, et Pouillet, p. 787.

CHAPITRE III

PROTECTION CONVENTIONNELLE. — CONDITION JURIDIQUE EN
FRANCE DES AUTEURS ÉTRANGERS DONT LES PAYS D'ORIGINE
ONT CONCLU AVEC LE NÔTRE DES TRAITÉS SPÉCIAUX ET N'ONT
PAS ADHÉRÉ A LA CONVENTION D'UNION.

—

§ Ier. — Des traités conclus avec la France antérieurement au décret
de 1852.

§ II. — Des traités conclus avec la France postérieurement au décret
de 1852, par les pays qui n'ont pas adhéré à la Convention d'Union.

§ Ier.

Le décret de 1852 donna aux questions touchant le
principe même de la propriété littéraire et artistique,
un caractère très réel d'actualité. Chacun s'y inté-
ressa, hommes de lettres, savants, artistes et diploma-
tes. Un grand mouvement se dessina en faveur de la
protection des œuvres intellectuelles, qui aboutit à la
Convention d'Union signée à Berne le 9 septembre
1886.

Dès avant 1852 cependant, divers traités avaient été
signés par la France avec d'autres pays. Ils étaient au

nombre de quatre, conclus avec la Sardaigne (28 août 1843), le Portugal (12 avril 1851), le Hanovre (20 octobre 1851) et l'Angleterre (3 novembre 1851). Il a pu être intéressant à une certaine époque de rechercher quelle fut l'influence du décret de 1852 sur ces conventions diplomatiques ; mais cette question ne présenterait plus aujourd'hui qu'un intérêt purement rétrospectif. Ces quatre traités ont été en effet modifiés ou dénoncés, par des dispositions toutes récentes. L'Italie, l'Angleterre et l'Allemagne ont adhéré à la Convention d'Union ; le Portugal a signé un nouveau traité avec la France le 11 juillet 1866. Nous n'avons donc plus à nous en occuper.

§ II.

Il en est tout autrement, des divers traités conclus postérieurement au décret du 28 mars 1852. Quelques-uns d'entre eux, il est vrai, ont été signés avec des puissances qui ont adhéré par la suite à la Convention de Berne, et ils ont été, soit dénoncés d'un commun accord, soit considérablement modifiés. C'est ainsi que la convention conclue avec l'Angleterre le 3 novembre 1857, complétée par une déclaration signée le 11 août 1875, et qui s'était substituée à la Convention signée le 3 novembre 1851 dont nous venons de parler, a été rapportée en 1887. Les deux traités passés avec l'Espagne en 1880 et avec l'Allemagne en 1883, eux, n'ont pas été expressément dénoncés lors de la convention d'Union ; ils subsistent donc encore aujourd'hui, et bien qu'ils aient considérablement perdu de leur importance, nous signalerons, quand l'occasion s'en présentera, celles de leurs dispositions qui sont encore en vigueur actuellement.

D'autres traités, au contraire, ont été signés avec la France par des pays qui n'ont pas adhéré à la Convention de 1886. Ils règlent donc, encore maintenant, les rapports internationaux et c'est à eux qu'il faudra se reporter pour obtenir la solution de tous les conflits qui peuvent se présenter. Ces traités sont au nombre de dix environ. Nous signalerons notamment, le traité conclu le 29 mars 1855 avec la Hollande.

Le traité conclu le 11 juillet 1866 avec le Portugal,

Le traité conclu le 11 décembre 1866 avec l'Autriche-Hongrie. Un acte additionnel du 18 février 1884 a rendu cette convention indépendante du traité de commerce qui avait été signé le même jour.

Le traité du 2 juin 1880 avec le Salvador. En l'absence d'ailleurs de toute législation spéciale à ce pays sur notre matière, il a été convenu que les droits des auteurs et la répression de la contrefaçon seraient régis d'après la loi française.

Le traité conclu le 27 novembre 1886 avec le Mexique. Ce traité a admis dans les deux pays le système de la nation la plus favorisée.

Le traité conclu le 8 septembre 1887 avec la Bolivie.

Une convention commerciale enfin, a été passée le 4 avril 1893 avec la Roumanie, et diverses conventions ont été signées avec la République Argentine, la Bolivie, le Brésil, le Chili, le Paraguay, le Pérou et l'Uruguay (10 août 1897), le Guatémala et Costa-Rica le même jour de la même année (1).

Telles sont les plus importantes des conventions actuellement en vigueur. On remarquera que la Russie, la Turquie, la Serbie, la Grèce, la Suède, le Danemark, pour ne parler que de l'Europe, sont restées jusqu'à présent en dehors de toute entente diplomatique. Nous signalerons cependant deux ordonnances royales du 6 novembre 1858 et du 5 mai 1866 qui accordent, en Danemark, certaines protections à nos nationaux et nous rappellerons qu'en Suède tout auteur, même étranger, jouit d'un droit exclusif sur la traduction de ses œuvres, à la condition d'avoir inséré en tête de ses ouvrages, la mention expresse de la réserve de la traduction en suédois et en norwégien.

____

(1) Laporterie, p. 85.

CHAPITRE IV

PROTECTION CONVENTIONNELLE (SUITE). — CONDITION JURIDIQUE
EN FRANCE DES AUTEURS ÉTRANGERS NATIONAUX DES DIVERS
PAYS RESSORTISSANT A LA CONVENTION D'UNION DU 9 SEPTEM-
BRE 1886 RÉVISÉE PAR LA CONFÉRENCE DE PARIS DU 4 MAI
1896.

—

§ Ier. — Historique de la Convention d'Union et de la Conférence de Paris.

§ II. — But de la Convention d'Union. — A quelles conditions la protection édictée par la dite Convention est-elle accordée ?

§ III. — Nature, étendue et durée de la protection accordée par la Convention d'Union.

§ IV. — Des œuvres auxquelles s'applique la protection de la Convention d'Union.

§ V. — Du droit de traduction.

§ VI. — Des articles de journaux, nouvelles et faits divers.

§ VII. — Des emprunts et citations.

§ VIII. — Des reproductions illicites, plus spécialement désignées sous le nom d'adaptations ou d'arrangements.

§ IX. — Répression du délit de contrefaçon.

§ X. — De la saisie.

§ XI. — Du droit de représentation et d'exécution publique des œuvres dramatiques, dramatico-musicales et musicales.

§ Iᵉʳ.

Nous avons déjà eu l'occasion de le dire, le prodigieux essor donné par le décret de 1852 au mouvement diplomatique, a abouti à la Convention de Berne, dite Convention d'Union. Cette convention fut le résultat de longs efforts longtemps soutenus. Votée le 9 septembre 1886 par les représentants de dix Etats, elle fut ratifiée par leurs gouvernements respectifs dans les délais voulus. Un d'entre eux cependant refusa, ce fut le gouvernement de la République de Libéria. L'échange des ratifications eut lieu le 5 septembre 1887, et conformément à son article 20, la Convention entra en vigueur pour les neuf pays définitivement adhérents trois mois après, le 5 décembre suivant. Ces neuf pays étaient : l'Allemagne, la Belgique, l'Espagne, la France, la Grande Bretagne, la République d'Haïti, l'Italie, la Suisse, la Tunisie. Plus tard, quatre autres pays y adhérèrent ; ce furent le Luxembourg en 1888, la Principauté de Monaco en 1889, le Monténégro en 1893, la Norvège en 1896. Un cinquième pays vient tout récemment d'envoyer son adhésion, c'est le Japon. Le gouvernement japonais a fait à ce sujet, au conseil fédéral suisse les notifications requises, le 18 avril 1899 (1).

Arrivés à cet endroit de notre étude, nous avions

____

(1) *Le Droit d'Auteur*, 15 mai 1899.

songé tout d'abord à donner ici une analyse immédiate
et complète de la Convention ; mais nous avons dû re-
noncer à ce projet dans un intérêt de clarté et de méthode, et voici pourquoi.

Les congressistes de 1886 s'étaient séparés, satisfaits
de leur œuvre qui constituait un progrès énorme, incontestable sur l'état de choses existant, mais convaincus que dans un avenir peu éloigné, des réformes seraient nécessaires. Une telle opinion, qui montre bien
d'ailleurs quelle idée les représentants des divers Etats
s'étaient faite de la lourde tâche qui leur était confiée,
ne surprendra point quand on songera aux énormes
difficultés qu'ils avaient rencontrées sur leur route et
dont il leur avait fallu triompher. Pour atteindre à peu
près le but qu'ils poursuivaient, il leur avait fallu concilier les intérêts d'une dizaine de gouvernements, ménager les idées et les théories de chacun de leurs délégués, se faire enfin des concessions réciproques, souvent très larges, de façon à ne pas fermer l'accès de
la Convention aux divers pays dans lesquels la théorie
du droit d'auteur était insuffisamment dégagée, et de
façon aussi à faciliter les adhésions futures.

Ce travail d'amélioration fut tenté dix ans plus tard,
à la Conférence de Paris du 4 mai 1896. Un grand
nombre d'Etats y furent représentés. Tous les Etats, qui
déjà à cette époque, étaient ressortissants à l'Union,
sauf la République d'Haïti, y envoyèrent des délégués.
Des réformes sérieuses furent votées. Six des principaux

articles de la Convention d'Union (les articles 2, 3, 5, 7, 12 et 20) furent modifiés, ainsi que les articles 1 et 2 du Protocole de clôture. On émit des vœux et on rédigea une interprétation officielle de certains passages de la convention, dont la juste compréhension pouvait donner naissance à quelques difficultés. On se trouve donc aujourd'hui en présence d'un nombre considérable de textes, qui n'ont pas tous été formellement abrogés les uns par les autres. C'est un véritable enchevêtrement d'actes additionnels, de procès-verbaux de signature, de protocoles de clôture, de déclarations interprétatives, dans lesquels on risque fort de ne pas se reconnaître. C'est là, d'ailleurs, un des graves reproches que l'on peut faire aux procédés mis en honneur dans ces différents congrès. Les congressistes au surplus, il faut le reconnaître, ont été les premiers à s'en apercevoir, qui ont émis dans la séance du 1er mai 1896, le vœu suivant : « Il est désirable que des délibérations de la « prochaine conférence sorte un texte unique de con- « vention. » Ce vœu nous paraît très sage. Nous ne pouvons que nous y associer.

Quoiqu'il en soit, il se trouve qu'aujourd'hui (1), la République d'Haïti ayant envoyé son adhésion le 17 janvier 1898 (2), et le Monténégro (3) s'étant retiré, pour des motifs d'économie, le 1er avril 1899, la situa-

(1) Cette situation est exactement celle qui existait au 15 août 1899.
(2) *Le Droit d'auteur*, 15 mars 1898.
(3) *Le Droit d'auteur*, 15 juin 1899.

tion entre les divers États ressortissant à l'Union est la suivante.

Onze États ont adhéré à la Convention d'Union du 9 septembre 1886, à l'acte additionnel voté par la Conférence de Paris le 4 mai 1896, et à la déclaration interprétative en date du même jour, ce sont :

L'Allemagne ;

La Belgique ;

L'Espagne et ses colonies ;

La France avec l'Algérie et ses colonies ;

La République d'Haïti ;

L'Italie ;

Le Japon ;

Le Luxembourg ;

La principauté de Monaco ;

La Suisse ;

La Tunisie.

Un État a adhéré à la Convention d'Union et à l'acte additionnel, sans adhérer à la déclaration interprétative, l'Angleterre (avec ses possessions et ses colonies).

Un État enfin a adhéré à la seule Convention d'Union, c'est la Norwège.

Nous avons cru qu'il était préférable dans ces conditions, et afin de donner une idée aussi nette que possible de cette matière un peu complexe, d'étudier directement la Convention d'Union telle qu'elle a été modifiée et telle qu'elle existe actuellement. Comme la Norwège est aujourd'hui le seul pays auquel le texte primitif et original de la Convention d'Union doive être appliqué, nous mentionnerons ce texte en note, chaque fois que nous nous trouverons en présence d'une nouvelle rédaction.

§ II.

Le but même de la convention d'Union a été, comme il est dit dans son son article premier, « la protection à accorder aux droits des auteurs sur leurs œuvres littéraires et artistiques ». Il importe de constater d'ailleurs, que les dispositions édictées ne constituent qu'un minimum de protection, et que les États en cause sont autorisés à conclure entre eux des arrangements plus favorables à leurs nationaux respectifs (art. 15). C'est la consécration du système dit, des « unions restreintes ».

Notre religion éclairée sur ce point, la première chose que nous nous ayons à nous demander est la suivante : à qui et à quelles conditions, la protection de la Convention d'Union va-t-elle être accordée ?

La protection de la convention d'Union tout d'abord. est accordée aux auteurs et aux artistes, cela va de soi (nous aurons à voir plus loin cependant, qu'ils ne sont pas indifféremment protégés pour toutes leurs œuvres) ; mais pour avoir droit à cette protection il leur faut remplir deux sortes de conditions, des conditions de fond d'abord, des conditions de forme ensuite.

Conditions de fond : Pour qu'un auteur soit admis à

profiter des avantages conférés par la Convention, il faut en premier lieu qu'il appartienne, par sa nationalité même, à l'un des pays ressortissant à l'Union.

Il faut en second lieu, que son œuvre, si elle a été publiée, ait été publiée pour la première fois dans un de ces mêmes pays. Si elle n'a pas encore été publiée (productions orales par exemple) la première des deux conditions qui nous occupent suffit (art. 2, § 1, modifié par la Conférence de Paris (1).

Nous aurons peu de choses à dire d'ailleurs, sur chacune d'elles. La seule question qui aurait pu s'élever était celle de savoir ce qu'il fallait entendre au juste par le mot de *publication*. La difficulté qui pouvait naître de ce chef, a été résolue par la déclaration interprétative du 4 mai 1896, qui a décidé dans son *secundo* qu'il fallait entendre par œuvres *publiées*, toutes œuvres *éditées* dans un des pays de l'Union (2). Quant à savoir également ce qu'il fallait entendre au juste par « auteurs ressortissant l'Union », il résulte des travaux préparatoires de la Commission « qu'il faut être citoyen d'un pays pour répondre à la définition de l'article 2. C'est l'indigénat qui doit être pris en considération, toutes

(1) La modification apportée par l'acte additionnel de 1896 à l'art. 2 § 1 de la Convention n'est pas en principe applicable à la Norwège. Cette modification est de peu d'importance d'ailleurs. On a simplement ajouté au texte original ces mots « publiées pour la première fois ». Et il faut reconnaître que cette condition était universellement exigée.

(2) L'Angleterre n'ayant pas adhéré à la déclaration interprétative, cette interprétation n'est pas obligatoire pour elle.

les fois que la Convention parle d'auteurs ressortissant ou appartenant à l'Union. »

Dans un cinquième alinéa ajouté à l'article 2 par la conférence de Paris, il a été stipulé que les œuvres posthumes étaient comprises dans les œuvres protégées (1).

Les auteurs, d'après la Convention d'Union, n'étaient pas les seuls d'ailleurs à bénéficier des divers avantages qu'elle avait pu créer. « Les stipulations de la présente Convention, décidait l'article 3, s'appliquent également aux éditeurs d'œuvres littéraires ou artistiques, publiées dans un des pays de l'Union et dont l'auteur appartient à un pays qui n'en fait pas partie. » Cette disposition avait droit à l'hypothèse suivante. Un autre, étranger à l'Union, publiait, dans un des pays de l'Union, ses œuvres. Ces œuvres étaient contrefaites. Il n'avait pas le droit d'agir; mais on accordait ce droit à son éditeur, à la seule condition qu'il eût, d'après l'opinion la plus généralement admise, dans un de ces pays, un établissement permanent et durable. C'est ainsi qu'on eût accordé par exemple, à un éditeur portugais, éditant en France les œuvres d'un auteur russe, toute protection non seulement en France, mais en-

____

(1) Cette addition faite par la Conférence de Paris, n'est pas applicable à la Norwège. Mais ici encore c'est moins une modification proprement dite que la consécration d'un système admis. Il n'a jamais été sérieusement soutenu que sous l'empire de la Convention d'Union, les œuvres posthumes n'étaient pas protégées.

core dans chacun des neuf pays unionistes. Cet article a été modifié par la Conférence de Paris, qui accorde le droit dont nous venons de parler à l'auteur lui-même, de telle sorte que dans notre hypothèse, l'auteur russe pourra poursuivre, en personne, tous ses contrefacteurs, à une seule condition toutefois, c'est que ses œuvres aient été publiées *pour la première fois* dans un des pays de l'Union. Aujourd'hui donc, par conséquent, la seule distinction qui existe entre les auteurs unionistes et ceux qui ne le sont pas, consiste dans la protection accordée à leurs œuvres, suivant qu'elles sont publiées ou non publiées. Tout auteur quel qu'il soit, peut se prévaloir de la Convention de Berne, lorsque ses œuvres ont été publiées pour la première fois dans un pays ressortissant à l'Union ; les auteurs unionistes au contraire, sont seuls protégés, lorsque leurs œuvres n'ont pas encore fait l'objet d'une publication. On trouvera peut-être que la Convention d'Union a été bien généreuse à l'égard de ceux qui restent à l'écart et qui semblent la mépriser. Ce serait assez notre avis, car en somme à l'heure actuelle, il résulte de tout ce que nous venons de dire qu'en fait, la seule condition de fond exigée pour qu'on puisse se prévaloir de la Convention de Berne, c'est que l'œuvre contrefaite ait été publiée pour la première fois dans un des pays adhérents (1).

(1) V° Rapport, p. 9.

Passons maintenant aux conditions de forme. Nous aurons fort peu de choses à en dire. Pour pouvoir revendiquer la protection de la Convention d'Union, l'auteur aura dû se soumettre à l'accomplissement des formalités prescrites par la législation du pays d'origine de l'œuvre. Cette condition, une fois accomplie, vaudra dans tous les pays de l'Union (art. 2 § 2) (1). C'est là un énorme progrès réalisé sur toutes les conventions antérieures, qui exigeaient que l'étranger se soumît aux conditions exigées par la loi du pays dans lequel il réclamait protection. C'est ainsi qu'aujourd'hui, si la législation du pays d'origine de l'œuvre n'impose à son auteur aucune formalité, il pourra agir en France sans avoir effectué aucun dépôt (2). Nous aurons à voir plus loin comment on peut justifier de l'accomplissement des formalités qui ont pu être exigées, mais en ce qui concerne la question de savoir ce qu'il faut entendre au juste par *pays d'origine* de l'œuvre, nous dirons dès maintenant que ce pays sera « celui de la première publication, ou, si cette publication a lieu simultanément dans plusieurs pays de l'Union, celui d'entre eux dont la législation accorde la durée de protection plus courte » (art. 2 al. 3). Deux systèmes en effet se présentaient au vote de la Convention, celui de l'indigénat ou

(1) Rivière, Th, de doct., p. 158 ; C. de Cassation, 15 juin 1899; le *Droit*, 27 juillet.

(2) La formalité du dépôt a été supprimée en Belgique par la loi du 22 mars 1886.

celui de la territorialité. Elle a choisi le dernier (1). Il est un cas cependant, dans lequel la nationalité de l'œuvre se déterminera par celle de l'auteur, c'est lorsqu'il s'agira d'œuvres non publiées : « Pour les œuvres non publiées, dit l'article 2, alinéa 4, le pays auquel appartient l'auteur est considéré comme pays d'origine de l'œuvre. » Il ne pouvait pas au surplus en être différemment.

<h2 style="text-align:center">§ III.</h2>

En quoi consiste maintenant la protection accordée par la Convention d'Union ? Il faut faire, sur ce point, une distinction préalable entre la nature même de cette protection et son étendue d'une part, et le temps pendant lequel elle est accordée, sa durée proprement dite d'autre part.

L'article 2, dans son premier alinéa, nous dit en propres termes, que sous les conditions que nous venons d'étudier, les auteurs ou leurs ayants-cause, jouissent, dans les différents pays de l'Union « des droits que les lois respectives accordent actuellement ou accorderont par la suite aux nationaux ». En ce qui concerne donc la nature et l'étendue de la protection accordée aux auteurs unionistes, c'est le principe de

____

(1) Cf. également les travaux préparatoires de la Convention, actes de 1885, p. 41.

l'assimilation des étrangers aux nationaux qui a été admis (1).

Mais il y a une grande différence en ce qui touche la durée même de cette protection. « Elle ne peut excéder, dit l'article 2 deuxième alinéa, dans les autres pays, la durée de la protection accordée dans le pays d'origine. » Si donc un auteur suisse, ou ses ayants-cause, agissent en France, ils pourront bien revendiquer contre leur contrefacteur l'application des articles 425 et suivants du Code pénal et de la loi de 1793, mais, l'auteur pendant toute sa vie, et ses ayants-cause pendant trente ans seulement après sa mort, car telle est la législation suisse sur la durée du droit d'auteur (loi fédérale du 23 avril 1883) (2).

(1) Les étrangers peuvent donc trouver chez nous un régime plus favorable que celui auquel il sont soumis chez eux. « Il n'est pas besoin que le droit invoqué par l'étranger lui soit reconnu par sa propre législation, pourvu que ce droit existe au pays d'importation. » Rivière, op. cit., p. 155.

(2) Nous ne pouvons nous empêcher de constater que cette règle est en opposition avec l'interprétation très large que nous avons donnée plus haut au décret de 1852 (aff. Grus c. Ricordi). Nous avions considéré que sous l'empire de ce décret, l'ayant-cause, français par exemple, d'un auteur étranger devait jouir en France de la durée du droit d'auteur fixée par notre législation. La Convention d'Union semble condamner cette manière de voir. Rien au fond n'empêcherait cependant à nos tribunaux d'étendre aux auteurs étrangers, quels qu'ils soient, ou à leurs ayants-cause, le bénéfice de nos lois, si elles leur étaient plus favorables, bien entendu. La disposition de l'article 2, alinéa 2, de la Convention, n'est impérative dans les rapports entre deux pays unionistes qu'à l'égard du moins protecteur, dit très justement

§ IV.

Nous avons dit plus haut que les auteurs n'étaient pas indifféremment protégés pour toutes leurs œuvres. Quelles sont donc ces œuvres en quelque sorte privilégiées, auxquelles s'applique la protection de la loi ? L'article 4 de la Convention en donne une énumération assez longue, et qui paraît au premier abord englober « toutes les productions du domaine littéraire scientifique ou artistique ». (Cf. Cassation, 15 juin 1899, *Le Droit*, 27 juillet 1899). Les œuvres photographiques n'y figurent point cependant et cette omission est volontaire. Il en est de même des œuvres chorégraphiques. On tenta, il est vrai, de remédier à cet état de choses dans les articles 1 et 2 du Protocole de clôture, qui décidèrent, d'une part, « que ceux des pays de l'Union *où le caractère d'œuvres artistiques n'est pas refusé aux œuvres photographiques* » s'engageaient à les admettre au bénéfice des dispositions de la Convention d'Union, et d'autre part, que tous ceux dont la législation comprenait implicitement, parmi les œuvres dramatico-musicales, les œuvres chorégraphiques, s'engageaient à les admettre au bénéfice des mêmes dispositions. Il était bien entendu d'ailleurs que la photo-

M. Rivière (op. cit. p. 155). Cette question revient d'ailleurs à se demander quelle a été l'influence de la Convention d'Union sur le régime antérieur. Nous la retrouverons plus loin.

graphie autorisée d'une œuvre d'art était protégée au même titre que toute autre reproduction (Prot. de clôture, art. 1, § 2).

Mais le palliatif apporté par le Protocole de clôture était insuffisant, car l'Allemagne, par exemple, protège la photographie, mais se refuse à la considérer comme un art (loi du 11 janvier 1876). Les photographes unionistes ne trouvaient donc chez elle aucune protection. La conférence de Paris est venue modifier cet état de choses (1). L'article 2 du Protocole de clôture, relatif aux œuvres chorégraphiques, a été maintenu, mais l'article 1 du même Protocole et l'article 4 de la Convention d'Union qui se complétaient l'un l'autre, ont été légèrement remaniés. Il résulte aujourd'hui des travaux de la Conférence, que, sur la motion même des délégués allemands, la condition expresse de reconnaissance comme œuvre d'art, par le pays protecteur, des œuvres photographiques, a été définitivement écartée (2). « Les photographes français trouveront donc désormais protection en Allemagne, bien que le pays n'ait pas changé sa législation. » (Rivière, p. 221).

______

(1) Cette modification ne s'applique pas dans les rapports des pays unionistes avec la Norwège.

(2) Art. 2, numéro 1, B, de la Conférence de Paris. Le même article, numéro 1, A, a stipulé formellement que les œuvres d'architecture étaient admises au bénéfice de la Convention. C'était d'ailleurs l'opinion généralement admise.

§ V.

La Convention d'Union n'a nulle part défini le sens du mot *contrefaçon*. C'était peut-être après tout le meilleur parti à prendre, et il valait mieux sans doute laisser à l'interprète un certain pouvoir d'appréciation et une certaine latitude, que de l'enserrer dans les limites d'une définition trop étroite. Sur un point cependant, et en présence des nombreuses controverses qui divisent les auteurs, les congressistes de 1886 ont entendu formuler une opinion. C'est lorsqu'il s'est agi du droit de traduction.

L'avant-projet contenait, paraît-il, à ce sujet, une disposition très large ; il considérait toute traduction faite sans autorisation, comme une reproduction illicite, c'est-à-dire comme une véritable contrefaçon. Cette opinion, très fondée en justice pourtant, ne prévalut point et l'article 5 vint décider, dans son alinéa premier, que les auteurs ou leurs ayants-cause, jouiraient du droit exclusif de faire ou d'autoriser la *traduction* de leurs ouvrages, *jusqu'à l'expiration de dix années* à partir de la publication de l'œuvre originale dans un des pays de l'Union (1). D'après ce système, on le voit, tout auteur avait le droit exclusif de traduire et de faire traduire son œuvre, pendant un délai de dix ans, et

____

(1) Cette disposition est encore applicable à la Norwège.

sans qu'aucune obligation en résultât pour lui. La Conférence de Paris vint modifier cet alinéa en décidant que désormais, les auteurs ressortissant à l'Union ou leurs ayants-cause, jouiraient, dans les autres pays, du droit exclusif de faire ou d'autoriser la traduction de leurs œuvres *pendant toute la durée du droit sur l'original*. On pourrait donc croire aujourd'hui que le droit de traduction est assimilé complètement au droit de reproduction. Ce ne serait pas tout à fait exact cependant. La Conférence de Paris a subordonné l'exercice de ce droit à une condition qui n'existait pas sous l'empire de la Convention de Berne ; elle a restreint un peu le caractère libéral de la nouvelle mesure qu'elle venait d'édicter, en décidant, qu'un auteur ne serait admis à bénéficier du droit exclusif de traduction qu'on venait de lui reconnaître, qu'autant « qu'il aurait fait « usage de ce droit dans un délai de dix ans à partir « de la première publication de l'œuvre originale, en « publiant ou en faisant publier, dans un des pays de « l'Union, une traduction dans la langue pour laquelle « la protection serait réclamée ». Nous nous demandons si en modifiant sur ce point l'article 5, la Conférence de Paris l'a beaucoup amélioré. Il en résulte en effet ceci, c'est qu'un auteur ressortissant à l'Union pour agir avec prudence, devra, aujourd'hui, dans les dix années qui suivront la publication de son œuvre, en faire des traductions dans tous les pays unionistes (sauf en Norwège) ; car ce délai écoulé, il ne sera admis à poursuivre les traducteurs non autorisés, que s'il peut justifier d'une première traduction, faite par ses soins, dans la langue même du pays où la seconde traduction non autorisée a été faite.

Les alinéas 2, 3 et 4 de l'article 5, ont été maintenus dans leur rédaction primitive. Nous ne pouvons mieux faire d'ailleurs que de les citer, ils se comprennent d'eux-mêmes.

« Pour les ouvrages publiés par livraisons, le délai de dix années ne compte qu'à dater de la dernière livraison de l'œuvre originale.

« Pour les œuvres composées de plusieurs volumes. publiés par intervalles, ainsi que pour les bulletins ou cahiers publiés par des sociétés littéraires ou savantes, ou par des particuliers, chaque volume, bulletin ou cahier est, en ce qui concerne le délai de dix années, considéré comme ouvrage séparé.

« Dans le cas prévu au présent article, est admis comme date de publication pour le calcul des délais de protection, le 31 décembre de l'année dans laquelle l'ouvrage a été publié (1). »

Pour en terminer avec la théorie du droit de traduction, nous mentionnerons ici l'article 6 de la Convention

____

(1) Il nous semble que s'il s'agit d'œuvres dramatiques, représentées *mais non publiées*, on n'aura pas le droit d'exiger de l'auteur unioniste qu'il les ait traduites dans les dix années qui auront suivi leur première représentation pour conserver sur elles son droit exclusif de traduction. *Sic.* Rivière, p. 225, et Rapport, p. 16.

de Berne, qui ne fait que reproduire une opinion généralement admise et qui nous est déjà connue. Cet article est ainsi conçu : « Les traductions licites sont proté- « gées comme des ouvrages originaux. Elles jouissent, « en conséquence, de la protection stipulée aux articles « 2 et 3 en ce qui concerne leur reproduction non auto- « risée dans les pays de l'Union.

« Il est entendu que, s'il s'agit d'une œuvre pour « laquelle le droit de traduction est dans le domaine « public, le traducteur ne peut pas s'opposer à ce « que la même œuvre soit traduite par d'autres écri- « vains. »

Ces principes nous sont familiers. On a parfaitement le droit de traduire un ouvrage tombé dans le domaine public, comme de copier un tableau sur lequel l'auteur ou ses ayants-cause ne sauraient plus revendiquer aucun droit. Mais on devra travailler d'après l'original et non point d'après la copie précédemment faite ou la traduction précédemment parue.

§ VI.

L'article 7 de la Convention de Berne, qui réglait le droit de reproduction des articles de journaux, des nouvelles et faits divers, a été complètement modifié par la Conférence de Paris. Aujourd'hui, le système admis est le suivant. Il faut distinguer les œuvres publiées

dans les *périodiques* (1), et les répartir en deux
classes. Dans la première classe rentrent les œuvres
non susceptibles de propriété privée (articles de discussion politique, nouvelles du jour et faits divers) (2);
dans la seconde rentrent celles qui sont susceptibles au
contraire d'un droit privatif et absolu. Cette seconde
classe, à son tour, comprend deux sortes d'œuvres. Les
unes, comme toute autre œuvre publiée directement en
volume, ne pourront être reproduites en original ou traduction, sans l'autorisation de leurs auteurs ou des
ayants-cause de ces derniers. Ce sont les nouvelles et
romans-feuilletons (3) (art. 7 nouveau, alinéa 1). Aucune
réserve en ce qui les concerne ne sera donc nécessaire.
Les autres, au contraire, pourront en principe être
reproduites sans autorisation, à moins que leur auteur
n'en ait fait la réserve expresse. La mention d'interdiction devra être formelle. Il faut remarquer d'ailleurs
que si, dans ce dernier cas, cette mention n'existant
point, la reproduction se trouve permise, elle ne le

(1) Nous insistons sur ce mot *périodiques,* afin d'éviter toute confusion. Il ne s'agit ici que des œuvres paraissant dans des feuilles périodiques et non point sous forme de volumes, brochés ou reliés. Nous
connaissons les règles applicables à ces derniers.

(2) Article 7, nouveau, alinéa 3.

(3) La définition du mot *nouvelles* a été donnée au sein de la Commission. Il correspond, a-t-on dit, à l'expression anglaise « *Works
of fiction* » et au mot allemand « *Novellen* », Il sert à désigner de
petits romans, de petits contes, des œuvres de fantaisie, concentrées
souvent dans un seul article de journal ou de revue.

sera jamais cependant, qu'à la condition d'indiquer la source à laquelle on a puisé (1).

§ VII.

La Convention de 1886 s'est prononcée dans son article 8, au sujet des emprunts et citations ; mais la solution qu'elle a admise, n'est pas celle que, peut-être, on aurait pu espérer. Cette solution n'est pas satisfaisante en effet, et ce, à un double point de vue. En premier lieu, l'article 8 ne parle que *des emprunts faits à des œuvres littéraires ou artistiques pour des publications destinées à l'enseignement ou ayant un caractère scientifique, ou pour des chrestomathies.* En cela déjà, il est insuffisant. Que faudra-t-il décider, en effet, si l'on se trouve en présence d'emprunts faits dans un but différent ? L'article 8 ne le dit pas. Quant aux emprunts mêmes dont il s'occupe, il les autorise, dans la mesure où la législation des pays de l'Union où ils sont faits, se trouve les autoriser, et cela nous paraît être encore une disposition d'une tolérance tout à fait excessive et injustifiée.

---

(1) Ces diverses modifications ne s'appliquent pas à la Norwège. Les articles de discussion politique, les nouvelles du jour et les faits divers ne sont toujours point, en ce qui la concerne, susceptibles de propriété privée. Mais il n'y aura pas lieu de faire de distinction entre les autres articles de journaux. Ils pourront donc être reproduits licitement, même sans indication de source, si l'auteur n'a pas pris soin de l'interdire expressément.

Il pourra se faire qu'un auteur soit complètement dépouillé, et sans aucun recours contre son emprunteur,
si cet emprunteur l'a spolié pour faire œuvre d'enseignement, et se trouve appartenir à un pays où cette
façon d'agir est tolérée. La faveur accordée à l'enseignement peut-elle justifier une semblable atteinte portée
aux droits d'auteur ? Nous le pensons point.

§ VIII.

La Convention d'Union a voulu atteindre d'une façon
plus directe, ces contrefaçons d'une nature un peu particulière, propres surtout aux œuvres littéraires et musicales, et connues sous le nom d'adaptations ou d'arrangements. La tâche est bien délicate d'ailleurs, car il est
assez difficile de délimiter exactement le droit qu'a tout
auteur de s'inspirer des œuvres déjà parues, avant de
faire une œuvre nouvelle. En 1858 déjà, le Congrès de la
Propriété Artistique, réuni à Paris, avait formellement
condamné l'usage des adaptations (1); il en fut de même aux Congrès de Londres en 1879, et de Vienne en
1882. Appelée à se prononcer sur la question, la Convention de Berne, après les plus vives discussions, adopta
la rédaction suivante qui est devenue l'article 10 ; cet
article est ainsi conçu : « Sont spécialement comprises

____

(1) Clunet, p. 58, *Étude sur la Convention d'Union internationale.*

« parmi les reproductions illicites, auxquelles s'applique
« la présente convention, les appropriations indirectes
« non autorisées d'un ouvrage littéraire ou artistique,
« désignées sous des noms divers, tels que : adaptations,
« arrangements de musique, etc., lorsqu'elles ne sont
« que la reproduction d'un tel ouvrage dans la même
« forme, ou sous une autre forme, avec des change-
« ments, additions ou retranchements, non essentiels,
« sans présenter d'ailleurs le caractère d'une nouvelle
« œuvre originale.

« Il est entendu que, dans l'application du présent
« article, les tribunaux des divers pays de l'Union, tien-
« dront compte, s'il y a lieu, des réserves de leurs lois
« lois respectives. »

On remarquera que dans son premier alinéa, cet article semble accorder aux auteurs la plus large protection en interdisant toute adaptation non autorisée. Mais
ces dispositions généreuses sont singulièrement dimi-
nuées dans leur étendue, par l'alinéa final où il est dit,
que *les tribunaux des divers pays de l'union tien-
dront compte, s'il y a lieu, des réserves de leurs lois
respectives*. On a voulu ménager les intérêts de chacun ;
concilier le respect dû au droit des auteurs, et le respect dû à la législation intérieure de chaque pays. Il est
à craindre que ce système ne donne pas d'excellents
résultats. On peut s'en convaincre d'ailleurs dès à présent, en voyant ce qui se passe autour de nous. Le
texte voté en 1886 pour sauvegarder les droits des au-

teurs dans certains pays, où une trop large tolérance était accordée aux adaptations quelles qu'elles soient, n'a modifié en rien leur situation. Les tribunaux, argumentant du deuxième et dernier alinéa de l'article 10, ont continué à protéger les emprunteurs au détriment des auteurs. En Angleterre par exemple, il est parfaitement licite de tirer une pièce de théâtre d'un roman, sans qu'aucune autorisation ou redevance ne soit, ni nécessaire, ni due. Un auteur unioniste n'aurait donc aucune chance de gagner son procès devant les tribunaux britanniques, s'il venait à se plaindre de ce qu'un auteur dramatique anglais ait tiré, sans son consentement préalable, une pièce de théâtre d'un de ses romans. Pour remédier à cet état de choses, évidemment regrettable, on a bien spécifié, il est vrai, dans le *tertio* de la déclaration interprétative du 4 mai 1896, que « la « transformation d'un roman en pièce de théâtre ou « d'une pièce de théâtre en roman, rentrait dans les « stipulations de l'article 10 ». Mais on sait que le vote de cette déclaration n'a pu réunir la totalité des suffrages. L'Angleterre, qui dans l'occurence était plus particulièrement visée, a refusé son adhésion.

§ IX.

Après avoir ainsi successivement étudié quels sont les auteurs et quelles sont les œuvres plus spécialement protégés par la Convention d'Union et à quelles conditions cette protection leur est accordée, il nous reste à nous demander à qui appartient le droit d'agir en contrefaçon. La réponse nous est donnée par l'article 11 qui reconnaît ce droit, tantôt aux auteurs eux-mêmes, tantôt aux éditeurs ; aux auteurs, s'ils ont pris soin « d'indiquer leur nom sur l'ouvrage dans la manière usitée », aux éditeurs dans le cas contraire, c'est-à-dire lorsque l'auteur a gardé l'anonymat ou ne s'est fait connaître que sous un pseudonyme. Dans cette dernière hypothèse « l'éditeur est fondé à sauvegarder les droits appartenant à l'auteur. Il est sans autre preuve réputé son ayant-cause » (art. 11, al. 1 et 2).

Il est entendu toutefois que les tribunaux peuvent exiger, le cas échéant, la production d'un certificat, délivré par l'autorité compétente, et constatant que les formalités prescrites, dans le sens de l'article 2, par la législation du pays d'origine, ont été remplies (art. 11, § 3).

§ X.

Que fera maintenant celui qui veut agir en contrefaçon, pour arrêter la contrefaçon et faire punir le délinquant ? La première arme dont il dispose est la saisie. Aux termes de l'article 12, en effet, modifié par la Conférence de Paris : « Toute œuvre contrefaite peut « être saisie par les autorités compétentes des pays de

« l'Union où l'œuvre originale a droit à la protection
« légale. »

« La saisie aura lieu conformément à la législation
« intérieure de chaque pays. »

Des explications fournies à la Conférence de 1896,
il résulte que tout auteur a le droit (mais c'est une
simple faculté pour lui), de faire procéder à une saisie
des œuvres contrefaisantes, à condition que cette saisie
soit autorisée dans le pays où elle est demandée, et en
respectant les formes légales en usage dans ce pays.
Si l'on a supprimé d'ailleurs dans la nouvelle rédaction
les mots « à l'importation » qui figuraient dans le texte
primitif après le mot « saisie », ce fut uniquement
dans le but de lever tous les doutes qui auraient pu
venir à l'esprit, et de bien spécifier que la saisie pouvait
être pratiquée, tant à l'intérieur du pays même, qu'aux
frontières, par l'intermédiaire de la douane. Cette modification ne fit que consacrer d'ailleurs une opinion
généralement admise et adoptée (1).

§ XI.

Bien que nous ayons laissé à dessein, en dehors de
cet ouvrage, l'étude du droit de représentation, nous

____

(1) Aussi, bien qu'en fait les mots *à l'importation* figurent encore dans le texte applicable à la Norwège, on voit qu'aucun doute ne
saurait s'élever sur leur signification.

croyons cependant préférable, pour donner ici une idée complète de la Convention d'Union, de présenter dans ce paragraphe une analyse rapide des deux articles qui y ont été consacrés.

L'article 9 de la Convention d'Union distingue entre les œuvres dramatiques et dramatico-musicales d'une part, et les œuvres purement musicales de l'autre. Des premières, toute représentation publique non autorisée est interdite, *qu'elles soient publiées ou non*, sous les conditions prévues par l'article 2. La représentation publique de ces œuvres, sans le consentement préalable de leur auteur, n'est interdite cependant que *pendant la durée de leur droit exclusif de traduction* (art. 9, al. 2).

De ce texte, rapproché des dispositions du nouvel article 5, naît une difficulté dont la solution peut être assez délicate. On sait en effet qu'aux termes de ce dernier article, les auteurs unionistes ont un droit exclusif sur la traduction de leurs œuvres, pendant toute la durée de leur droit sur l'original, à une seule condition cependant, c'est que dans un délai de dix ans, *à dater de la publication de leur œuvre*, ils en aient *publié ou fait publier* une traduction, dans la langue même du pays où leurs droits ont été violés et où ils réclament protection. Supposons donc qu'un auteur dramatique, français par exemple, ait fait représenter une pièce de théâtre en France et l'ait fait paraître en librairie. Suffira-t-il pour que ses droits soient protégés dans un pays unioniste, qu'il ait fait faire une représentation de son œuvre, dans ce même pays et d'après une traduction faite par ses soins, dans un délai de dix ans ? Faudra-t-il au contraire que dans ce même délai il en ait fait paraître une édition ? La question revient en somme à se demander si la représentation d'une œuvre dramatique peut être assimilée à sa publication (1). Il nous semble difficile de ne pas conclure à la négative. L'article 5 dit en effet, que pour conserver son droit exclusif de traduction, l'auteur devra en avoir fait usage dans le délai de dix ans... *en publiant ou en faisant publier une traduction* ; or le *secundo* de la déclaration interprétative décide formellement que par œuvres *publiées*, il faut entendre les œuvres *éditées*. Il semble impossible dans ces conditions, de considérer une représentation théâtrale comme un acte d'édition.

En ce qui concerne les œuvres musicales simples (pour les distinguer des œuvres dramatico-musicales), l'exécution publique en est au contraire permise, sans autorisation préalable, à une seule condition pourtant, c'est que l'auteur *n'ait pas expressément déclaré sur le titre ou en téte de l'ouvrage qu'il en interdisait l'exécution publique* (art. 9, al. 3). Si l'auteur n'a pas pris cette précaution, il ne saurait être admis à se plaindre de voir ses droits méconnus. Il y a là d'ailleurs une

(1) Mais en ce qui concerne les auteurs ne ressortissant pas à l'Union, voyez rapport, p. 9, et Rivière, p. 220.

exigence que nous ne saurions approuver. « C'est une
« réminiscence maladroite des anciennes formalités,
« relatives au droit de traduction, heureusement abro-
« gées (1). »

Il nous reste à étudier ici une dernière question, qui se
rattache intimement au surplus, à celle que nous venons
d'examiner. On sait qu'une application saine et juste
des principes généraux conduirait à décider, que la seule
fabrication d'instruments divers, destinés à permettre
par un procédé quelconque (cartons percés de trous ou
rouleaux métalliques) la reproduction mécanique, dans
des boîtes à musique, de compositions musicales faisant encore l'objet d'une propriété privée, constituerait
une contrefaçon. On sait aussi que la loi de 1866, votée
dans l'intérêt de la Suisse, est venue apporter une exception à cette règle et décider, tout en laissant de côté
la question de l'exécution en public, que la seule fabrication de ces boîtes ne constituait pas une contrefaçon.
La disposition de ce texte a été reproduite dans l'article
cle 3 du Protocole de clôture ; elle est encore en vigueur aujourd'hui.

Nous en avons ainsi à peu près terminé avec l'étude
de la Convention d'Union. Sauf en effet pour l'article 14
dont l'étude fera l'objet du chapitre suivant, nous ne
pouvons que renvoyer ici à la lecture des autres articles qui la composent (articles 13, 16, 17, 18, 19,

____

(1) Rivière, th. de doct., p. 173.

20 (1) et 21). Ils n'édictent que des dispositions d'ordre intérieur, et dont la compréhension ne présente aucune difficulté (2). Nous laissons à d'autres plus autorisés le soin de faire une critique plus ou moins élogieuse des travaux de la Convention. Nous ne pouvons nier, en ce qui nous concerne, qu'elle nous apparaît, comme ayant réalisé des progrès énormes, incontestables, sur l'état de choses existant ; malgré quelques imperfections de détail, qui disparaîtront sans doute lors des révisions futures, elle nous apparaît, conçue dans un esprit libéral et de conciliation qui fait le plus grand honneur à tous ceux qui l'ont préparée, signée et votée et à tous ceux qui l'ont soutenue des efforts de leur plume, de leur parole et de leur talent.

(1) Le deuxième alinéa de l'article 20 a été modifiée par la Conférence de Paris dans son acte additionnel.

(2) Il en est de même des articles 5, 6 et 7 du protocole de clôture.

CHAPITRE V

§ Ier.

Nous consacrerons ce chapitre à l'étude de deux dernières questions. La Convention d'Union a-t-elle eu un
effet rétroactif ? Quelle a été son influence sur le régime antérieur et sur les traités précédemment conclus ?

L'effet rétroactif de la Convention a été réglé par
l'article 14, aujourd'hui encore en vigueur, qui décida
que la dite Convention, « sous les réserves et condi-
« tions à déterminer d'un commun accord, s'applique-
« rait à toutes les œuvres qui, au moment de son en-
« trée en vigueur, n'étaient pas encore tombées dans
« le domaine public dans leur pays d'origine. » Les
réserves et conditions dont il s'agissait ont fait l'objet

de l'article 4 du Protocole de clôture, destiné à compléter l'article 14, et qui remettait à chaque gouvernement le soin de régler, soit par des conventions diplomatiques spéciales, soit par des lois d'ordre intérieur. « les modalités relatives à l'application du principe contenu à l'article 14 » (1). Cet article 4 du Protocole de clôture a été modifié par la Conférence de Paris. Il a été spécifié, d'une part, qu'il fallait entendre par « œuvres tombées dans le domaine public » les œuvres tombées dans le domaine public de leur pays d'origine, et non dans le domaine public du pays de protection, ainsi qu'on avait voulu le prétendre, sans aucune bonne raison d'ailleurs. Il a été spécifié en outre « que les « stipulations de l'article 14 de la Convention d'Union « et du numéro 4 du Protocole de clôture modifié, « s'appliquaient également au droit exclusif de traduc- « tion, tel qu'il était assuré par l'acte additionnel ». Les règles relatives à la rétroactivité sont donc étendues au droit de traduction tel qu'il existe actuellement. Si un ouvrage a paru en 1890, son auteur devra le faire traduire avant 1900 pour conserver son droit exclusif (art. 5 nouveau) ; s'il a paru avant 1889, le délai

______

(1) Certains pays prirent à ce sujet des mesures spéciales ; quant à la France, elle ne crut point cela nécessaire. Nos tribunaux persistèrent dans une jurisprudence constante, d'après laquelle on décide, que « l'éditeur d'une œuvre licitement reproduite peut, du jour où sur- « vient une garantie nouvelle, écouler ses produits ; mais sans pou- « voir, dès lors, en éditer de nouveaux. » Rivière, th. de doct., p. 192.

de dix ans prévu par l'ancien article 5 étant échu, cette
précaution deviendrait inefficace et inutile, son droit
de traduction étant tombé dans le domaine public.

§ II.

La question de savoir quelle a été l'influence de la
la Convention d'Union sur le régime antérieur et sur
les traités précédemment conclus est un peu plus difficile, et elle a été assez vivement controversée. Le problème est le suivant. Le décret-loi de 1852 qui est,
nous le savons, le texte de droit commun, et les deux
traités conclus avec l'Espagne le 16 juin 1880 et avec
l'Allemagne le 19 avril 1883 (1) peuvent-ils encore
maintenant être invoqués par les intéressés, dans celles
de leurs dispositions qui se trouvent être plus favorables pour eux que les dispositions nouvelles de la Convention d'Union (2)?

Presque tous les auteurs se prononcent en général pour
la négative, et ils développent notamment à l'appui de
leur thèse l'argument suivant, à savoir, que les traités
internationaux étant des contrats librement formés entre
les parties contractantes, ils doivent abroger les effets

______

(1) Ces deux traités, nous le savons aussi, bien que conclus avec
deux nations qui ont adhéré par la suite à la Conférence de Paris et
à la Convention d'Union, n'ont pas été expressément dénoncés.
(2) Il en est ainsi du droit de traduction.

des lois antérieures et des traités précédemment conclus. Ils en tirent cette conséquence, qu'en contractant avec la France, les nations étrangères ont renoncé au bénéfice du décret de 1852 (1).

Nous ne saurions admettre une telle opinion. Il nous semble impossible de considérer que le fait, par des pays divers, d'avoir signé avec la France des traités spéciaux et d'avoir tenté ainsi un rapprochement, doive mettre leurs nationaux, en certains cas tout au moins, dans une situation inférieure à celle dont peuvent jouir ceux qui sont toujours restés en dehors de toute entente, quelle qu'elle soit. C'est ainsi que pour ne point effrayer les représentants des divers peuples, réunis à Berne en 1886 et à Paris en 1896, et pour faciliter les adhésions futures, certains gouvernements ont consenti à faire des concessions et à ratifier des dispositions moins libérales que celles dont se trouvaient bénéficier en France leurs nationaux, en vertu de lois antérieures ou de traités spéciaux. Peut-on considérer qu'il y ait eu là un abandon de leurs droits? Nous ne le croyons point (2). Nous ne nous dissimulons pas au surplus qu'un pareil système peut donner naissance à de grandes difficultés d'interprétation et que le moindre procès donnera lieu, tant pour les plaideurs que pour les tribunaux eux-mêmes, à des recherches longues et difficiles dans tout

_____

(1) Cf. Duvergier, rapporté par Pouillet, p. 770; Pataille, 1860, 33; Calmels, p. 549.

(2) Cf. Pouillet, p. 773 et suivantes ; Rivière, p. 239.

l'enchevêtrement des textes. Théoriquement cependant, ce n'est point une raison pour le repousser, et nous sommes disposés à conclure, que pour savoir quelle est exactement aujourd'hui la protection dont un auteur étranger peut jouir en France, il faut se reporter tant à nos lois intérieures (décret de 1852), qu'aux conventions diplomatiques postérieures non formellement abrogées, et à la Convention d'Union; il faudra rapprocher entre elles les dispositions de ces différents textes, et lui faire l'application des clauses les plus avantageuses de chacun d'eux.

BIBLIOGRAPHIE

—

Accolas. — De la Propriété littéraire, 1888, in-18.

Actes des Conférences internationales tenues à Berne, pour la protection des œuvres littéraires et artistiques, 1884, 85, 86.

Bigeon. — La Photographie devant la loi et la jurisprudence, 1892, in-12.

Blanc (Etienne). — De la Contrefaçon en tous genres, 4e édition, 1855, in-8º.

Blanc et Beaume. — Code général de la propriété industrielle, littéraire et artistique, 1854, in-8.

Bry (George). — Cours élém. de législation industrielle. Larose, 1895, in-8º.

Calmels. — De la Propriété et de la Contrefaçon des œuvres de l'intelligence, 1857, in-8º.

Clunet. — Étude sur la Convention d'Union internationale, 1887, in-8º.

Dalloz. — Jurisprudence générale, traité de la propriété littéraire et artistique, 1857, in- 4º.

Darras. — Du droit des auteurs et des artistes dans les rapports internationaux, 1887, in-8º.

Delalain et **Lyon Caen.**— La propriété littéraire et artistique, 2 vol. in-8º 1889 ; suppl. 1896.

Flourens. — Essai sur la loi du 11 juillet 1866 relative aux droits d'auteur, 1871, in-8º.

Folleville (de). — De la propriété littéraire et artistique, 1877, une brochure in-8º.

Garraud. — Précis de Droit criminel, 4e édition, 1892, Larose et Forcel, in-8o.

Gastambide. — Traité théorique et pratique des contrefaçons en tous genres, 1837, in-8o.

Gastambide. — Historique et théorie de la propriété des auteurs, 1862, in-8o.

Hérold. — Sur la perpétuité de la propriété littéraire, une brochure in-8o, 1862.

Huard fils. — Des contrats entre les auteurs et les éditeurs, 1889, in-8o.

Huard et Mack. — Répertoire de législation, doctrine et jurisprudence en matière de propriété littéraire et artistique, 1891, in-8o.

Labori. — Répertoire encyclopédique du Droit Français, 1896, 12 vol. in-8o.

Laboulaye. — Étude sur la Propriété littéraire en France et en Angleterre, 1858, in-8o.

Laporterie. — Du délit en matière d'art, th. de doctorat, 1898, Rousseau.

Leboucq. — De la contrefaçon des œuvres littéraires ou dramatiques, th. de doctorat, Rousseau, 1897.

Mack (Edouard). — De la durée du Droit d'auteur, brochure in-8o, Marchal et Billard, 1893.

Mack (Edouard). — De la perpétuité du Droit d'auteur, brochure in-8o, Marchal et Billard, 1897.

Peyre (Roger). — Histoire générale des Beaux-Arts, Delagrave, 1895, in-8o.

Pouillet. — Traité théorique et pratique de la propriété littéraire et artistique, Marchal et Billard, 1894, in-8o.

Pouillet. — Traité des marques de fabrique, Marchal et Billard, 1898, in-8o.

Rendu et Delorme. — Traité pratique du droit industriel, 1855, in-8o.

Renouard. — Traité des droits d'auteur, 1838, 2 vol., in-8o.

Rivière. — De la protection internationale des œuvres littéraires et artistiques, th. de doctorat, Fontemoing, 1897, in-8o.

Sirey. — Recueil général des Lois et Arrêts.

Vaunois. — De la propriété artistique en droit français, th. de doctoral, 1884, in-8°.

Vaunois. — La condition et les Droits d'auteur des artistes jusqu'à la Révolution, 1892, in-8°.

JOURNAUX ET PÉRIODIQUES :

Annales de la propriété industrielle, artistique et littéraire, Rousseau, 1855-1898.

Le Droit d'Auteur. — Organe officiel du Bureau de l'Union Internationale pour la protection des œuvres littéraires et artistiques, Berne (Suisse), 1888, août 1899.

Journaux judiciaires de Paris. — *Le Droit* (1850, juillet 1899); *Gazette du Palais; Gazette des Tribunaux* (1825, juillet 1899); *La Loi* (1880, juillet 1899).

TABLE DES MATIÈRES

CHAPITRE II

Du Droit des auteurs en France depuis l'invention de l'imprimerie (1436) jusqu'au commencement du XVIIIe siècle.

CHAPITRE, III

Du Droit des auteurs en France depuis le commencement du XVIIIe siècle jusqu'à la loi de 1793.

Chapitre IV

*Du Droit des artistes, musiciens, peintres ou sculpteurs pendant
les mêmes périodes.*

TITRE II

De la nature et de la durée du droit d'auteur dans notre législation.

Chapitre Premier

*Étude théorique et critique des lois du 19 juillet 1793
et du 14 juillet 1866.*

CHAPITRE II

Étude critique des diverses modifications qu'on a voulu apporter au système des lois de 1793 et de 1866.

LIVRE II

THÉORIE GÉNÉRALE DE LA CONTREFAÇON DES ŒUVRES LITTÉRAIRES ET ARTISTIQUES

TITRE PREMIER

De la nature du délit de contrefaçon.

CHAPITRE PREMIER

Éléments constitutifs du délit.

Chapitre II

Contrefaçon des œuvres littéraires.

CHAPITRE III

De la contrefaçon des œuvres musicales.

CHAPITRE IV

De la contrefaçon des œuvres artistiques.

ANNEXE

TITRE II

Faits assimilés à la contrefaçon.

CHAPITRE PREMIER

Vente et mise en vente d'objets contrefaisants.

CHAPITRE II

Introduction en France

CHAPITRE III

De la complicité.

TITRE III

De l'action en contrefaçon.

CHAPITRE PREMIER

A qui appartient l'exercice de l'action en contrefaçon?

Chapitre II

De la constatation du délit et de la saisie des œuvres contrefaisantes.

Chapitre III

Tribunaux compétents et procédure de l'action en contrefaçon.

TITRE IV

De la répression du délit de contrefaçon.

Chapitre Premier

Pénalités.

TITRE PREMIER

De la condition juridique des auteurs français à l'étranger.

TITRE II

De la condition juridique des auteurs étrangers en France.

Chapitre Premier

De la distinction qu'il faut faire entre les pays qui n'ont pas conclu de conventions diplomatiques avec la France et ceux qui en ont conclu.

Chapitre II

Du régime de droit commun tel qu'il est établi par le décret de 1852.

Chapitre III

Protection conventionnelle. — Condition juridique en France des auteurs étrangers dont les pays d'origine ont conclu avec le nôtre des traités spéciaux et n'ont pas adhéré à la Convention d'Union.

Chapitre IV

Protection conventionnelle (suite). — Condition juridique en France des auteurs étrangers nationaux des divers pays ressortissant à la Convention du 9 septembre 1886 révisée par la Conférence de Paris du 4 mai 1896.

Chapitre V

*De l'effet rétroactif de la Convention d'Union. — De son influence
sur le régime antérieur et sur les traités préexistants.*